经上海市中等职业教育课程教材审定委员会审定准予使用　准用号ZJ——2007003

 复旦卓越·21世纪汽车类职业教育教材

朱国苗 白小和 主审

Qiche Diangong Dianzi Jishu Yingyong

汽车电工电子技术应用

王宝根　主　编

郦益　陶雷进　王惠军　副主编

复旦大學出版社
www.fudanpress.com.cn

编委会主任

雷正光　盛凯　朱国苗　魏荣庆　林原　傅耀祖　李玉明

编委会成员

白小和　陈恒华　陈海明　陈　琳　陈日骏　陈　辉　陈　榕　戴良鸿
段京华　冯学敦　方　俊　龚　箭　高建平　葛　元　顾百钧　黄　红
黄永明　蒋　勇　凌　晨　李　玲　李　芳　李连城　郦　益　罗华洲
潘师安　齐金华　任　贤　沈云华　沈冰武　陶雷进　唐志凌　王宝根
王冬梅　王立志　王　静　王惠军　吴东明　徐广荣　许顺锭　徐华伟
杨李华　印晨曦　殷　吕　杨丽琴　严家国　姚　华　郑　诚　诸鑫炯
张丽华　诸鑫炯　张　艳　朱　锋　郑健容

内 容 提 要

本书是职业教育汽车运用技术专业配套教材。根据教育部职业教育教改的精神，以上海市汽车运用与维修专业改革新教学标准与课程标准为依据组织编写而成。

介绍了汽车电工电子仪器、仪表、直流电路、电路基本定律、基本汽车电路图、交流发电机与起动机、晶体管模拟电路、集成电路、逻辑数字电路等用电知识。

本书供汽车运用与维修专业教学使用，也可作为相关行业岗位培训或自学用书，同时可供汽车维修人员学习参考。

Qichediangongdianzijishuyingyong

　　为了贯彻落实国务院、教育部《关于大力发展职业教育的决定》，由上海市教育委员会组织开发编制的《上海市中等职业技术学校汽车运用与维修专业教学标准》已于2006年10月正式出版发行。这是实施中职深化课程与教材改革的一项重要举措，旨在建设反映时代特征，具有职业教育特色，品种多样、系列配套、层次衔接，能应对劳动就业市场和满足学生发展多元需要的中等职业教育课程和教材体系。

　　《汽车运用与维修专业教学标准》以"任务引领型"目标为核心，对应当前汽车运用与维修行业的六大工种，设计了6个专门化方向，即汽车维修机工、汽车维修电工、汽车商务、汽车维修钣金工、汽车维修油漆工、汽车装潢美容工。根据此专业标准，汽车运用与维修专业共设34门课程，其中专业核心课程5门，专门化方向课程29门。

　　汽车运用与维修专业课程有五个特征：

　　一是任务引领，即以工作任务引领知识、技能和态度，使学生在完成工作任务的过程中学习专业知识，培养学生的综合职业能力；

　　二是结果驱动，即通过完成典型产品或服务，激发学生的成就动机，使之获得完成工作任务所需要的综合职业能力；

　　三是突出能力，即课程定位与目标、课程内容与要求、教学过程与评价都围绕职业能力的培养，涵盖职业技能考核要求，体现职业教育课程的本质特征；

　　四是内容实用，即紧紧围绕完成工作任务的需要来选择课程内容，不强调知识的系统性，而注重内容的实用性和针对性；

　　五是做学一体，即打破长期以来的理论与实践二元分离的局面，以任务为核心，实现理论与实践一体化教学。

　　为了促进新教材的推广使用，便于边使用边修订完善，我们整合全国中等职业学校在汽车运用与维修专业方面的优质资源，成立了由相关中等职业学校校长为领导的教材编写委员会，组织各中等职业学校资深的专业教师，结合行业技师编写教材，以达到忠实体现以"任务引领型课程"为主体的中等职业学校课程与教材改革的理念与思路的目的，保证教材的编写质量。本套教材在积极贯彻落实上海市中等职业技术教育深化课程教材改革任务的同时，也希望能为全国中等职业技术教育的课程教材改革提供案例，为我国职业教育的发展作出自己应有的贡献。

汽车运用与维修专业教材编写委员会
2007 年 9 月

前 言

Qichediangongdianzijishuyingyong

电工与电子技术,在汽车维修中具有极其重要的作用与地位。在传统教学模式中,强调学科的系统化,教学内容多而难,严重脱离实际,不适应学生的学习与发展。在新的形势下,根据教育部职业教育教改的精神,以上海市教委发布的汽车运用与维修专业教学改革新教学标准与课程标准为依据,强调以就业为导向,以能力为本位,以岗位需要和职业标准为依据,编写汽车运用与维修核心教材,本书为其中之一。

本教材具有以下特点:

1. 以任务驱动,项目引领型课程为主体结构,按照实际工作任务、工作过程和工作情境组织课程。从岗位需求出发,尽早让学生进入工作实践。以工作任务为中心来整合相应的知识、技能,实现理论与实践的统一。为学生提供体验完整工作过程的学习机会。改变了以前电工与电子的系统教学框架结构。

2. 通过大量的图形、表格来展示知识要点,体现了知识结构、技能要求、教学内容弹性化。

3. 为避免把职业能力简单理解为操作技能,注重职业情境中实践智慧的养成,培养学生在工作过程中做出判断,采取在行动中培养职业能力。课程内容反映汽车领域的新知识、新技术、工艺和方法。

4. 每个项目着重展示一个基本的知识(电工或电子)内容,将理论的知识融入在项目的相关知识中,让学生在操作活动的学习过程中主动地去学习理解,教师在教学过程中可灵活地把握知识点的增删,以适合学生学习,让学生能主动学习,培养学生良好的学习习惯。

本书由上海市青浦区职业学校王宝根主编,由江苏省苏州市职业教育中心郦益、上海市大江职业学校陶雷进、上海市青浦区职业学校王惠军等老师参编。

由于作者的水平有限,对任务驱动型教学法的认识深度不深,应用项目教学的实践不多,书中难免存在错误和不妥之处,恳请读者批评指正。

2007 年 6 月 27 日

目 录

Qichediangongdianzijishuyingyong

项目一　电工基础知识 ⋯⋯⋯⋯⋯⋯⋯⋯⋯⋯⋯⋯⋯⋯⋯⋯⋯⋯⋯⋯⋯⋯⋯ 1
　　活动一　照明灯电路的制作 ⋯⋯⋯⋯⋯⋯⋯⋯⋯⋯⋯⋯⋯⋯⋯⋯⋯⋯⋯ 2
　　活动二　欧姆定律的运用 ⋯⋯⋯⋯⋯⋯⋯⋯⋯⋯⋯⋯⋯⋯⋯⋯⋯⋯⋯⋯ 7
　　活动三　冷却风扇电路的测量 ⋯⋯⋯⋯⋯⋯⋯⋯⋯⋯⋯⋯⋯⋯⋯⋯⋯ 13
　　活动四　示宽灯电路的检测 ⋯⋯⋯⋯⋯⋯⋯⋯⋯⋯⋯⋯⋯⋯⋯⋯⋯⋯ 19
　　活动五　导线的选用与连接 ⋯⋯⋯⋯⋯⋯⋯⋯⋯⋯⋯⋯⋯⋯⋯⋯⋯⋯ 25
　　活动六　继电器的检测 ⋯⋯⋯⋯⋯⋯⋯⋯⋯⋯⋯⋯⋯⋯⋯⋯⋯⋯⋯⋯ 31

项目二　汽车电路的识读 ⋯⋯⋯⋯⋯⋯⋯⋯⋯⋯⋯⋯⋯⋯⋯⋯⋯⋯⋯⋯ 39
　　活动一　点火开关的识别与检测 ⋯⋯⋯⋯⋯⋯⋯⋯⋯⋯⋯⋯⋯⋯⋯⋯ 41
　　活动二　照明开关的识读与检测 ⋯⋯⋯⋯⋯⋯⋯⋯⋯⋯⋯⋯⋯⋯⋯⋯ 47
　　活动三　汽车原理图的识读 ⋯⋯⋯⋯⋯⋯⋯⋯⋯⋯⋯⋯⋯⋯⋯⋯⋯⋯ 54
　　*活动四　桑塔纳电路图的识读 ⋯⋯⋯⋯⋯⋯⋯⋯⋯⋯⋯⋯⋯⋯⋯⋯⋯ 61

项目三　仪器仪表的使用 ⋯⋯⋯⋯⋯⋯⋯⋯⋯⋯⋯⋯⋯⋯⋯⋯⋯⋯⋯⋯ 71
　　活动一　指针式万用表的使用 ⋯⋯⋯⋯⋯⋯⋯⋯⋯⋯⋯⋯⋯⋯⋯⋯⋯ 72
　　活动二　数字式万用表的使用 ⋯⋯⋯⋯⋯⋯⋯⋯⋯⋯⋯⋯⋯⋯⋯⋯⋯ 80
　　活动三　汽车专用万用表的使用 ⋯⋯⋯⋯⋯⋯⋯⋯⋯⋯⋯⋯⋯⋯⋯⋯ 87

项目四　发电机的维护工艺 ⋯⋯⋯⋯⋯⋯⋯⋯⋯⋯⋯⋯⋯⋯⋯⋯⋯⋯⋯ 93
　　活动一　发电机的调换 ⋯⋯⋯⋯⋯⋯⋯⋯⋯⋯⋯⋯⋯⋯⋯⋯⋯⋯⋯⋯ 94
　　活动二　发电机的分解 ⋯⋯⋯⋯⋯⋯⋯⋯⋯⋯⋯⋯⋯⋯⋯⋯⋯⋯⋯⋯ 99
　　活动三　发电机的检测（1） ⋯⋯⋯⋯⋯⋯⋯⋯⋯⋯⋯⋯⋯⋯⋯⋯⋯ 106
　　活动四　发电机的检测（2） ⋯⋯⋯⋯⋯⋯⋯⋯⋯⋯⋯⋯⋯⋯⋯⋯⋯ 110
　　*活动五　电压调节器的检测 ⋯⋯⋯⋯⋯⋯⋯⋯⋯⋯⋯⋯⋯⋯⋯⋯⋯ 115

*活动六　充电电路图的识读 …………………………………… 122
　　　*活动七　发电机与调节器的使用与维护 ……………………… 128
　　　*活动八　充电系统的故障诊断与排除 ………………………… 132

项目五　起动机的维护工艺 …………………………………………… 139
　　　活动一　起动机的调换 …………………………………………… 140
　　　活动二　起动机的分解 …………………………………………… 144
　　　活动三　起动机不解体检测 ……………………………………… 151
　　　活动四　起动机解体检测 ………………………………………… 155
　　　*活动五　桑塔纳轿车起动电路的连接 ………………………… 162
　　　*活动六　解放CA1091型起动电路连接 ………………………… 168
　　　*活动七　起动电缆电压降的测试 ……………………………… 173
　　　*活动八　怠速步进电机的检测 ………………………………… 177

项目六　汽车晶体管模拟电路制作 …………………………………… 183
　　　活动一　电烙铁使用与维护 ……………………………………… 184
　　　活动二　电阻、电容的识别与检测 ……………………………… 189
　　　活动三　二极管、三极管的识别与检测 ………………………… 195
　　　活动四　焊接技术 ………………………………………………… 203
　　　活动五　单管放大器的制作 ……………………………………… 209
　　　活动六　闪光器的制作 …………………………………………… 215
　　　活动七　晶体管电压调节器的制作 ……………………………… 219

项目七　数字电路在现代汽车中的应用 ……………………………… 225
　　　活动一　数的表示方法及其运算 ………………………………… 226
　　　活动二　基本逻辑门电路 ………………………………………… 234
　　　活动三　集成电路在汽车上的应用 ……………………………… 241

项目八　安全用电 ……………………………………………………… 251
　　　活动一　安全用电的基本知识 …………………………………… 252
　　　活动二　触电现场的抢救 ………………………………………… 257

注　加*为选学内容，在后续专门化课程中会进行描述。

项目一　电工基础知识

活动一　照明灯电路的制作

活动二　欧姆定律的运用

活动三　冷却风扇电路的测量

活动四　示宽灯电路的检测

活动五　导线的选用与连接

活动六　继电器的检测

项目一 电工基础知识

情景描述

大家见到过汽车的自燃情景吗？请看图 1-1 所示的汽车发生的自燃事故实况。如果你的车辆在行驶中出现这一事故，给你造成重大损失时，心中一定会想，汽车发生自燃事故是什么原因？能否预先防止呢？

消防部门曾对机动车自燃事故进行过分析：其中小轿车火灾居多，占 40% 以上；汽车行驶状态下发生火灾居多，占 70% 左右；火灾原因则以电路故障居多，占 60% 以上。

为了您的生命安全，为了避免车辆自燃故障，必须掌握汽车电工、电子的基本知识。

图 1-1 汽车自燃事故

学习目标

1. 掌握电路的组成与状态
2. 学会电路的基本定律
3. 了解电磁的基本物理量与相关定律

活动一 照明灯电路的制作

案例导入

小明从小喜欢汽车，一天，爸爸带小明去了汽车培训学校，小明看到汽车上有许多照明车灯，便好奇地问爸爸："爸爸，这些汽车车灯起什么作用？"爸爸指着灯告诉小明："这是大灯、转向灯、示宽灯，有了它们汽车可以安全地行驶。"让我们来学习这些照明电路的相关知识。

关联知识

一、电路组成与状态

1. 什么是电路

电流流过的路径,叫做电路。它是为了某种需要,由某些电工设备或元器件按一定方式组合起来的。

汽车照明电路包括以下四个部分:

(1) 电源(供能元件):为电路提供电能的设备和器件(如蓄电池、发电机等),如图1-2所示。

图1-2 电源

图1-3 负载(汽车灯泡)

(2) 负载:消耗电能的设备和器件(如灯泡等用电器),如图1-3所示。

(3) 控制器件:控制电路工作状态的器件或设备(如开关等),如图1-4所示。

图1-4 汽车仪表上的开关

图1-5 汽车导线

(4) 导线:将电器设备和元器件按一定方式连接起来(如各种铜、铝电缆线等),提供电流的通路,如图1-5所示。

2. 电路的状态

(1) 通路(闭路):电源与负载接通,电路中有电流通过,使电气设备或元器件获得一定的电压和电功率,进行能量转换,如图1-6(a)所示。

(2) 开路(断路):电路中没有电流通过,又称为空载状态,如图1-6(b)所示。

(3) 短路(捷路):电源两端的导线没有经过负载而直相连接,输出电流过大。对电源来说,属于严重过载,如没有保护措施,电源或电器会被烧毁或发生火灾,所以通常要在电路或电气设备中安装熔断器等保险装置,以避免发生短路时出现不良后果,如图1-6(c)所示。

(a) 通路　　　　　　(b) 开路　　　　　　(c) 短路

图 1-6　电路的状态

二、电路图

电路常用电路图表示，图中的设备或元器件用国家统一规定的符号表示，如表 1-1 所示。用统一规定的图形符号画出的电路称为电路图，如图 1-7 所示。

表 1-1　电路图中的名称与符号对应表

名称	符号	名称	符号
电阻	─[ ]─	电压表	─(V)─
电池	─||─	接地	⊥ 或 ⊥
电灯	─⊗─	熔断器	─[ ]─
开关	─/─	电容	─||─
电流表	─(A)─	电感	─∿∿─

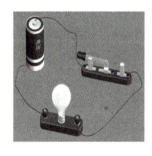 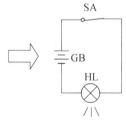

图 1-7　电路图

三、汽车电路的特点

汽车电路具有以下四个特点。

(1) 低压：汽车电气系统的额定电压，主要有 12 V 和 24 V 两种。

(2) 直流：汽车电源由蓄电池及发电机供电，为直流电路。

(3) 单线制：为节省导线和便于安装、维修，汽车上电源和用电器之间只用一根导线连接，另一根导线由发动机、车架等金属机体代替而构成回路。这种方式称为单线制。

(4) 负搭铁：采用单线制时，电源的一端必须可靠地接到车架上，俗称搭铁，用符号"⊥"表示。按电源搭铁的极性,可分为正极搭铁和负极搭铁。由于负极搭铁对无线电干扰较小,所以大多数国家包括我国的汽车都采用负极搭铁。

操作活动

1. 操作名称：照明灯电路的制作
2. 需用器材

蓄电池或稳压电源一台,汽车顶灯一套,万用表一台,开关一只,常用电工工具一套,导线若干等。

3. 学习目标

学会照明灯电路的制作；
学会识别汽车电路的四大部分及其作用；
学会在操作中,注意环境保护和人身安全。

4. 操作步骤

(1) 正确选取组成电路的器材。

步骤：

① 请写出图1-8所示电路的各部分元器件的名称。

  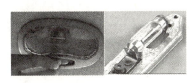 

电源_____   负载_____   控制器_____

图1-8　电路的部分元器件

② 用万用表检测器材好坏。

蓄电池电压为_____,负载灯的电阻值为_____,开关是否正常_____。

(2) 电路的安装。

步骤：

① 把蓄电池、顶灯、开关按需要位置放好；

② 从蓄电池正极开始,依次接上导线,如图1-9所示。

(3) 通电试验。

步骤：

① 闭合开关,顶灯应亮,如图1-10所示；

② 断开开关,顶灯应灭,如图1-11所示。

图1-9　安放位置

图1-10　闭合电路——灯亮　　图1-11　断开电路——灯灭

注意：
　　蓄电池柱联结时，要配用合适的紧固件，以防脱落。

（4）请按实际安装线路，用电器的规定符号画出其电路图。

请看图1-12：

（1）请分出电路中7个编号元件各为电路的哪个组成部分。

（2）图中控制开关2闭合，则小灯处在什么状态。

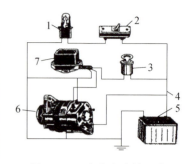

图1-12　汽车电路的组成

1-用电设备；2-控制开关；3-点火开关；4-导线；5-蓄电池；6-发电机；7-电压调节器

活动一　照明灯电路的制作评估表

学生姓名		日期		自评	互评	师评
一、学习评价目标						
1. 能讲清汽车电路组成的四个组成部分。						
2. 能正确处理蓄电池电缆联结。						
3. 掌握蓄电池的功能作用。						
4. 能正确认识负载器件。						
5. 能正确安装负载与控制器。						
6. 能判别电源、灯泡、开关的好坏。						
7. 掌握汽车电路的四大特点。						
8. 操作过程中，安全是否到位。						
9. 操作过程中，无返工现象。						
10. 活动中，环保意识及安全工作做得如何。						
二、学习体会 1. 活动中感觉哪个技能最有兴趣？为什么？ 2. 活动中哪个技能最有用？为什么？ 3. 活动中哪个技能操作可以改进，以使操作更方便实用？请写出操作过程。 （请同学们大胆创新，共同研讨，不断提高操作能力） 4. 你还有哪些要求与设想？						
总体评价				教师签名		

活动二　欧姆定律的运用

汽车电路中经常要进行一些简单物理量的计算,会碰到一些基本的电路定律、电路特点等。为此,让我们来学习这些基本的电学知识。

一、电路中的基本物理量

1. 电流

水从高处流下形成水流,水位差是形成水流的原因;蓄电池的电位差是形成电流的原因,如图 1-13 所示。

(1) 定义:电荷的定向运动,称为电流,如图 1-14 所示。

(a) 水流的形成　　(b) 电路中的电流

图 1-13　水流和电流

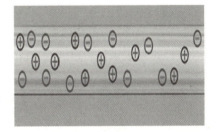

图 1-14　电流

(2) 方向:正电荷移动方向为电流方向,与电子移动方向相反,如图 1-15、图 1-16 所示。

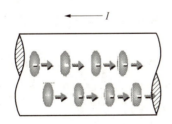

图 1-15　电流的方向

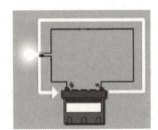

图 1-16　电子移动方向

(3) 大小:电流等于 1 秒内通过导体横截面的电荷量,以字母"I"表示。

$$电流 = \frac{电量}{时间}, \quad I = \frac{Q}{t}$$

电量的单位是库仑(C),时间的单位是秒(s),那么电流的单位是安培(A)。电流常用的单位

还有 kA、mA、μA，其换算关系为

$$1\ kA = 1\ 000\ A, 1\ A = 1\ 000\ mA, 1\ mA = 1\ 000\ μA$$

(4) 电流分为直流和交流。

① 大小和方向都不随时间变化的电流，称为直流(DC)，用"I"表示，如图 1-17 所示。

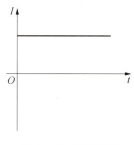

图 1-17　直流电流

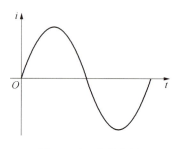

图 1-18　交流电流

② 大小和方向都随时间变化的电流，称为交流(AC)，用"i"表示，如图 1-18 所示。

2. 电压

(1) 定义：电路中两点之间的电位差，称为电压，用"U"或"u"表示。

(2) 方向表示法：

① 箭头表示法：以电流的流向表示，如图 1-19(a)所示；

② 极性符号表示法：用＋、－标出，如图 1-19(b)所示。

(3) 大小：

① 规定：电场力把 1 库仑(C)电量的正电荷从 a 点移到 b 点，如果所做的功为 1 焦耳(J)，那么 a、b 两点间的电压就是 1 伏特(V)，简称伏，单位为伏特，用符号 V 表示。

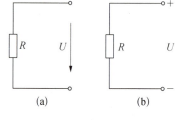

图 1-19　电压的方向

② 换算关系为

$$1\ kV = 1\ 000\ V, 1\ V = 1\ 000\ mV, 1\ mV = 1\ 000\ μV$$

3. 电阻

(1) 定义：导体对电流的阻碍作用称为电阻，用符号"R"表示，其外形和电路符号如图 1-20 所示。

(2) 大小：

① 规定：长度为 1 m、截面积为 1 m² 的导体，电阻率 ρ 为 1 Ω·m，则电阻值为 1 Ω，称为 1 欧姆。规定其单位为欧姆(Ω)。

图 1-20　电阻

② 换算关系为

$$1\ kΩ = 1\ 000\ Ω, 1\ mΩ = 1\ 000\ kΩ$$

(3) 电阻与电阻率的关系式为

$$R = ρL/S$$

式中，R 是导线的电阻，单位为 Ω；L 是导体的长度，单位为 m；ρ 是电阻率，单位为 $\Omega \cdot m$；S 是导线的截面积，单位为 m^2。

纯金属的电阻率很小，绝缘体的电阻率很大。银是最好的导体，但价格昂贵而很少采用，目前电气设备中常采用导电性能良好的铜、铝作导线。

[例1] 绕制 10 Ω 的电阻，问需要直径为 1 mm 的康铜丝多少米？

解：
$$S = \frac{\pi d^2}{4} = \frac{3.14 \times (1 \times 10^{-3})^2}{4} = 7.85 \times 10^{-7} m^2$$

查表可知，20°时康铜的电阻率为 $\rho = 5 \times 10^{-7} \Omega \cdot m$。

由
$$R = \rho L / S$$

得
$$L = \frac{RS}{\rho} = \frac{10 \times 7.85 \times 10^{-7}}{5 \times 10^{-7}} = 15.7 (m)$$

二、欧姆定律

1. 部分电路欧姆定律

（1）如图 1-21 所示，在不包含电源的电路中，流过导体的电流与这段导体两端的电压成正比，与导体的电阻成反比，即

$$I = \frac{U}{R}$$

式中，I 是导体中的电流，单位为 A；U 是导体两端的电压，单位为 V；R 是导体的电阻，单位为 Ω。

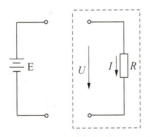

图 1-21 部分电路

欧姆

（2）不同的表示形式，如图 1-22 所示。

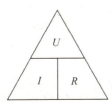 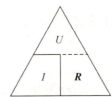 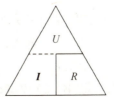 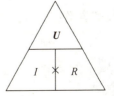

图 1-22 部分电路欧姆定律的三种表示方法

2. 全电路欧姆定律

如图 1-23 所示,在包含电源的全电路中,电流强度与电源的电动势成正比,与整个电路的内、外电阻之和成反比。其数学表达式为

$$I = \frac{E}{R+r}$$

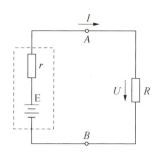

图 1-23 全电路

式中,E 是电源的电动势,单位为 V;R 是外电路(负载)电阻,单位为 Ω;r 是内电路电阻,单位为 Ω;I 是电路中的电流,单位为 A。

由式可得

$$E = IR + Ir = U_{外} + U_{内}$$

式中,$U_{外}$ 是电源向外电路输出的电压,又称电源的端电压,单位为 V;$U_{内}$ 是电源内阻的电压降,单位为 V。

三、焦耳定律

电流通过导体时会产生的热量,称为电热效应。英国物理学家焦耳通过实验证明:电流通过导体时,产生的热量 Q 与电流 I 的平方、导体的电阻 R 及通电时间 t 成正比,即

$$Q = I^2 R t$$

焦耳,J. P.

式中,I 单位为安培(A),R 单位为欧姆(Ω),t 单位为秒(s),Q 单位为焦耳(J)。

四、电功率的计算

1. 定义

如图 1-24 所示,电流在单位时间内所做的功,简称为功率,用符号"P"表示。

2. 公式

$$P = W/t = IU$$

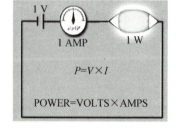

图 1-24 电功率定义

式中,P 单位为瓦特(W),W 单位为焦耳(J),t 单位为秒(s),I 单位为安培(A),U 单位为电压(V)。

3. 单位换算

$$1\ kW = 1\ 000\ W$$

1 度的意义:1 千瓦(kW)的用电器 1 个小时(h)所消耗的电能为 1 千瓦·时(kWh)。

操作活动

1. 操作名称:欧姆定律的运用
2. 需用器材

汽车前照灯 50 W,12 V 一只,熔断器 10 A,20 A,30 A 各一个,万用表一只,常用电工工具一套,导线若干等。

3. 学习目标

学会照明灯电阻值、人体电阻等电阻的估算；

学会汽车用电器的功率、电流的估算；

学会保险器电流值的识别等；

学会在操作中，注意环境保护和人身安全。

4. 操作步骤

(1) 常用电器的电阻值估算：

① 人体电阻的估算。

[例2] 我国对人体安全电压是这样规定的，以通过人体电流不超过 30 mA 为极限，安全电压为 30～36 V。那么，人体电阻是多少呢？

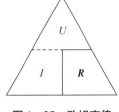

图 1-25 欧姆定律

分析：如图 1-25 所示，根据欧姆定律便知。

解：
$$R = U/I = 30/0.030 = 1\ 000(\Omega)$$
$$R = U/I = 36/0.030 = 1\ 200(\Omega)$$

答：从上估算得，人体电阻应在 1 000～1 200 Ω 之间。

 可小王说："我用万用表电阻挡测量时，为什么有时不在 1 000～1 200 Ω 之间呢？这是为什么？"

答：小王问得好，用万用表电阻挡测量人体电阻时，可因测量时人皮肤表面的潮湿程度不同而引起电阻不同。另外，人体电阻还与人的健康状况有关，医学上还利用测量人体电阻来诊断病情呢。

② 蓄电池内阻的估算。

[例3] 如图 1-26 所示，已知蓄电池的电动势 $E = 12$ V，外电阻 $R = 0.3\ \Omega$，电路中电流为 30 A，问内阻 r 为多大？

分析：根据全电路欧姆定律，可知

$$I = \frac{E}{R+r}$$

可得

$$r = E/I - R$$

解： $r = E/I - R = 12/30 - 0.3 = 0.1(\Omega)$

答：蓄电池的内阻为 0.1 Ω。

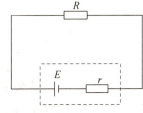

图 1-26 全电路

 电源的内阻越小，表示其对外供电能力越强，当内阻增大后，其向外供电能力就下降。如 12 V 的蓄电池当内阻增大为 1 Ω 时，其向外供电能力最大不可能超过 12 A。

(2) 用电器正常工作时，流过电流的估算：

① 从用电器上的标号估算。

[例4] 现有一个汽车前照灯,如图1-27所示,灯上标有50 W,12 V字样。请估算一下这只灯的灯丝电阻值为多少?如在12 V电压下工作,流过的电流是多大?

分析:根据功率公式 $P = W/t = IU$

可变形为

$$R = U^2/P$$

$$I = P/U$$

解:
$$R = U^2/P = 12^2/50 = 2.88(\Omega)$$

$$I = P/U = 50/12 = 4.17(A)$$

答:50 W,12 V的前照灯灯丝电阻约2.88 Ω,正常工作时流过电流为4.17 A。

图1-27 汽车前照灯

图1-28 车用熔断器

② 正确选取电路熔断器。根据电热效应原理,汽车上应用不同电流的熔断器,如图1-28所示。在熔断器上标有允许流过的额定电流值,以作选用。

如上例中一个50 W大灯流过4.17 A,如同时开四个灯,则需选取20 A的熔断器。

会诊

(1) 车灯发光一段时间后,用手触摸灯泡,有什么感觉?为什么?

(2) 冷却风扇使用一段时间后,用手触摸电动机部分有什么感觉?为什么?

练一练

[例5] 如图1-29所示,某灯上标有12 V,21 W,请估算灯的电阻为多少?在12 V电压下工作,通过的电流是多少?

[例6] 有电热器,流通2 A的电流时,在一定时间内产生一定的热量,如果电流增加到4 A,在相同的时间内产生的热量是前者的(　　)倍。

A. 1/2倍

B. 1/4倍

C. 4倍

D. 2倍

图1-29 小灯的标志

评一评

活动二 欧姆定律的运用评估表

学生姓名		日期		自评	互评	师评
一、学习评价目标						
1. 能讲清电流、电压、电阻的定义及相关单位。						
2. 能正确表述及运用欧姆定律。						
3. 能正确表述及运用焦耳定律。						
4. 能正确估算自己的人体电阻。						
5. 能正确地从电器标志上估算出电器的电阻及额定电流。						
6. 能判别电器的发热现象。						
7. 掌握汽车保险器的选取方法。						
8. 操作过程中,安全是否到位。						
9. 操作过程中,无返工现象。						
10. 活动中,环保意识及安全工作做得如何。						
二、学习体会 1. 活动中感觉哪个技能最有兴趣？为什么？ 2. 活动中哪个技能最有用？为什么？ 3. 活动中哪个技能操作可以改进,以使操作更方便实用？请写出操作过程。 (请同学们大胆创新,共同研讨,不断提高操作能力) 4. 你还有哪些要求与设想？						
总体评价				教师签名		

活动三 冷却风扇电路的测量

案例导入

一天,小王在汽车边,发现冷却风扇一会儿转一会儿不转,问师傅是怎么回事。师傅说,是根据温度变化决定的,具体电路你学习一下电路中的相关定律和电路特点就知道了。我们和小王一起来学习相关的内容好吗？

一、串联电路

1. 定义

把两个或两个以上的电器首尾依次连接,组成一条无分支的电路,称为串联电路,如图1-30所示。

2. 特点

(a) 装饰灯

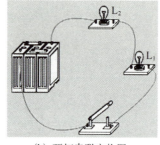
(b) 两灯串联实物图

(c) 两灯串联电路图

图1-30 串联电路

(1) 串联电路中流过每个电阻的电流都相等,如图1-31所示,即

$$I = I_1 = I_2 = \cdots = I_n$$

(2) 串联电路两端总电压等于各电阻两端分电压之和,也称为电路具有分压作用,如图1-32所示,即

$$U = U_1 + U_2 + \cdots + U_n$$

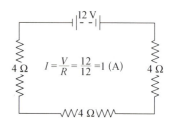

图1-31 流过电流相等

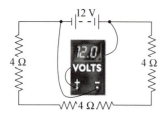

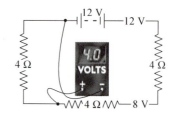

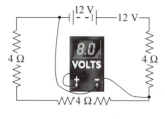

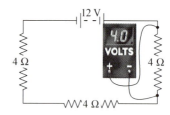

图1-32 总电压等于各分电压之和

(3) 串联电路等效电阻(即总电阻)等于各串联电阻值之和,如图1-33所示,即

$$R = R_1 + R_2 + \cdots + R_n$$

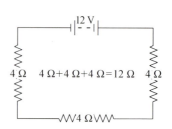

图1-33 总电阻等于各串联电阻值之和

(1) 如果电路中串联的 n 个电阻值相等（均为 R_0），则串联电路中各分电压满足关系为

$$U_1 = U_2 = \cdots = U_n = \frac{U}{n}$$

(2) 等效电阻（即总电阻）满足关系为 $R = nR_0$。

1. 操作名称：冷却风扇电路的测量
2. 需用器材

   汽车一辆,空调台架或发动机台架一台,万用表一只,常用电工工具一套等。
3. 学习目标

学会冷却风扇电路的测量；

能判别串联电路及特点。

4. 操作步骤

(1) 识读汽车冷却风扇控制电路图,如图 1-34 所示。电路由电源 E,保险器 FU,转换开关 K,串联电阻 R_1、R_2、R_3,风扇电机 M,导线等构成。

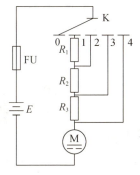

图 1-34 冷却风扇控制电路

图 1-35 观察风扇各挡风量

(2) 观察风扇各挡风量,如图 1-35 所示。

步骤：将风扇控制旋钮

- 转到 0 挡,观察风量,风小或无风；
- 转到 1 挡,观察风量,风小；
- 转到 2 挡,观察风量,风较大；
- 转到 3 挡,观察风量,风大；
- 转到 4 挡,观察风量,风最大。

(3) 在大众汽车"时代超人"空调台架上测量电阻和电压。

步骤：

① 各挡位的电阻值测量。在空调架子上找到风扇原理图及开关位置,如图 1-36 所示。

- 测量 0 挡对地电阻,为 1(无穷大),如图 1-37 所示。
- 测量 1 挡对地电阻,为 5.8 Ω,如图 1-38(a)所示。

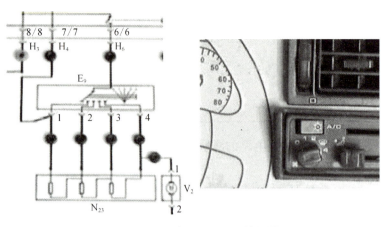
图1-36 风扇原理图及开关位置

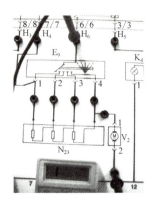
图1-37 0挡对地电阻

- 测量2挡对地电阻,为3.8 Ω,如图1-38(b)所示。
- 测量3挡对地电阻,为3.1 Ω,如图1-38(c)所示。
- 测量4挡对地电阻,为2.1 Ω,如图1-38(d)所示。

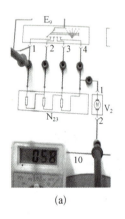
(a)

(b)

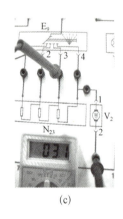
(c)

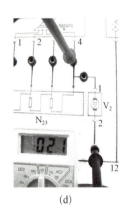
(d)

图1-38 1～4挡的测量值

分析:从测量图1-38中看出:
(1) 三个减压电阻和电机电阻的总和为5.8 Ω;
(2) 0和1挡是串联三个电阻,所以风量小;
(3) 2挡减少一个降压电阻,串联两个电阻,所以风量较大;
(4) 3挡减少两个降压电阻,串联一个电阻,所以风量大;
(5) 4挡减少三个降压电阻,电压直接接电机,所以风量最大。

② 测量各挡的风扇电压值。
- 旋钮转到0挡,电机两端的电压为0.01 V,如图1-39所示。
- 旋钮转到"1"挡,电机两端的电压为3.30 V,如图1-40所示。
- 旋钮转到"2"挡,电机两端的电压为5.98 V,如图1-41所示。
- 旋钮转到"3"挡,电机两端的电压为7.58 V,如图1-42所示。

图 1-39 "0"挡电机两端的电压

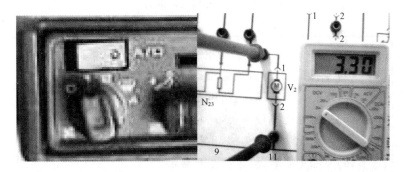

图 1-40 "1"挡电机两端的电压

图 1-41 "2"挡电机两端的电压

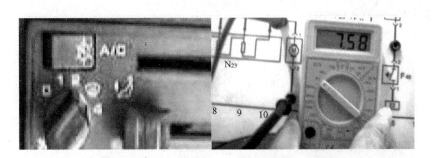

图 1-42 "3"挡电机两端的电压

● 旋钮转到"4"挡,电机两端的电压为 12.09 V,如图 1-43 所示。

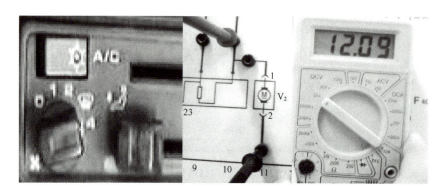

图 1-43 "4"挡电机两端的电压

分析:从测量 0~4 挡的电压看出:
(1) 4 挡是全压挡,风量为最大;
(2) 3 挡比 4 挡降 1 挡,风量为大;
(3) 2 挡比 3 挡降 1 挡,风量为较大;
(4) 1 挡比 2 挡降 1 挡,风量为小;
(5) 0 挡电路断开,电机停止转动。

冷却风扇电阻损坏,调换电阻时,应注意什么?提示:电阻有阻值和功率两个参数,调换时,一定要取相同阻值的电阻,并且其功率应等于或大于原电阻的功率。

通过以上的测量,我们知道了冷却风扇的控制原理及电路特点,小王也明白了冷却风扇调节风量的基本道理,是利用串联电路的降压特点来达到的。

如图 1-44 所示,给你三个电阻,分别为 150 Ω、330 Ω、470 Ω,请你组成一个最大的电阻应为多少?请画出其电路图。

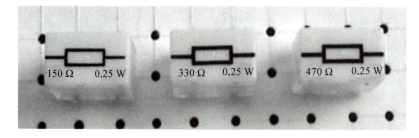

图 1-44 插在母板上的三个电阻

活动三　冷却风扇电路的测量评估表

学生姓名		日期		自评	互评	师评
一、学习评价目标						
1. 能讲清串联电路的定义和特点。						
2. 能正确计算串联电路的总电阻。						
3. 能正确表述串联电路的分压作用。						
4. 能正确运用串联电路的分压特点进行降压处理。						
5. 能正确地测量冷却风扇的各挡位的电压。						
6. 能掌握、利用串联电路的特点组成最大电阻的方法。						
7. 掌握串联电路的电压、电流和总电阻的测量方法。						
8. 操作过程中,安全是否到位。						
9. 操作过程中,无返工现象。						
10. 活动中,环保意识及安全工作做得如何。						
二、学会体会 1. 活动中感觉哪个技能最有兴趣？为什么？ 2. 活动中哪个技能最有用？为什么？ 3. 活动中哪个技能操作可以改进,以使操作更方便实用？请写出操作过程。 （请同学们大胆创新,共同研讨,不断提高操作能力） 4. 你还有哪些要求与设想？						
总体评价				教师签名		

项目一　电工基础知识

活动四　示宽灯电路的检测

汽车夜间行驶时,要打开示宽灯,显示汽车的宽度。一天,小曹看到一辆轿车只有一个示宽灯亮,如图1-45所示,不知什么原因。让我们一起来学习示宽灯电路的相关知识。

图 1-45 示宽灯电路

一、并联电路

1. 定义

把两个或两个以上的电器接在电路中相同的两点之间,承受同一电压,这样的连接方式叫做电器的并联,如图 1-46 所示。

2. 特点

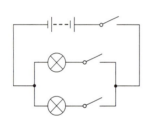
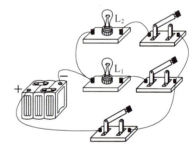

图 1-46 并联电路

(1) 并联电路中,各电阻两端的电压相等,即

$$U = U_1 = U_2 = U_3 = \cdots = U_n$$

(2) 并联电路的总电流等于流过各电阻的电流之和,即

$$I = I_1 + I_2 + \cdots + I_n$$

(3) 并联电路的等效电阻(即总电阻)的倒数等于各并联电阻的倒数之和,即

$$\frac{1}{R} = \frac{1}{R_1} + \frac{1}{R_2} + \cdots + \frac{1}{R_n}$$

如果并联的几个电阻值都为 R_0,则并联电路中电流为 $I_n = \dfrac{I}{n}$,等效电阻(即总电阻)为 $R = \dfrac{R_0}{n}$。

3. 汽车示宽灯电路为并联电路

图 1-47 所示为汽车示宽灯的原理图和电路。

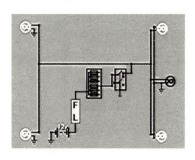 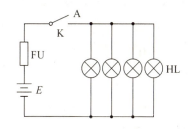

图 1-47 汽车示宽灯

二、基尔霍夫定律

1. 基尔霍夫电流定律(KCL)

(1) 电路中任意一个节点上,流入节点的电流之和,等于流出节点的电流之和,即

$$\sum I_入 = \sum I_出$$

(2) 在任一电路的任一节点上,电流的代数和永远等于零,即

$$\sum I = 0$$

[例7] 用基尔霍夫电流定律列出图 1-47 中 A 点的电流方程。

分析:从 A 点看,流入电流为 I_1,流出电流为 I_2、I_3、I_4、I_5,可画出图 1-48 所示的节点电流图。

解:根据基尔霍夫电流定律,得

$$I_1 = I_2 + I_3 + I_4 + I_5$$
$$I_1 - I_2 - I_3 - I_4 - I_5 = 0$$

图 1-48

2. 基尔霍夫电压定律(KVL)

在电路中,任何时刻沿着任一个回路绕行一周,所有支路电压的代数和恒等于零,称为基尔霍夫电压定律,简写为 KVL。用数学表达式表示为:

(1) 在任意一个闭合回路中,所有电压降的代数和为零,即 $\sum U = 0$;

(2) 在任意一个闭合回路中,电阻上电压降的代数和等于各电源电动势的代数和,即 $\sum IR = \sum E$。

[例8] 用基尔霍夫电压定律,求出图 1-49 中的 I 值。

分析:电阻上电压降的代数和为 $I \times R_1 + I \times R_2$
电源电动势的代数和为 $E_2 - E_1$

解:根据基尔霍夫电压定律列出回路电压方程,即

$$E_2 - E_1 = I \times R_1 + I \times R_2$$
$$I = (E_2 - E_1)/(R_1 + R_2) = (15 - 5)/(15 + 25)$$
$$= 0.25(A)$$

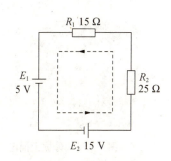

图 1-49 双电源电路

答：在图 1－49 中的 I 值为 0.25 A。

1. 操作名称：示宽灯电路的检测
2. 需用器材

汽车一辆或整车电路台架一台，万用表一只，常用电工工具一套等。

3. 学习目标

掌握示宽灯电路的测量；

能判别并联电路及特点。

4. 操作步骤

（1）观察示宽灯工作状态。

步骤：

① 打开示宽组合开关，如图 1－50 所示；

图 1－50　打开组合开关

图 1－51　观察示宽灯的工作状态

② 观察示宽灯工作状态，如图 1－51 所示。

（2）并联电路的组装与测量。

根据电路图 1－52，组装实际接线电路并测量总电阻。

步骤：

① 在母板上插入对应的电阻，如图 1－53 所示；

② 将万用表调到欧姆挡 $R \times 10$，并调零；

③ 测量总电阻 $R_总 = 60\ \Omega$，如图 1－54 所示；

④ 计算一下 $R_总$ 值，检验测量正确与否。

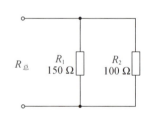

图 1－52　并联电路

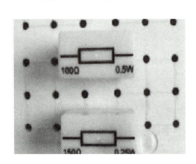

图 1－53　母板上插电

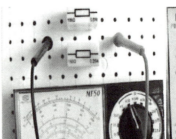

图 1－54　测量总电阻

（3）示宽灯电路的检测。

各灯电压的测量可在实车或电路台架上进行,示宽灯的两端电压如图1-55所示。

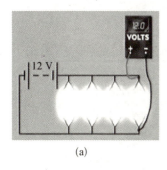
(a)
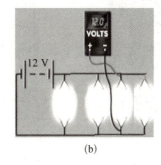
(b)
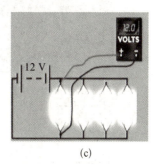
(c)

图1-55 测量各灯端电压

步骤:
① 将万用表调到直流电压20 V挡;
② 分别测量前示宽灯,如图1-55(a)、(b)所示;
③ 分别测量后示宽灯,如图1-55(c)所示。

从示宽灯电路中可看出:
(1) 并联电路各灯互不干扰,所以,有某灯烧坏不影响其他电路工作;
(2) 汽车采用并联电路,并且用车身铁架作另一导线(搭铁),以节省导线。

(4) 电流的测量。

步骤:
① 将万用表调到直流电流20 A挡;
② 测量各功率相同的示宽灯的电流,如图1-56所示;
③ 测量总电流;

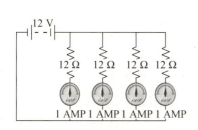

图1-56 示宽灯功率相同

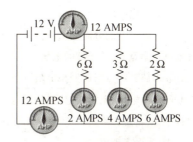

图1-57 示宽灯功率不相同

④ 如将灯泡换成不同的功率,如图1-57所示,看各电流有什么变化。

图1-58所示为汽车仪表可调光的照明电路:
(1) 请说说这一电路是什么电路;
(2) 你能讲述其调光的原理吗?

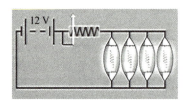
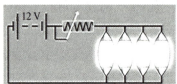
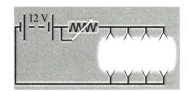

图 1-58 汽车仪表照明电路

请根据图 1-57 所示：
计算三个电阻中流过的各分电流，判断电流表所示的值是否对；
计算三个电阻的总电阻为多少；
计算三个电阻的功率各为多少瓦特。

活动四　示宽灯的检测评估表

学生姓名		日期		自评	互评	师评
一、学习评价目标						
1. 能讲清并联电路的定义和特点。						
2. 能正确计算并联电路的总电阻。						
3. 能正确表述并联电路的分流作用。						
4. 能正确运用并联电路的分流特点进行分流处理。						
5. 能正确地测量示宽灯、转向灯的电压。						
6. 能利用并联电路的特点组成最小电阻方法。						
7. 掌握并联电路的电压、电流和总电阻的测量方法。						
8. 操作过程中，安全是否到位。						
9. 操作过程中，无返工现象。						
10. 活动中，环保意识及安全工作做得如何。						
二、学习体会 1. 活动中感觉哪个技能最有兴趣？为什么？ 2. 活动中哪个技能最有用？为什么？ 3. 活动中哪个技能操作可以改进，以使操作更方便实用？请写出操作过程。 （请同学们大胆创新，共同研讨，不断提高操作能力） 4. 你还有哪些要求与设想？						
总体评价				教师签名		

拓展

汽车熔断器

常用的汽车熔断器,如图 1-59 所示。

图 1-59 常用的汽车熔断器

(1) 作用:熔断器用于对局部电路进行保护。
- 能长时间承受额定电流负载。
- 在超过额定负载 25% 时,约 3 min 熔断。
- 在超过额定负载 100% 时,则不到 1 s 熔断。

(2) 使用须注意:
- 结构一定时,流过熔断器的电流越大,熔断时间越短。
- 熔断器为一次性器件,不可重复使用。
- 熔断器熔断后,必须先查找故障原因,并彻底排除。
- 更换熔断器时,一定要与原规格相同,不能使用比规定容量大的熔断器,否则将失去保护作用。
- 熔断器支架与熔断器接触不良会产生电压降和发热现象。因此,特别要注意检查有无氧化现象和脏污。若有脏污和氧化物,须用细砂纸打磨光,使其接触良好。

活动五 导线的选用与连接

 **案例导入**

今天,小王和师傅在修理汽车电路,师傅叫小王去取一根大灯用的导线。小王取了一根线给师傅,可师傅说:"这线太细了。"小王想:我怎么这么没用,取根线都不会。其实,导线的选用是一门学问,让我们和小王一起学习。

 关联知识

车用导线的分类、选用原则如下。

1. 分类

汽车上使用的导线分为低压导线和高压导线两种。

(1) 低压线。

按用途可分为普通低压导线和电缆线。

普通低压导线:如图 1-60 所示,适用于汽车低压电路作一般电器连接。

电缆线:如图 1-61 所示,适用于汽车起动及蓄电池搭铁等大电流的场合使用。

常采用耐低温、耐油性和阻燃性都比较好的 QVR(聚氯乙烯)和 QFR(聚氯乙烯-丁腈胶复合物)作导线的绝缘层。

图 1-60 低压导线

图 1-61 电缆线

低压导线一般采用多股铜质线芯结构,其耐反复弯曲能力好,不易折断,制成线束后柔性好,安装方便,其常用的规格如表 1-2 所示。

表 1-2 常用低压导线的规格

标称截面 (mm²)	线芯结构		绝缘标称厚度 (mm)	导线最大直径 (mm)	允许载流量 (A)
	根 数	直径(mm)			
0.5			0.6	2.2	
0.6			0.6	2.3	
0.8	7	0.39	0.6	2.5	
1	7	0.42	0.6	2.6	11
1.5	17	0.52	0.6	2.9	14
2.5	19	0.41	0.8	3.8	20
4	19	0.52	0.8	4.4	25
6	19	0.64	0.9	5.2	35
8	19	0.74	0.9	5.7	
10	49	0.52	1.0	6.9	50
16	49	0.64	1.0	8.0	
25	98	0.58	1.2	10.3	
35	133	0.58	1.2	11.3	
50	133	0.58	1.4	13.3	

(2) 高压线。

高压点火线即高压电缆,简称高压线,用于发动机点火线圈至火花塞之间的高压电路。由于承受的工作电压高达 10~20 kV,电流强度却很小,因此高压点火线的绝缘层很厚,耐压性能好。以线芯的不同,可分成铜芯线和阻尼线两类,如图 1-62 所示。

(a) 铜芯线　　(b) 阻尼线

图 1-62 高压线

点拨 阻尼线具有抑制和衰减点火系统产生的电磁波,阻止对无线电设备干扰的作用。

2. 导线的选用原则

(1) 低压线的选用原则:

① 导线的温升。电流通过导线时,它的热效应会使导线温度升高。一般在炎热的夏季里,当发动机周围的温度高达 70~90℃时,该环境温度下的导线温升不得大于 10℃。因而必须以电流大小选择合适的导线截面积,表 1-3 所示的规格可作参考选用。

表 1-3 各种截面积的铜芯导线所允许的电流量

标称截面积(mm^2)	0.5	0.8	1.0	1.5	2.5	3.0	4.0	6.0	10	13
允许载流量(I/A)			11	14	20	22	25	35	50	60

② 导线的电压降。通常整车电路的总电压降不得大于 0.8 V,起动机的起动瞬时导线的电压降不得大于 0.5 V,以保证起动机顺利起动。从压降的角度看,导线长度越短越好。

③ 导线的机械强度。车用导线应有足够的机械强度,即使电流很小的负载电路,其导线截面积也不应小于 0.5 mm^2。12 伏电系主要线路导线截面积推荐值,如表 1-4 所示。

表 1-4 12 伏电系主要线路导线截面积推荐值

标称截面(mm^2)	用 途
0.5	尾灯、顶灯、指示灯、仪表灯、牌照灯、燃油灯、雨刮器电动机、电钟、水温表、油压表
0.8	转向灯、制动灯、停车灯、分电器
1.0	前照灯、喇叭(3 A 以下)
1.5	电喇叭(3 A 以上)
1.5~4.0	其他的连接导线
4~6	电热塞导线
6~25	电源线
16~95	起动机导线

(2) 高压线的选择原则:

① 耐压为依据,要求绝缘性能的耐压应在 15 kV 以上。

② 对阻尼点火线,要求每 1 m 长的线电阻不应超过 20 kΩ。

3. 导线的颜色区别和代号

随着汽车上使用的电器增多,导线数量增多,为便于安装和检修,采用双色线。主色为基础色,辅色为环布导线的条色带或螺旋色带,且标注时主色在前、辅色在后。

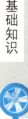

一些国家在汽车电路图中使用的导线色码标记对照表,如表1-5所示。

表1-5 汽车电路图导线色码标记对照表

代号 颜色	英文	日本	美国	欧洲	代号 颜色	英文	日本	美国	欧洲
黑	B	B	BK	BK	灰	Gr	Gr	GY	GY
白	W	W	WT	WT	紫	V	V	PL	VI
红	R	R	RD	RD	橙	O	O	OG	OG
绿	G	G	GN	GN	粉	—	P	PK	PK
黄棕	Y	Y	YL	YL	浅蓝	—	L	LTBU	HBL
棕	Br	Br	BN	BN	浅绿	—	Lg	LTGn	HGN
蓝	Bl	—	BU	BU					

[例9] 在汽车电路图中,标注有1.5 RW的字样,它表示什么意义?

解: 1.5表示导线的截面积为$1.5(mm^2)$;

R表示导线表面的主色为红色;

W表示导线表面的辅色为白色。

操作活动

1. 操作名称:导线的选用与连接

2. 需用器材

外径千分尺(0~25 mm)一把,低压和高压导线若干,常用电工工具一套。

3. 学习目标

掌握汽车导线分类;

会用导线的选用原则;

能正确进行导线的连接。

4. 操作步骤

(1) 导线截面积的估算与选用。

现有图1-63所示的铜导线一根,请估算其能承受多大的电流量。

图1-63 导线

步骤:

① 抽出低压导线中的一根铜芯线。

② 如图1-64所示,用千分尺测量一根铜芯线的直径,得D为0.52 mm。

③ 数出铜芯线根数为17。

④ 估算。

由单股芯线的面积$S_1 = \dfrac{\pi \times D^2}{4}$和导线截面积$S=$根数$\times$单股芯线的面积$(S_1)$,将测得的数据代入计算,得导线的截面积为$1.54\ mm^2$;然后查表1-2中$1.5\ mm^2$的对应值,得该导线能承受14 A电流量。

图1-64 千分尺测线的直径

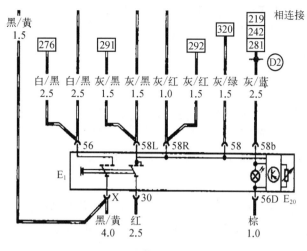

图1-65 桑塔纳2000灯光开关

⑤ 应用。

该导线在汽车电路中可用在何处呢?

查表1-4中截面积对应值,得可作"其他的连接导线"。例如,用在桑塔纳2000车灯开关接线上,如图1-65所示。

(2)导线的连接(以7股铜芯线为例,说明多股铜芯导线的直线连接方法)。

步骤:

① 如图1-66所示,先将剥去绝缘层的芯线头散开并拉直,再把靠近绝缘层1/3线段的芯线绞紧,然后把余下的2/3芯线头按图示分散成伞状,并将每根芯线拉直。

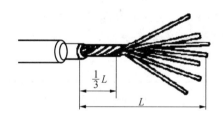

图1-66 剥去绝缘层分散成伞状

图1-67 线端隔根对叉

② 如图1-67所示,把两伞骨状线端隔根对叉,必须相对插到底。

③ 如图1-68所示,捏平叉后的两侧所有芯线,理直每股芯线,并使每股芯线的间隔均匀;同时,用钢丝钳钳紧叉口处消除空隙。

图1-68 捏平两侧所有芯线

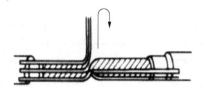

图1-69 一端3根单股折起成90°

④ 如图1-69所示,在一端把邻近两股芯线在距叉口中线约3根单股芯线直径宽度处折起,并形成90°。

⑤ 如图1-70所示,接着把这两股芯线按顺时针方向紧缠2圈后,再折回90°,并平卧在折起前的轴线位置上。

图1-70 紧缠2圈并平卧

图1-71 邻近的2根芯线折成90°

⑥ 如图1-71所示,接着把处于紧挨平卧前邻近的2根芯线折成90°,并按步骤⑤方法加工。

⑦ 如图1-72所示,把余下3根芯线按步骤⑤方法缠绕至第2圈时,把前4根芯线在根部分别切断,并钳平;接着把3根芯线缠足3圈,然后剪去余端,钳平切口毛刺。

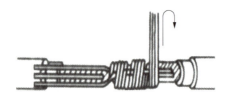

图1-72 把余下3根芯线绕2圈

图1-73 按步骤④～⑦方法进行加工

⑧ 如图1-73所示,另一侧按步骤④～⑦方法进行加工。

连接导线的注意事项:
(1) 连接时要区分导线是硬线还是软线,应采用不同的连接方法;
(2) 对有接线柱的部位接线,要注意孔的大小与导线的粗细;
(3) 有接线套的导线,应确保线套与线的牢固,并配上合适的垫片。

根据图1-65中X接线端,需一根黑/黄 4.0 mm² 的导线。请你选取一根合适的导线,写出其单股直径及需要的根数。

活动五 导线的选用与连接评估表

学生姓名		日期		自评	互评	师评
一、学习评价目标						
1. 能讲清汽车常用导线的种类。						
2. 能正确计算导线的截面积。						

(续 表)

3. 能根据电流量正确选择导线。			
4. 能正确运用选择导线的基本原则。			
5. 能正确地测量导线的直径。			
6. 会进行多股硬导的对接。			
7. 掌握高压导线的选用方法。			
8. 操作过程中,安全是否到位。			
9. 操作过程中,无返工现象。			
10. 活动中,环保意识及安全工作做得如何。			
二、学习体会 1. 活动中感觉哪个技能最有兴趣？为什么？ 2. 活动中哪个技能最有用？为什么？ 3. 活动中哪个技能操作可以改进,以使操作更方便实用？请写出操作过程。 (请同学们大胆创新,共同研讨,不断提高操作能力) 4. 你还有哪些要求与设想？			
总体评价		教师签名	

活动六　继电器的检测

案例导入　一天,师傅正从中央线路板上取下继电器,如图1-74(a)所示。小王在一边问："这一个个方形是什么东西,在车上起什么作用？"师傅说："继电器在现代汽车上有许多(见图1-74(b)),它起到保护电器和控制电器等作用,你可要多学习掌握它的相关知识啊。"

(a) 从中央线路板上取继电器

(b) 继电器外形

图1-74　继电器在车上的位置及外形

一、电流的磁效应

1. 电流磁场

导线通入电流,在导体的周围就产生磁场,这一现象称为电流的磁效应,俗称电流磁场,如图1-75所示。

2. 决定磁场大小的因素

(1) 流过导体的电流强度(I):电流越大,磁场越强,比较图1-75(a)与(b)可得。

(2) 导体的匝数(n):匝数越多,磁场越强,比较图1-75(b)与(c)可得。

(3) 与磁场中的介质有关:在磁场中放入铁磁性物质(如铁、钢、铸铁、镍、钴等物质),磁感应强度B增加几千甚至几万倍,所以在需强磁场的地方都可看到铁磁性物质(铁芯)的存在。

(a)

(b)

(c)

图1-75 电流磁场

表示磁场内某点磁场强弱和方向的物理量为磁感应强度,用符号"B"表示,单位:特斯拉(T)。用磁感线可形象地描述磁感应强度B的大小,B较大的地方,磁场较强、磁感线较密;B较小的地方,磁场较弱、磁感线较稀;磁感线切线方向,即为该点磁感应强度B的方向。

匀强磁场中各点的磁感应强度大小和方向均相同。

二、电磁感应定律

法拉第电磁感应实验,如图1-76所示。

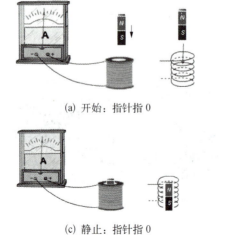

(a) 开始:指针指0

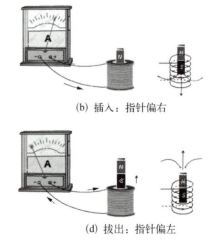

(b) 插入:指针偏右

(c) 静止:指针指0

(d) 拔出:指针偏左

图1-76 法拉第电磁感应实验

实验证明：

（1）当导体作切割磁力线运动或线圈中的磁通量发生变化时，导线中产生感应电动势；

（2）若导线或线圈是闭合电路的一部分，则在导线或线圈中会产生感应电流。

感应电动势：

（1）在电磁感应中产生的电动势叫感应电动势。产生感应电动势的那部分导体，就相当于电源。

（2）感应电动势的方向。

在电源内部：电流从电源负极流向正极，电动势的方向也是由负极指向正极。

因此感应电动势的方向与感应电流的方向一致，可用右手定则和楞次定律来判断。

注意：对电源来说，电流流出的一端为电源的正极。

（3）感应电动势与电路是否闭合无关。感应电动势是电源本身的特性，即只要穿过电路的磁通发生变化，电路中就有感应电动势产生，与电路是否闭合无关。

若电路是闭合的，则电路中有感应电流；若外电路是断开的，则电路中就没有感应电流，只有感应电动势。

三、电磁式继电器

电磁式继电器是利用电磁效应原理制成的，用来控制电路的接通与关断。其结构将在下面的操作活动中介绍。用同一原理制成的喷油器，就是利用电磁吸力和弹簧弹力，打开或关闭燃油计柱塞，来控制燃油的喷射的。

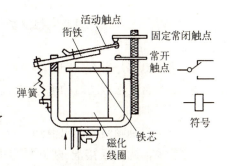

图1-77 电磁式继电器结构

1. 操作名称：继电器的检测

2. 需用器材

继电器1～2只，喷油嘴1～2只，稳压电源（12 V）一台，万用表一只，电工工具及导线若干。

3. 学习目标

掌握继电器的结构；

会用万用表检测继电器和喷油嘴；

学会在操作中，注意环境保护和人身安全。

4. 操作步骤

（1）认知电磁式继电器的结构，如图1-77所示。

① 电磁机构包括铁芯、衔铁、线圈。

② 触点系统包括回位弹簧和触点（活动触点，固定常开、常闭触点）。

③ 继电器符号，如图1-78所示。

（2）对照继电器实物。

① 从中央线路板取一个继电器,如图1-79所示。
② 观察继电器的外形(见图1-74(b))。
从图中继电器识别:
- 额定电压为_____,
- 额定电流为_____,
- 画出继电器的符号,并标出线圈和常开触点的代号。

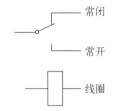

图1-78 继电器符号

图1-79 汽车中央线路板

图1-80 继电器内部结构

③ 拆开继电器观察内部结构,如图1-80所示。
识别继电器是单触点还是双触点。

(3) 测量静态时线圈电阻。

① 如图1-81(a)所示,测量线圈两端的电阻值为_____;若电阻值为无穷大,则说明线圈出现断开故障。

② 如图1-81(b)所示测量常开触点两端的电阻值为_____;若电阻值为0,则说明常开触点出现短路故障。

(a) 测量线圈两端的电阻

(b) 测量常开触点两端的电阻

图1-81 继电器静态测量

(4) 如图1-82所示,通电检测触点闭合状态(在线圈两端加上12 V电压后)。

① 听继电器是否有异响。
② 测量常开触点两端的电阻,如图1-82所示。

(5) 检测喷油嘴。

① 测量喷油嘴线圈的阻值。
② 给喷油嘴间断接上、断开额定电压,听是否有"嘚嘚"声,有为好、无为坏。

图1-82 常开触点两端电阻检测

注意:
  给喷油嘴间断接上、断开额定电压时,间断时间要短,切不可长时间通电,以防烧毁喷油嘴。

  你知道怎样做成电流继电器、电压继电器、中间继电器、时间继电器等不同的继电器吗?

  在继电器磁系统中,装上不同的线圈或阻尼元件以分别获得电流继电器、电压继电器、中间继电器、时间继电器等。

  线圈接入电路以接收信号。

  触点系统由一对或数对动、静触点组成,利用触点的开、闭,就可实现对电路的控制。

  电磁式继电器在不同的场合有不同的用途,按其使用特点,要求继电器工作可靠、准确度高、寿命长、结构简单、体积小、质量轻。

  (1) 请分析图 1-83 中继电器的工作过程。
  (2) 任取一个车用继电器作一次检测,看能否判别好坏。

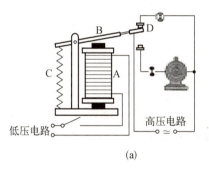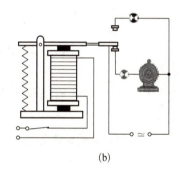

图 1-83 继电器工作电路

活动六 继电器的检测评估表

学生姓名		日期		自评	互评	师评
一、学习评价目标						
1. 能讲出电流的磁效应现象。						
2. 能正确表述电磁感应原理。						

（续 表）

3. 能判别继电器的额定电压和额定电流。			
4. 能正确选择检测继电器好否。			
5. 能正确地区分常开与常闭触点。			
6. 会识别继电器的引脚。			
7. 掌握继电器的符号表示方法。			
8. 操作过程中,安全是否到位。			
9. 操作过程中,无返工现象。			
10. 活动中,环保意识及安全工作做得如何。			

二、学习体会
1. 活动中感觉哪个技能最有兴趣？为什么？
2. 活动中哪个技能最有用？为什么？
3. 活动中哪个技能操作可以改进,以使操作更方便实用？请写出操作过程。
（请同学们大胆创新,共同研讨,不断提高操作能力）
4. 你还有哪些要求与设想？

总体评价		教师签名	

项目小结

1. 电路的组成

由电源、负载、控制器件及导线组成。

2. 电路状态

有通路（闭路）,开路（断路）,短路（捷路）。

3. 欧姆定律

（1）部分电路：流过导体的电流与这段导体两端的电压成正比,与导体的电阻成反比,即

$$I = \frac{U}{R}$$

（2）全电路：电流强度与电源的电动势成正比,与整个电路的内、外电阻之和成反比,即

$$I = \frac{E}{R+r}$$

4. 串、并联电路

（1）串联电路特点：

① 串联电路中流过每个电阻的电流都相等,即

$$I = I_1 = I_2 = \cdots = I_n$$

② 串联电路两端总电压等于各电阻两端分电压之和,即

$$U = U_1 + U_2 + \cdots + U_n$$

③ 串联电路等效电阻(即总电阻)等于各串联电阻值之和,即

$$R = R_1 + R_2 + \cdots + R_n$$

(2) 并联电路特点:
① 并联电路中各电阻两端的电压相等,且等于电路两端的电压,即

$$U = U_1 = U_2 = \cdots = U_n$$

② 并联电路的总电流等于流过各电阻的电流之和,即

$$I = I_1 + I_2 + \cdots + I_n$$

③ 并联电路的等效电阻(即总电阻)的倒数等于各并联电阻的倒数之和,即

$$\frac{1}{R} = \frac{1}{R_1} + \frac{1}{R_2} + \cdots + \frac{1}{R_n}$$

5. 基尔霍夫定律

(1) 基尔霍夫电压定律(KVL):在任何时刻,沿着任一个回路绕行一周,所有支路电压的代数和恒等于零。数学表达式为

$$\sum U = 0$$

$$\sum IR = \sum E$$

(2) 基尔霍夫电流定律:
① 电路中任意一个节点上,流入节点的电流之和,等于流出节点的电流之和。数学表达式为

$$\sum I_入 = \sum I_出$$

② 在任一电路的任一节点上,电流的代数和永远等于零。数学表达式为

$$\sum I = 0$$

6. 导线的选择原则

(1) 以温升为主要依据,以载流量来衡量。
(2) 还要考虑线路中的电压降和导线的机械强度。
(3) 高压点火线的选择,主要以耐压为依据。

7. 决定磁场大小的因素

(1) 流过导体的电流强度(I):电流越大,磁场越强。
(2) 导体的匝数(n):匝数越多,磁场越强。
(3) 与磁场中的介质有关:放入铁磁性物质,磁感应强度增加几千甚至几万倍。

8. 电磁感应定律

(1) 当导体作切割磁力线运动或线圈中的磁通量发生变化时,导线中产生感应电动势。
(2) 若导线或线圈是闭合电路的一部分,则在导线或线圈中会产生感应电流。

练习题

一、填空题

1. 导线的电阻是 10 Ω，对折起来作为一根导线用，电阻变为 _____ Ω。
2. 流过元件的电流实际方向与参考方向 _____ 时，电流为正值；实际方向与参考方向 _____ 时，电流为负值。
3. 电路中两点间的电压就是两点间的 _____ 之差，电压的实际方向是从 _____ 点指向 _____ 点。
4. 电流的方向，规定为 _____ 电荷移动的方向，金属导体中电流方向与电子的运动方向 _____。
5. 基尔霍夫电压定律的数学表达式为 _____。
6. 焦耳定律指出：电流通过导体所产生的热量与 _____、_____、_____ 成正比。

二、选择题

1. 某灯泡上标有"12 V，55 W"字样，则 12 V 是指（　　）。
   A. 最大值　　　　B. 瞬时值　　　　C. 额定值　　　　D. 平均值
2. 我们常说的"负载大"是指用电设备的（　　）大。
   A. 电压　　　　　B. 电阻　　　　　C. 电流　　　　　D. 耗能
3. 通常在电磁线圈中加装铁芯，这是为了（　　）。
   A. 增大磁感应强度　　　　　　　　B. 减小磁感应强度
   C. 电磁线圈更牢固　　　　　　　　D. 电磁线圈更好看
4. 有一根阻值为 1 Ω 的电阻丝，将它均匀拉长为原来的 3 倍，拉长后的电阻丝的阻值为（　　）。
   A. 1 Ω　　　　　B. 3 Ω　　　　　C. 6 Ω　　　　　D. 9 Ω

三、计算题

1. 通过一个导体的电流是 5 A，经过 2 min 时间，通过这个电阻横截面的电荷量是多少？
2. 有两根同种材料的电阻丝，长度之比为 1∶2，横截面积之比为 2∶3，则它们的电阻之比是多少？
3. 某一闭合电路，电源内阻 $r=0.2$ Ω，外电路的端电压是 1.9 V，电路中的电流是 0.5 A，求电源电动势、外电阻。

项目二　汽车电路的识读

活动一　点火开关的识别与检测

活动二　照明开关的识读与检测

活动三　汽车原理图的识读

活动四　桑塔纳电路图的识读

项目二　汽车电路的识读

情景描述

图2-1所示是桑塔纳2000型轿车的全车电路图,请你试一试能看懂吗?

电路图是汽车电路的无声语言,学修汽车电路不懂这种语言,就无法交流。

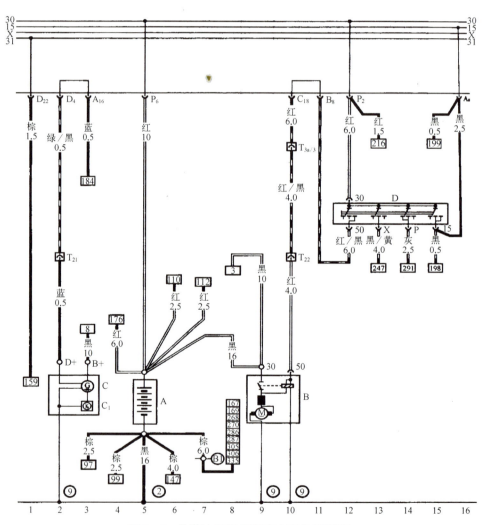

图2-1　桑塔纳2000型轿车全车电路图(1)

A—蓄电池；
B—起动机；
C—交流发电机；
C_1—调压器；
D—点火开关；

T_2—发动机线束与发电机线束插头连接,2针,在发动机舱中间支架；
T_{3a}—发动机线束与前照灯线束插头连接,3针,在中央电器后面；
②—搭铁点,在蓄电池支架上；
⑨—自身搭铁；
㉛—搭铁连接线,在前照灯线束内

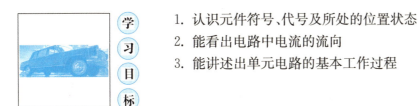

1. 认识元件符号、代号及所处的位置状态
2. 能看出电路中电流的流向
3. 能讲述出单元电路的基本工作过程

活动一　点火开关的识别与检测

一天师傅要实习生小张给客户换一个点火开关,因开关连接插座全部烧坏,小张不知如何接线,去问师傅。师傅给了张电路图,可小张看不懂,又不好意思跟师傅说看不懂,小张该怎么办?

看来小张要学一学识读电路图了。要看懂电路图,先要认识元器件符号,再判别工作区域,看清电流流向,然后才能明白电器工作过程。我们先从认识元器件开始吧!

一、蓄电池

1. 蓄电池的结构及符号意义

如图2-2(a)所示,长线表示正极板,短线表示负极板,中间的虚线表示若干电池串联;如图2-2(b)所示,6 V代表3个单格;如图2-2(c)所示,12 V代表6个单格;如图2-2(d)所示,24 V

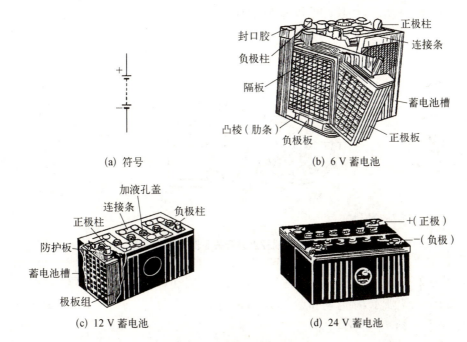

图2-2　蓄电池的符号表示

代表 12 个单格。

2. 蓄电池电路符号表示方法

在电路图上，蓄电池的三种基本表示方法，如图 2-3 所示。

(1) 电工上常用符号为 ——|｜--｜|—— 。

(2) 直接用正、负极表示，即为 +_____ —_____。

(3) 用数字代表正、负极，如图 2-3 所示。

30_____ 为正极
31_____ 为负极

图 2-3 电源符号表示法

二、点火开关

点火开关是汽车电路中的重要元件，是电路的控制枢纽，是多挡、多接线柱开关。

1. 四接线柱的结构与接线关系

(1) 表示方法如图 2-4 所示。

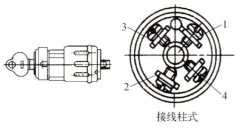
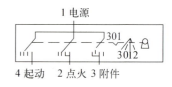

(a) 结构示意图表示法　　(b) 表格图表示法　　(c) 图形符号表示法

图 2-4 四接线柱点火开关的表示法

(2) 各挡连接方法与测量。

Ⅱ挡：如图 2-5 所示，接收音机和预热（也称附件挡、ACC 挡、A 挡等）。

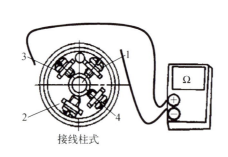
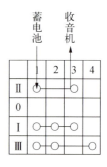

1 与 3 接通

图 2-5 四接线柱点火开关Ⅱ挡连接示意图

Ⅰ挡：如图 2-6 所示，接点火和附件（也称 D 挡、M 或 MAR 挡、ON 或 DG 挡）。
Ⅲ挡：如图 2-7 所示，接起动和点火（也称 ST 挡、Q 挡、D 挡、AVV 挡、START 挡）。

2. 五接线柱的结构与接线关系

(1) 表示方法如图 2-8 所示。

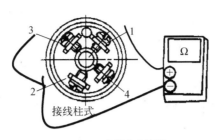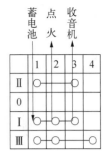

1 与 2、3 接通

图 2-6 四接线柱点火开关 Ⅰ 挡连接示意图

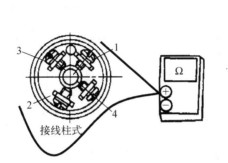

1 与 2、4 接通

图 2-7 四接线柱点火开关 Ⅲ 挡连接示意图

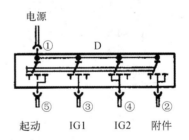

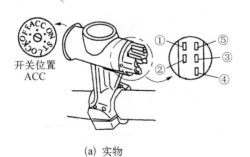

(a) 实物   (b) 图示

图 2-8 五接线柱表格图表示法

(2) 各挡连接方法与测量。

① ACC 时，如图 2-9 所示。

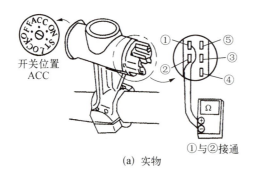
(a) 实物

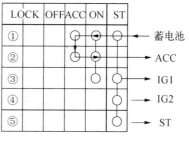
(b) 图示

图 2-9　点火开关 ACC 状态电路连接方式与测量

在图 2-9(b)中：
IG1 接点火线继电器和电压调节器的正接线柱；
IG2 接点火线圈的正接线柱；
ST 接起动继电器；
ACC 接附件。

② ON 时，如图 2-10 所示。

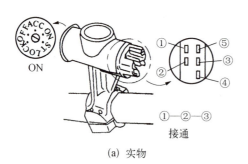
(a) 实物

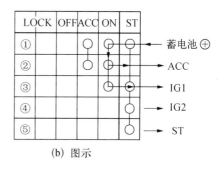
(b) 图示

图 2-10　点火开关 ON 状态电路连接方式与测量

③ ST 时，如图 2-11 所示。

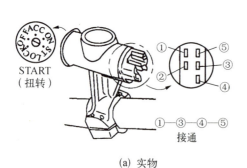
(a) 实物

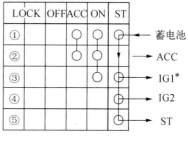
(b) 图示

图 2-11　点火开关 ST 状态电路连接方式与测量

3. 柴油机接线柱点火开关的结构与接线关系

柴油机点火开关的表示方法,如图 2-12 所示。

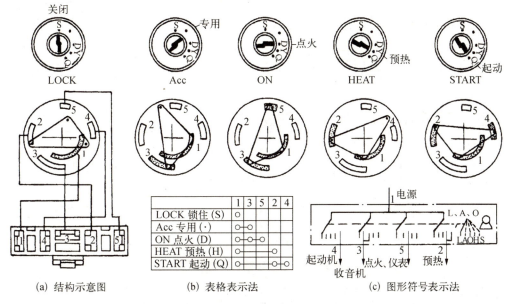

图 2-12 柴油机点火开关电路连接表示方式

1. 操作名称:
点火开关的识别与检测
2. 需用器材
点火开关,万用表。
3. 学习目标

能正确分判接线柱位置挡位;
会用万用表电阻挡判别点火开关好坏。

4. 操作步骤

(1) 观察点火开关分出的四个接线柱编号,请在图 2-13 中标出。

图 2-13 点火开关四接线柱

(2) 用万用表分别测量各接线柱,分别写出Ⅱ、Ⅰ、Ⅲ挡的状态。

Ⅰ挡时:接通的接线柱为_____;

Ⅱ挡时:接通的接线柱为_____;

Ⅲ挡时:接通的接线柱为_____。

(3) 根据步骤(2)的结果,画出点火开关的表格表示图。在图 2-14 所示的三个图中,分别

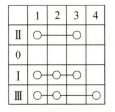

Ⅱ挡时的电流流向

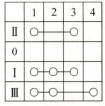

Ⅰ挡时的电流流向

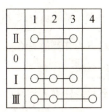

Ⅲ挡时的电流流向

图 2-14 四接线柱各挡的电流方向

表示Ⅱ挡时、Ⅰ挡时、Ⅲ挡时的电流流动方向。

(4) 在图 2-15 中,分出五接线柱点火开关的五个接线编号。

ACC 时:接通的接线柱为＿＿＿＿＿＿＿＿＿＿＿＿＿＿＿;

ON 时:接通的接线柱为＿＿＿＿＿＿＿＿＿＿＿＿＿＿＿;

ST 时:接通的接线柱为＿＿＿＿＿＿＿＿＿＿＿＿＿＿＿。

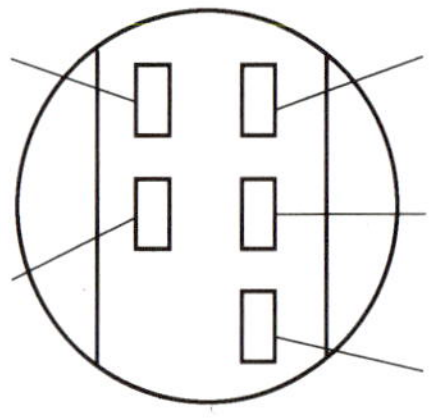

(5) 用万用表分别测量各接线柱,分别找出 ACC、ON、ST 时的接通状态。

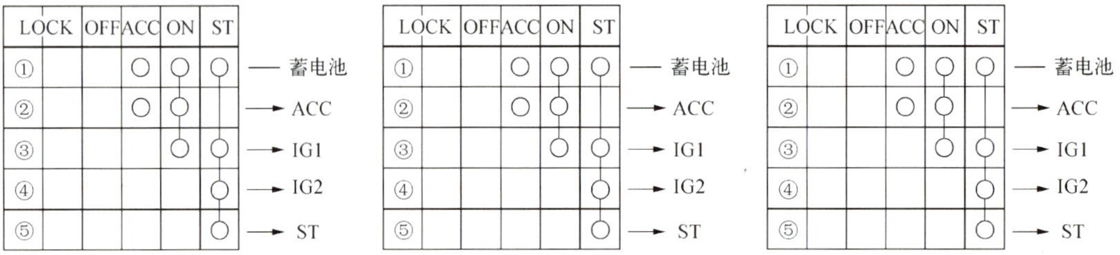

图 2-15 点火开关五接线柱

ACC 挡时的电流流向　　　　　ON 挡时的电流流向　　　　　ST 挡时的电流流向

图 2-16 五接线柱各挡的电流方向

会诊
(1) 四接线柱与五接线柱相差哪个接线柱？有什么作用？
(2) 柴油机与汽油机点火开关有哪些区别点？

练一练
现有一个柴油机点火开关,你能根据点火开关的结构与接线关系找出它属于哪一种类,并检测其好坏吗？

评一评

活动一　点火开关的识别与检测评估表

学生姓名		日期		自评	互评	师评
一、学习评价目标							
1. 正确分出点火开关四个接线柱编号,在图 2-13 中正确标出。							
2. 能用万用表分别测量各接线柱,分别出Ⅱ、Ⅰ、Ⅲ挡的状态。							
3. 正确画出点火开关的表格表示图。并能正确表示Ⅱ挡时、Ⅰ挡时、Ⅲ挡时的电流流动方向。							
4. 能分出五接线柱点火开关的五个接线柱编号,在图 2-15 中正确标出。							
5. 能用万用表分别测量五个接线柱的接通状态。							

(续 表)

6. 能正确画出五个接线柱点火开关中的各挡电流方向。			
7. 你自己感觉能判别点火开关接线柱的接线了吗?			
8. 活动中,环保意识及有关工作做得如何。			

二、学习体会
1. 活动中感觉哪个技能最有兴趣? 为什么?
2. 活动中哪个技能最有用? 为什么?
3. 活动中哪个技能操作可以改进,以使操作更方便实用? 请写出操作过程。
(请同学们大胆创新,共同研讨,不断提高操作能力)
4. 你还有哪些要求与设想?

总体评价		教师签名	

活动二 照明开关的识读与检测

客户要求换一个灯光开关,实习生小王想:"换个开关太容易了,正是表现一下的时候",就跟师傅说:"师傅我来吧。"一上手就发现线路烧结在一起,不知如何接线。小王马上找来电路图,却找不出大灯的接线。他该怎么办?

看来小王要学一学灯光电路图。要看懂灯光电路图,先要认识灯光开关的元器件符号及接线。下面从认识灯光总开关、继电器入手好吗?

一、灯光总开关
1. 推拉式

推拉式车灯总开关有带双金属片式、带可调电阻式和带玻璃管熔断器式三种。现介绍解放CA1091车用的JK121型,其外壳有六个接线柱。

(1) 结构与表示方法,如图2-17所示。

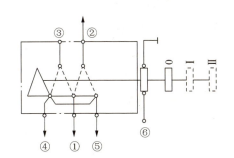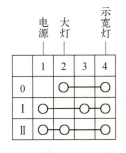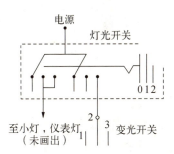

图2-17 推拉式灯光开关表示方法图

(2) 各挡位置。

0挡：断开挡，除制动灯（经制动开关）的线常有电以外，其余均无电；

Ⅰ挡：1、3、4 接线柱有电，制动灯、仪表灯（或顶灯）、后灯和示宽灯亮；

Ⅱ挡：1、2、4、5 接线柱有电，小灯灭，大灯亮，其余与Ⅰ挡相同。

(3) 工作过程（Ⅱ挡位置时），如图 2-18 所示。

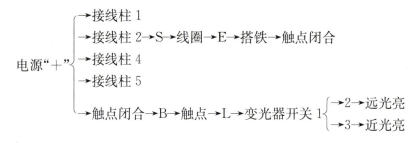

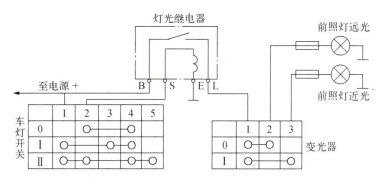

图 2-18　CA1091 继电器控制电路

2. 旋转式

东风车使用的旋转式车灯开关，具有短路保护功能。

(1) 结构与表格图表示，如图 2-19 所示。

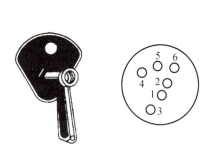

接通位置 开关挡位	线路	电源	示宽灯	前照灯	侧灯	后灯
		1、2	6	5	3	4
Ⅲ		○	○	○—○	○	○
Ⅱ		○		○		○
Ⅰ		○	○			○
0		○				

图 2-19　旋转式车灯总开关

(2) 各挡位置。

Ⅰ挡：电源 1、2 与 6 示宽灯和 4 后灯接通；

Ⅱ挡：电源 1、2 与 5 前照灯和 4 后灯接通；

Ⅲ挡：电源 1、2 与 5 前照灯与 3 侧灯和 4 后灯接通。

(3) 工作过程,如图 2-20 所示。

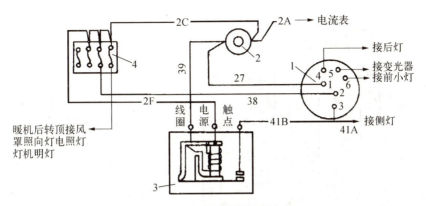

图 2-20 灯光继电器控制电路

1-车灯总开关;2-双金属熔断器;3-灯光继电器;4-熔断器盒

在正常情况下,因双金属保险器闭合,灯光继电器"电源"与"线圈"两接线柱同电位,线圈中无电流通过,触点常开;侧灯电路开路。

当灯光电路出现短路时(双金属保险器 2 过热断开,使"线圈"接线柱搭铁),那么

电源 {→线圈→搭铁→触点闭合
　　　→触点→侧灯→侧灯点亮报警

3. 多功能组合开关

多功能组合开关的功能包括对照明(前照灯)、信号(转向、危险警告、超车)、刮水器洗涤器等电路的控制。下面以江西五十铃采用的多功能组合开关为例加以介绍。

图 2-21 所示为多功能组合开关内部接线、连接器和挡位图。由图可知:

前照灯:电流从 8 N 端子引进,若与 10 N 端子接触为远光,若与 9 N 端子接触则为近光。

转向灯:电流从 14 N 端子引进,若 14 N→16 N 通则为左转向,若 14 N→15 N 通则为右转向。

危险警告信号:当 14 N→15 N→16 N 三触点连通,则左、右转向闪光灯齐闪。

超车时:电流从 7 N 端子引进,若与 10 N 端子接触则为超车信号,此时远光灯丝短暂接通,发出闪光信号。

刮水、洗涤器:40 N 与 36 N 接通。

二、继电器

1. 继电器的外形及引脚,如图 2-22 所示

2. 继电器的状态

汽车上的继电器有很多种,常见的有三类:动合继电器、动断继电器和混合型继电器。这三类继电器的动作状态,如图 2-23 所示。

动合继电器平时触点是断开的,继电器动作后触点接通;动断继电器平时触点是闭合的,继电器动作后触点断开;混合型继电器平时动断触点接通、动合触点断开,继电器线圈通电,则变成相反状态。

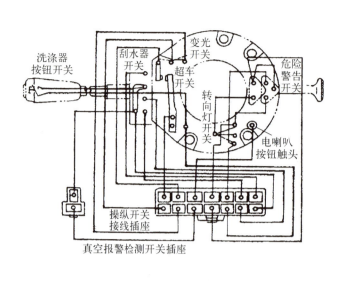
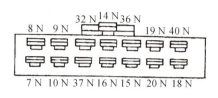

挡位	触点代号		14 N	15 N	16 N	32 N	8 N	9 N	10 N	7 N	40 N	19 N	18 N	20 N	36 N	37 N
	转向信号灯	左	○—	—○										
		断		○												
		右	○—○													
	危险警告灯	断		○												
		通	○—○—○										
	前照灯变光	近					○—○									
		远						○—○							
	超车信号灯	断								○						
		通								○—○					
	风窗刮水器	低									○—○				
		高									○—	—○			
		回位										○—○			
	风窗洗涤器	断									○					
		通									○—	—	—	—○	
	喇叭触头														○	

图 2-21 多功能组合开关(五十铃、跃进车用)

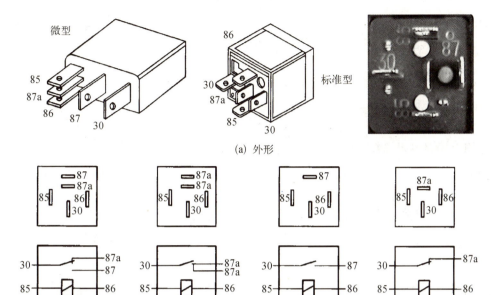

(a) 外形

(b) 引脚布置

图 2-22 小型继电器外形及引脚布置

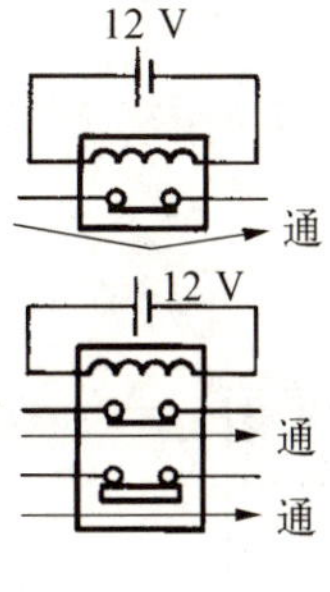

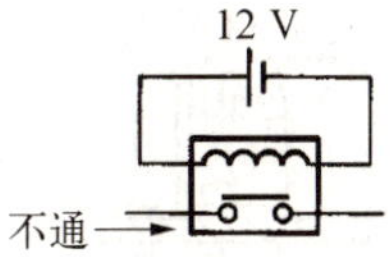

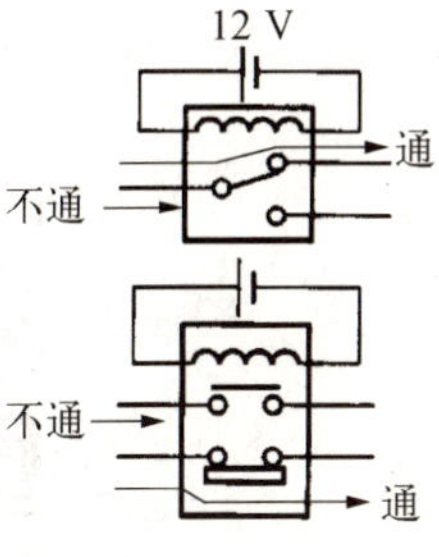

图 2-23 继电器工作状态

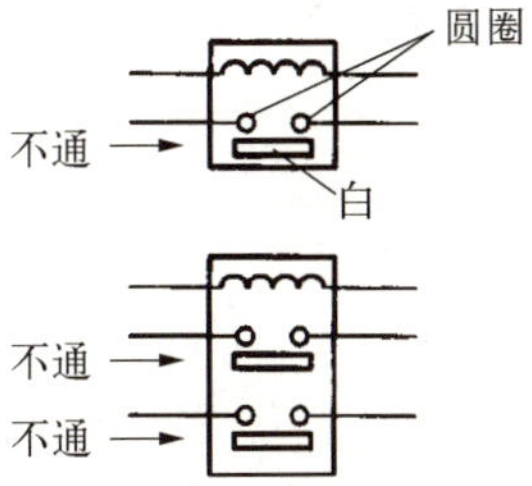

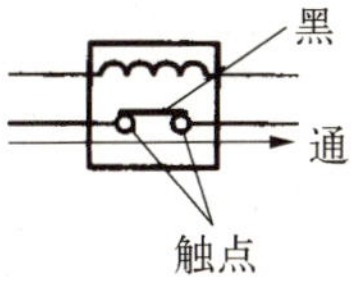

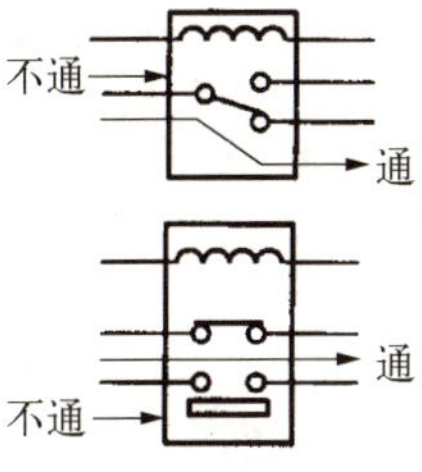

 操作活动

1. 操作名称：照明开关的识别与检测
2. 需用器材

    灯光开关，继电器，万用表。
3. 学习目标

    能正确判别灯光开关和继电器接线柱位置；
    会用万用表电阻挡判别灯光开关的好坏。
4. 操作步骤

(1) 用万用表电阻挡判别推拉式灯光开关Ⅰ、Ⅱ挡位置。

　　Ⅰ挡：_____与_____接通，

　　Ⅱ挡：_____与_____接通。

(2) 用万用表电阻挡判别旋转式灯光开关Ⅰ、Ⅱ、Ⅲ挡位置。

　　Ⅰ挡：_____与_____接通，

　　Ⅱ挡：_____与_____接通，

　　Ⅲ挡：_____与_____接通。

(3) 用万用表电阻挡判别起动继电器的内部情况，并请标出各出脚的位置。

① 测量线圈的阻值及判别出脚，测量图如图2-24所示。

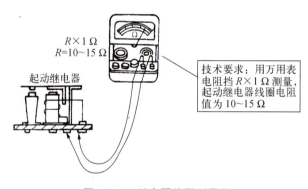

图2-24　继电器线圈测量图

② 测量触点电阻及判别出脚，测量图如图2-25所示。

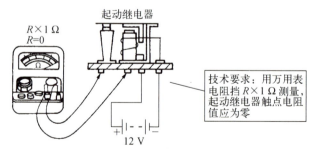

图2-25　起动机触点电阻的测量

> (1) 请选择万用表 $R\times10\,\Omega$ 或 $R\times100\,\Omega$ 挡。
> (2) 阻值判别：
> 当两脚间测得是：$0\,\Omega$ 左右时，为动断（常闭）状态；
> $100\sim1\,000\,\Omega$ 时，为线圈两端的电阻值；
> $\infty\,\Omega$ 时，为动合（常开）或绝缘状态。

（4）用万用表电阻挡判别图 2-26 中继电器的内部情况。

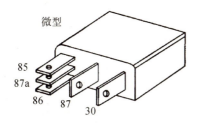 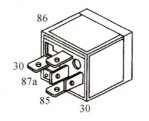

图 2-26　继电器的外形

① 请在图 2-27 中标出各出脚的位置编号。

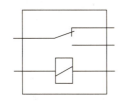 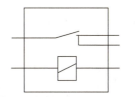

图 2-27　继电器出脚判别图

② 请写出你的判别过程与方法。

> (1) 继电器的动断和动合共用端用什么方法判别最方便准确？
> (2) 现代车大多用灯光组合开关，有什么办法认清出脚呢？

> (1) 请说明图 2-28 中照明开关的开灯过程，并说明电流流向。
> (2) 请你测量一个起动继电器，判别出各接线柱的位置。

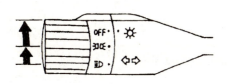

		黑	白	红/黄
H	●—————●	●—————●
I			●—————●
OFF				

图 2-28　照明开关及接线

活动二 照明开关的识别与检测评估表

学生姓名		日期		自评	互评	师评
一、学习评价目标						
1. 正确分出推拉式照明开关五个接线柱端。						
2. 能用万用表分别测量各接线柱,分别出Ⅰ、Ⅱ的状态。						
3. 正确画出照明开关的表格表示图。						
4. 能分出旋转式照明开关的六个接线柱端。						
5. 能用万用表分别测量旋转式照明开关的Ⅰ、Ⅱ接通状态。						
6. 能画出旋转式照明开关中的各挡电流方向。						
7. 能判别多功能组开关的大灯接线柱。						
8. 活动中,环保意识及有关工作做得如何。						
二、学习体会 1. 活动中感觉哪个技能最有兴趣？为什么？ 2. 活动中哪个技能最有用？为什么？ 3. 活动中哪个技能操作可以改进,以使操作更方便实用？请写出操作过程。 (请同学们大胆创新,共同研讨,不断提高操作能力) 4. 你还有哪些要求与设想？						
总体评价				教师签名		

活动三 汽车原理图的识读

师傅要小文去取一张桑塔纳的汽车照明电路图,可小文半天没取来。师傅去一问,小文说:"全车电路中没照明线路图。"师傅二话没说,在图中取了一张就走。小文这时有点脸红了。

小文急着要学会识读电路图,我们就从识读电路图开始吧。

一、汽车电路图的分类

随着汽车上电气的日益增多,汽车电路也日益复杂,汽车电路图的表达方法也在发生变化,主要有以下四种。

1. 线路图

也称接线图,如图 2-29 所示。其特点:

(1) 表达整车电器及线路连接,反映各电器在车上的布局,电器以实物轮廓图表示;

(2) 导线分布与车上实际位置走向相同,图左侧代表汽车前部,右侧代表汽车尾部;

(3) 图上电线纵横交错,识读困难,费时费力;

(4) 不易表达电路内部结构与工作原理,不易抓住电路的重点、难点。

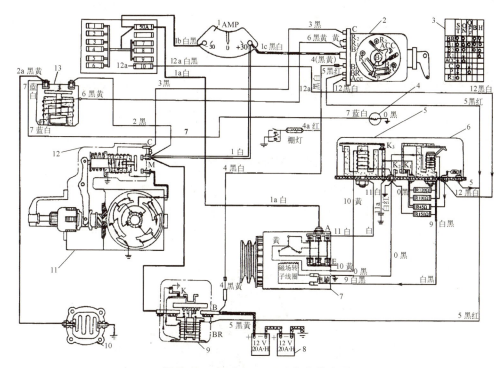

图 2-29 日产(NISSAN)汽车线路图

1-电流表;2-启动开关;3-启动开关位置;4-预热指示灯;5-磁场继电器;6-电压调节器;7-发电机;8-蓄电池;9-蓄电池开关;10-空气预热器;11-起动机;12-启动开关;13-电磁预热开关

2. 电路原理图

也称电路图、电路简图,如图 2-30 所示。电路原理图分为全车电路图与系统电路图。我国使用的这种图是根据《汽车电路图与图形符号》(Automotive symbols and circuit diagrams 1987)制定的,其他国家画图方法有所不同,但基本意念是相同的,是分析工作原理、维修最实用的图。其特点:

(1) 清楚表达电路的连接状态和工作原理,不表明电器的形状、位置和导线走向;

(2) 电器设备均采用符号表示基本结构,电器旁边通常标注有电器名称及代码;

(3) 电源线在图上方,接地线在图下方,电流方向自上而下,电器串、并联关系清楚;

(4) 图中开关及用电器均处于不工作的状态,如点火开关是断开、车灯关闭等;

(5) 导线标注有颜色和规格代码,有的还标注导线所属电气系统的代码。

3. 布线图

也称布置图、位置图、定位图等,如图 2-31 所示。布线图是人们在汽车上能够实际接触到

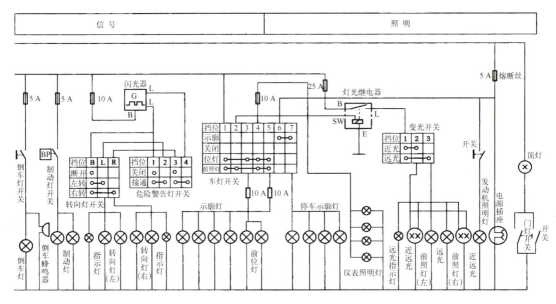

图 2-30 CA1091 汽车前照灯原理图

的汽车电路图,突出装配记号的电路表现形式,便于安装、配线、检测与维修。其特点:

(1) 表明电线束与各用电器的连接部位、接线柱的标记、插接器的形状及位置等;

(2) 不描述线束内部的线路走向,将露在线束外的线头与插接器做详细编号。

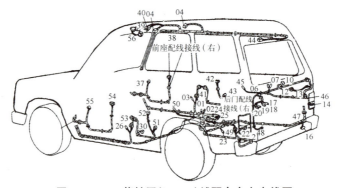

图 2-31 三菱帕罗(Pajero)越野车车身布线图

01、02—后扬声器(左);03—门开关(右);04—室灯;06、07—后扬声器(右);10—后刮水器电动机;12—后洗涤器电动机;13—车架配线接线处理和大后门配线接线处理综合;14—后综合灯;16—尾灯(右);17、18、19、20—车牌灯;21—尾灯(左);22—后组合灯(左);23—燃油表装置;24—前配线接线处理和车架配线接线处理综合;26—前门开关(左);37—前动力电机(右);38—前动力窗副开关;39、40—日光车篷开关;41—前配线接线处理和后门配线接线处理综合;42—后动力窗副开关;43—后动力窗电动机;44—货架灯;45—后门开关;46—车架配线接线处理和大后门配线接线处理综合;47—车架配线接线处理和侧配线接线处理综合(右);48—大后门锁动电动机;49—车架配线接线处理和侧配线接线处理综合(左);50—后门开关(左);51—后动力窗电动机(左);52—后动力窗副开关(左);53—前配线接线处理和后门配线接线处理综合(左);54—前动力窗主开关(左);55—前动力窗电动机(右)

4. 线束图

也叫做线束包扎图,如图 2-32 所示。线束图反映的是已制成的线束外形,分为主线束图和辅助线束图。其特点:

(1) 图中标明线束中每根导线所连接的电器设备的名称,有的还标注了导线的长度;

(2) 线束图类似于无线电中的印刷电路板图。在制作或安装线束时,使用极为方便。

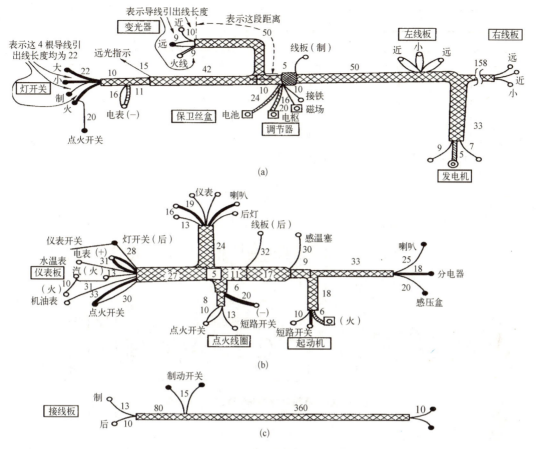

图 2-32 嘎斯 51 型汽车的线束图

二、识读电路原理图的要领

1. 全车中找系统

首先要从全图中找到你想要知道的系统图,如小文就是没有去找照明系统图而出的问题。现为小文找出的桑塔纳前照灯电路图,如图 2-33 所示。

2. 系统中找主件

在系统图中找出主要元器件。例如,在图 2-33 中找出:E_1 灯光开关,E_4 超车组合开关,大灯 L_1、L_2 等主件。

3. 主件中明电流

分析主件的电流流向情况,一般从控制开关和工作元器件入手。例如,在图 2-33 中超车灯电流流向:当 E_4 组合开关向上时,开关 E_4 接通 30 号线上的电源,电流通路如下。

$$\text{蓄电池正极} \to \text{30 号线} \to E_4 \text{ 接通触点} \begin{cases} \to \text{熔断器 } S_9 \to L_2 \text{ 大灯远光} \to \text{搭铁} \\ \to \text{熔断器 } S_{10} \to L_1 \text{ 大灯远光} \to \text{搭铁} \\ \to \text{指示灯 } K \to \text{限流电阻} \to \text{搭铁} \end{cases}$$

上述电流通路使 L_1、L_2 大灯中的远光及远光指示灯 K_1 点亮。当松开组合开关手柄时,组合开关 E_4 在回位弹簧的作用下自动断电,此为点动作用,以满足超车时灯光照明的要求。

照明和信号

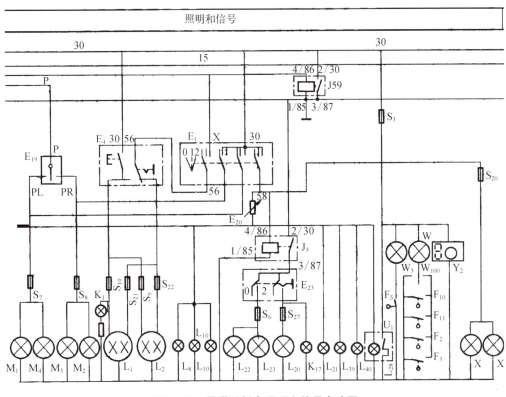

图 2-33 桑塔纳轿车照明和信号电路图

4. 知电流明原理

在分析电流的基础上，电路的工作原理就容易理解了。例如，分析图 2-33 中大众车的大灯照明原理。当大灯开关 E_1 处于图 2-33 中的 2 挡时，就形成了如下的电流通路（见图 2-34）。

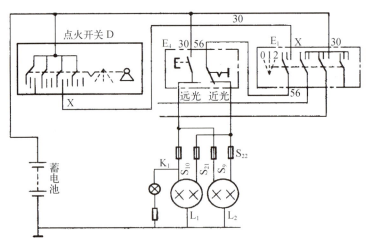

图 2-34 桑塔纳轿车简化照明电路图

蓄电池正极→30 号线→D 的第 3 掷→X 线→E_1 第 1 掷 2 挡触点→E_1 56→灯光选择开关 E_4

(1) 近光：E_4→S_{21}、S_{22} 熔断器→L_1、L_2 近光→搭铁

(2) 远光：E_4→S_{10}、S_9 熔断器→L_1、L_2 远光→搭铁

通过电流流向的分析，大灯的工作原理就很明白了。大灯电流是由点火开关 D 的 X 触点发

出,经灯光开关 E_1 后,由变光开关决定近光还是远光。

1. **操作名称**:汽车原理图的识读
2. **需用器材**
桑塔纳轿车电路图。
3. **学习目标**
能在全车电路中正确找出照明电路单元图;
能指出灯光开关、超车组合开关、大灯、大灯指示灯等元器件;
能正确讲述大灯电流的流向。
4. **操作步骤**

(1) 在桑塔纳轿车全车电路中,正确找出照明电路单元图。

(2) 图 2-35 所示为图 2-33 中的各元器件图,指出各图表示什么元器件,并请写出名称。

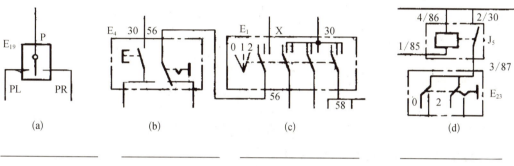

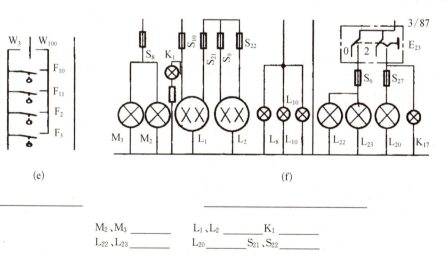

M_2、M_3 _____ L_1、L_2 _____ K_1 _____
L_{22}、L_{23} _____ L_{20} _____ S_{21}、S_{22} _____

图 2-35 各元器件图

(3) 讲述图 2-34 桑塔纳轿车照明电路中大灯的工作原理。

蓄电池正极→_____→D 的第 3 掷→_____线→_____→组合开关 56
→_____

近光:E_4→_____

远光:E_4→_____

(4) 讲述桑塔纳轿车照明电路图中超车时大灯电流的流向,电流通路如下。

(5) 请在图 2-36 中，标出雾灯电流的流向（请从 30 号线开始画）。

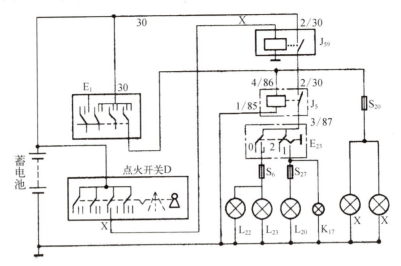

图 2-36 桑塔纳牌照灯与雾灯简化电路图

(6) 请表述雾灯的工作过程：蓄电池正极──→30 号电源线──→

(1) 桑塔纳轿车照明电路为什么不用大灯继电器？
(2) 为什么分析电路工作原理一般从电源、控制开关入手？

请按识读电路原理图的四个要领，分析图 2-30 CA1091 型汽车灯光的工作原理。

(1) 说明前照灯远光、近光的电流流向。
(2) 说明雾灯的工作过程。
(3) 表述转向灯的工作过程。

活动三　汽车原理图的识读评估表

学生姓名		日期		自评	互评	师评
一、学习评价目标						
1. 正确分判出元器件：点火开关、灯光开关、超车组合开关等。						
2. 能在 2 分钟内，从全车电路图中找出照明单元图。						

(续 表)

3. 能讲述桑塔纳轿车照明电路图中超车时大灯电流的流向。			
4. 能分出点火开关、灯光开关、超车组合开关内部线路。			
5. 能判别 CA1091 型汽车前照灯的工作原理。			
6. 会讲述 CA1091 型汽车雾灯的工作过程。			
7. 能正确讲述 CA1091 型汽车转向灯的工作过程。			
8. 活动中,环保意识及有关安全工作做得如何。			

二、学习体会
1. 活动中感觉哪个技能最有兴趣？为什么？
2. 活动中哪个技能最有用？为什么？
3. 活动中哪个技能操作可以改进,以使操作更方便实用？请写出操作过程。
（请同学们大胆创新,共同研讨,不断提高操作能力）
4. 你还有哪些要求与设想？

总体评价		教师签名	

*活动四　桑塔纳电路图的识读

案例导入

一天,师傅要小文查桑塔纳 2000 型的汽车雾灯电路。学习了汽车电路图的识读后小文心里想,这下看图没问题了。打开单元图一看,怎么与自己学习过的桑塔纳电路图不一样？小文又要向师傅请教了。

关联知识

小文已学会识读电路图,为什么又会看不明白呢？原来小文看到的是大众厂的汽车原理图,这种图与已学过的图有一些不同点。下面来了解一下大众系列汽车电路图的特点。

汽车电路图中符号的含义及表示法,目前尚不规范,特别是各种进口汽车的一些图形符号表示方法还很不一致,所以要看懂各种车型的电路图有难度。现以上海桑塔纳 2000 型轿车电路为例说明。

1. 电路图中符号的含义及表示方法

（1）符号

电路图 2-37 的上部四根导线分别标以"30"、"15"、"X"、"31"。其中,"30"表示常火线,电压为 12 V;
"15"表示接小容量电器的火线,在点火开关接通后才有电;
"X"表示接大容量电器的火线,在点火开关处于点火时,由中间继电器将其接通带电;
"31"表示接地线;
其他如图 2-37 所示。

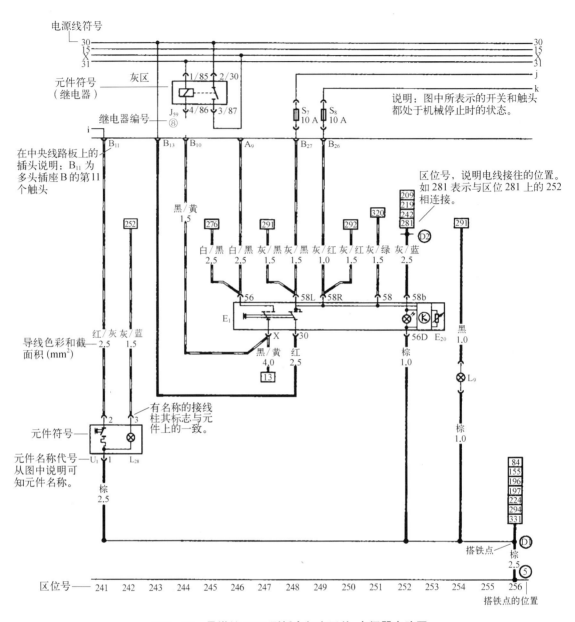

图 2-37 桑塔纳 2000 型轿车灯光开关、点烟器电路图

E_1—灯光开关;
E_{20}—仪表板照明调节器;
J_{59}—X-接触继电器;
L_9—灯光开关照明灯;
L_{28}—点烟器照明灯;
S_7—左尾灯、左前停车灯熔断丝,10 A;
S_8—右尾灯、右前停车灯、发动机舱照明灯熔断丝,10 A;
U_1—点烟器;
⑤—搭铁点,在中央电器左侧星形搭铁爪上;
⑪—搭铁连接线,在仪表板线束内;
⑫—连接线,在仪表板线束内;

(2) 表示方法

① 电路采用纵向排列,相同系统的电路归纳到一起,基本电路有条理地从左到右,按电源、起动系、点火系、指示灯和仪表、照明设备、雾灯、报警闪光装置、信号灯、雨刮器和洗涤器、双音喇叭的顺序编排。

② 断线带号法:线路比较复杂的设备,要画横线时,用断线带号法解决了这个问题。如图

2-38中所示,在252上有一方框,其中的数字是281,此导线与电路图最下端编号为281上方的导线尾端也有一个252方框(见图2-44中的281位),这两处应接通。通过以上的数字联系,上下连在一起了。

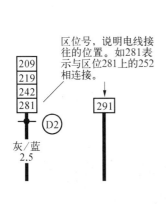

图2-38 继线带号表示

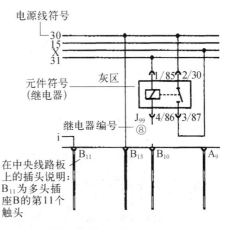

图2-39 继电器表示

③ 在图纸上部(灰区),画有继电器,如图2-39所示。在继电器边上有一个小圆圈(黄底),上面标有数字,这数字即表示该继电器插在中央配电盒正面板上的位置。比如⑧,表示该继电器插在中央电器装置正面板的第8号位置上。另外,第8号继电器上有四个插脚,在图上标有1/85、2/30、3/87、4/86,其中分子1、2、3、4是指中央配电盒上的四个插孔编号;分母85、30、87、86是指继电器上的四个插脚编号。分子与分母对应,且工艺上已保证它们不会插错。中央配电盒的背面是各种形式的组合插头,每一组合式插头都有一个英文字母作为它的代号,并分别和各种线束上的组合式插座插接,如图2-40、图2-41所示。在同一英文字母下被编成从1开始的不同序号。例如,图2-37中的B_{11}用于连接仪表板的红色的组合线束,它和中央电器装置背面代号为B的组合插头插接,凡是接点标有B字的任何导线都在线束里。如果要找某一根导线,只要根据

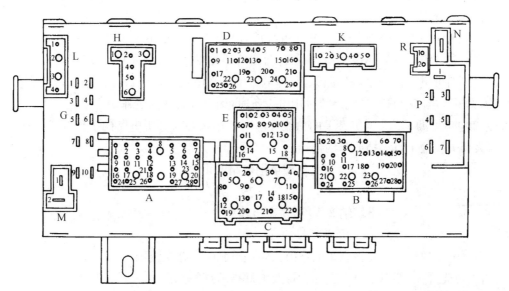

图2-40 桑塔纳2000轿车中央线路板反面布置

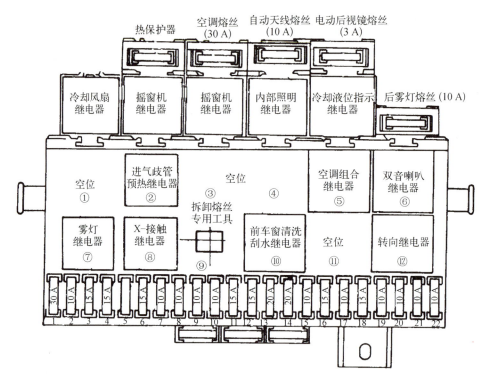

图 2-41 桑塔纳 2000 轿车中央线路板正面布置

它在中央电器装置背面接点的字母,就可以确定它在哪一线束里,进而找到这根导线,如 B_{11} 连接到点烟器。

④ 导线颜色采用直观表达法,车上的导线用什么颜色,图上就印成什么颜色(本书采用花纹线条以示区别),一看便知。红色大多为控制火线,棕色为接地线,白/黄色用于控制灯,蓝色大多用于指示灯或传感器,全绿、红/黑或绿/黑多用于脉冲式的用电器。

2. 电路图的识读要领

(1) 全车中找系统:按全车电路系统的各功能及工作原理把整车电气系统划分成若干个独立的电路系统,分别进行分析。

(2) 系统中找主件:在分析某个电路系统前,要清楚该电路中所包括的各部件的功能和作用,以及技术参数等。例如,电路中的各种自动控制开关在什么条件下闭合或断开等。

(3) 主件中明电流:应掌握回路原则,即电路中工作电流是由电源正极流出,经用电设备后流回电源负极。电路中只有当电流流过用电设备时,用电设备才能工作。

(4) 知电流明原理:按操纵开关的功能及不同工作状态来分析电路的工作原理。如点火系供电,点火开关应处于点火挡或起动挡。

1. 操作名称:桑塔纳电路的识读
2. 需用器材

桑塔纳 2000 型轿车电路图。

3. 学习目标

能在全车电路中正确找出照明电路系统图;
能指出灯光开关、超车组合开关和大灯及大灯指示灯等元件;
能正确讲述大灯电流的流向。

4. 操作步骤

(1) 在图2-37、图2-42、图2-43所示的桑塔纳轿车全车电路中,正确找出照明系统电路图。

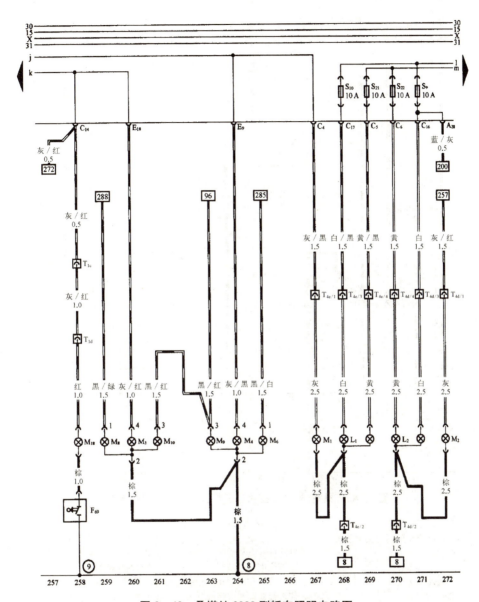

图2-42 桑塔纳2000型轿车照明电路图

F_{69}-发动机舱照明灯接触开关;　M_{18}-发动机舱照明灯;
L_1-左前照灯;　　　　　　　　S_9-右前照灯(远光)熔断丝,10 A;
L_2-右前照灯;　　　　　　　　S_{10}-左前照灯(远光)熔断丝,10 A;
M_1-左停车灯;　　　　　　　　S_{21}-左前照灯(近光)熔断丝,10 A;
M_2-右停车灯;　　　　　　　　S_{22}-右前照灯(近光)熔断丝,10 A;
M_3-右尾灯;　　　　　　　　　T_{1c}-前照灯线束与发动机线束插头连接,1针,在中央电器后面;
M_4-左尾灯;　　　　　　　　　T_{1d}-发动机线束与发动机舱明灯电线插头连接,1针,在刮水器电机前;
M_6-左后转向灯;　　　　　　　T_{4d}-前照灯线束与右前照灯插头连接,4针,在右前照灯上;
M_8-右后转向灯;　　　　　　　T_{4e}-前照灯线束与左前照灯插头连接,4针,在左前照灯上;
M_9-左制动灯;　　　　　　　　⑧-搭铁点,在左组合后灯左侧车身上;
M_{10}-右制动灯;　　　　　　　⑨-自身搭铁

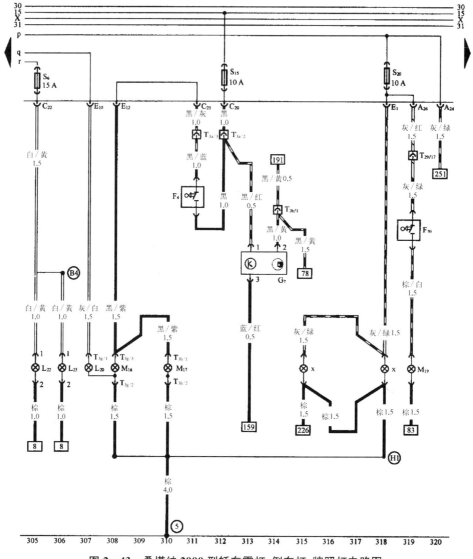

图 2-43 桑塔纳 2000 型轿车雾灯、倒车灯、牌照灯电路图

F_4 -倒车灯开关；
F_{70} -杂物箱照明灯接触开关；
G_7 -车速传感器；
L_{20} -后雾灯；
L_{22} -左前灯；
L_{23} -右前灯；
M_{16} -左倒车灯；
M_{17} -右倒车灯；
M_{19} -杂物箱照明灯；
S_6 -前雾灯熔断丝，10 A；
S_{15} -倒车灯、车速传感器熔断丝，10 A

S_{20} -牌照灯、杂物箱照明灯熔断丝，10 A；
T_{2b} -发动机线束与仪表板线束插头连接，2 针，在中央电器后面；
T_{3a} -发动机线束与前照灯线束插头连接，3 针，在中央电器后面；
T_{3g} -尾部线束与左倒车灯插头连接，3 针，在左倒车灯上；
T_{3h} -尾部线束与右倒车灯插头连接，3 针，在右倒车灯上；
T_{29} -仪表板线束与仪表板开关线束插头连接，29 针，在组合仪表下方；
X-牌照灯；
⑤-搭铁点，在中央电器左侧星形搭铁爪上；
⑭-正极连接线，在前照灯线束内；
⑭-搭铁连接线，在尾部线束内；

（2）请写出各图表示什么意义及元件名称。

―― 30 ＿＿＿＿＿＿＿＿＿＿＿＿＿＿＿＿＿＿＿＿＿＿＿＿＿＿
―― 15 ＿＿＿＿＿＿＿＿＿＿＿＿＿＿＿＿＿＿＿＿＿＿＿＿＿＿
―― X ＿＿＿＿＿＿＿＿＿＿＿＿＿＿＿＿＿＿＿＿＿＿＿＿＿＿
―― 31 ＿＿＿＿＿＿＿＿＿＿＿＿＿＿＿＿＿＿＿＿＿＿＿＿＿＿

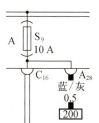

C_{17} 表示：_____

C_5 表示：_____

S_{10} 表示：_____

S_{21} 表示：_____

蓝/灰 0.5 表示：_____

200 表示：_____

(3) 桑塔纳2000型轿车照明电路中大灯 L_1、L_2 的电流流向。

识读步骤：

第一步：从图2-1中找到蓄电池正极→通过单个插头 P_6→接通30号电源线；

第二步：从图2-37中找到30线→B_{13}→进灯光开关 E 的第3挪→从 E 的56→276；

第三步：从图2-44中找到276位上的 245→进入变光开关 E_4→远光(56a)、近光(56b)；

第四步：

远光：E_4→56a→l 线→从图2-42的 l 进入→S_9、S_{10}→C_{16}、C_{17}→插座 T4a/3、T4c/3→L_1、L_2→插座 T4e/2、T4d/2→8(回图2-1中找到 B_1)→268 270→蓄电池负极。

近光：E_4→56b→m 线→从图2-42的 m 进入→S_{21}、S_{22}→C_5、C_6→插座 T4E/4、T4d/4→L_1、L_2→插座 T4E/2、T4d/2→8(回图2-1中找到 B_1)→268 270→蓄电池负极。

(4) 请应用上述方法，试读出应用转向信号时，灯 M_6、M_8 的电流流向。

点拨

(1) 阅读电路图时，要从电源正极出发，找到控制器件、工作电器等，一步一步地读取，回到电源负极。

(2) 注意元件符号的识别与元件内部走线的判别。

(3) 把含有线圈和触点的继电器，看成是由线圈工作的控制电路和触点工作的主电路两部分。主电路中的触点，只有在线圈电路中有工作电流流过后才能动作。

练一练

请应用识读电路要领的四句话：
(1) 全车中找系统；
(2) 系统中找主件；
(3) 主件中明电流；
(4) 知电流明原理。

分析桑塔纳2000型轿车雾灯电路中大灯 L_{21}、L_{22} 的电流流向。

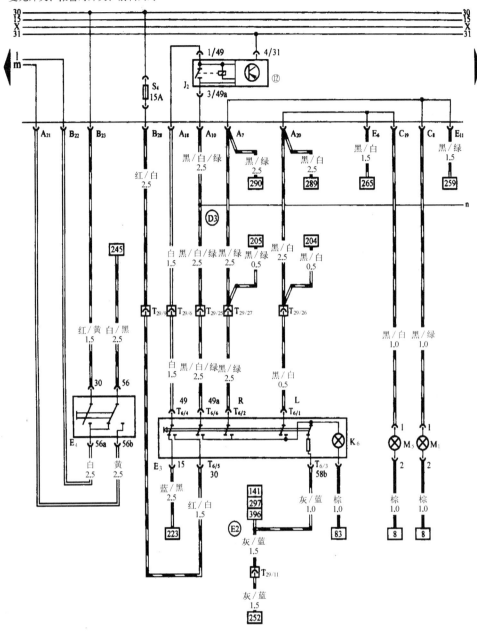

图 2-44 桑塔纳 2000 型轿车变光、报警开关、转向灯电路图

E_3—报警灯开关；
E_4—变光开关；
J_2—转向灯继电器；
K_6—报警闪光指示灯；
M_5—左前转向灯；
M_7—右前转向灯

S_4—报警灯熔断丝，15 A；
T_6—仪表板开关线束与报警灯开关插头连接，6针，在报警灯开关上；
T_{29}—仪表板线束与仪表板开关线束插头连接，29针，在组合仪表下方；
⑱—正极连接线，在仪表板线束内；
⑫—连接线，在仪表板开关线束内；

> 请说说下图中 J2 转向继电器的工作过程。

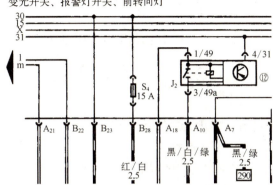

活动四 桑塔纳电路图的识读评估表

学生姓名		日期		自评	互评	师评
一、学习评价目标						
1. 正确分判出符号：30、15、X、31、C5、C16、C17 等。						
2. 能在 2 分钟内，从全车电路图中找出照明系统图。						
3. 能讲述桑塔纳 2000 型轿车照明电路图大灯电流的流向。						
4. 能分出点火开关、灯光开关、超车组合开关、变光开关等。						
5. 能表述 2000 型轿车雾灯电路图电流的流向。						
6. 会讲述 2000 型轿车超车时大灯电流的流向。						
7. 能正确讲述 2000 型轿车转向灯电流的流向。						
8. 活动中，环保意识及有关安全工作做得如何。						
二、学习体会 1. 活动中感觉哪个技能最有兴趣？为什么？ 2. 活动中哪个技能最有用？为什么？ 3. 活动中哪个技能操作可以改进，以使操作更方便实用？请写出操作过程。 （请同学们大胆创新，共同研讨,不断提高操作能力） 4. 你还有哪些要求与设想？						
总体评价				教师签名		

项目小结

1. 识别电路图的基础

   熟悉电气元件符号、代号、代码及电流回路原则。

2. 现代汽车电路图

   主要有：接线图、电路原理图、布线图和线束图。

3. 读图基本要领

   全车中找系统，系统中找主件，主件中明电流，知电流明原理。

4. 德国大众车系的电路图

   可看作电路原理图，实质上更接近接线图。特点是：标记具有固定意义，电路纵向排列，不互相交叉；电路以中央电器盒为中心。

练习题

1. 汽车电路图有哪几类？各有什么特点？
2. 识读电路图的要领有哪几点？
3. 大众2000型轿车的灰区表示什么内容？
4. 请读出2000型轿车转向灯的电流流向。
5. 写出2000型轿车雾灯的工作原理。

项目三
仪器仪表的使用

活动一　指针式万用表的使用

活动二　数字式万用表的使用

活动三　汽车专用万用表的使用

项目三　仪器仪表的使用

情景描述　汽车维修人员在仪表使用中常会损坏仪表和仪器。为此,某大众汽车维修站决定对汽车维修人员进行仪器与仪表操作的培训。

学习目标
1. 能规范使用指针式万用表,并正确读出数值
2. 能规范使用数字式万用表,并正确读出数值
3. 能规范使用汽车数字式万用表,并正确读出数值

活动一　指针式万用表的使用

案例导入　一天,王师傅拿着一个指针式万用表,让学徒小张测一下喷油嘴的内阻。小张看了看,不知怎样来使用指针式万用表,于是请教王师傅。

关联知识

1. 指针式万用表简介

万用表是一种多量程的电工测量仪表。用来测量交流电压 $\underset{\sim}{V}$、直流电压 $\underline{V}$、直流电流 A 和电阻 R 等参数,它的英文名为 AVO Meter。

以 MF30 型为例,其表面组成如图 3-1 所示,其量程如图 3-2 所示。

2. 万用表使用前的准备

(1) 万用表应水平放置。

(2) 表针调零。指针有偏离,可用小螺丝刀轻轻转动表头上的指针调节螺丝,使表针指零(见图 3-1)。

(3) 将红表棒插入"+"端插孔,黑表棒插入

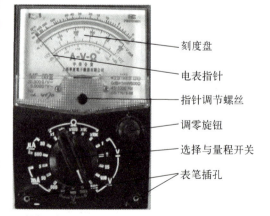

图 3-1　指针式万用表组成部件

图 3-2 万用表量程

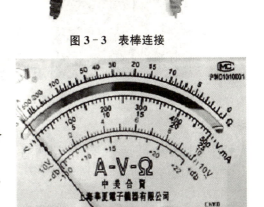

图 3-3 表棒连接

"—"端插孔,如图 3-3 所示。

3. 刻度盘

万用表的刻度盘,如图 3-4 所示。

电阻 Ω 线:表示电阻阻值,刻度左大、右小,分布是不均匀的(第一条线)。

直流 V、mA 线:表示直流电压与直流电流值,刻度左小、右大,均匀分布(第二条线)。

交流电压 V̰ 线:表示交流电压,量程 10 V̰(第三条线)。

增益 db 线:表示增益量大小(第四条线)。

图 3-4 刻度盘

操作活动

1. 操作名称:电阻、电压、电流、电容的测量

2. 需用器材

指针式万用表,电阻,电容,电池等。

3. 学习目标

会用万用表测量电阻;

会用万用表测量交、直流电压;

会用万用表测量直流电流;

会用万用表测量电容。

4. 操作步骤

(1) 电阻的测量,现以测量一个电阻为例。

步骤:

① 选择量程:

● 估算:从电阻的标识色环估出电阻的阻值范围。

● 选择:根据阻值范围,选择指针处于刻度线中间区域的量程。

● 方法:现从色环法估算一电阻为几百欧姆,所以选择 R 挡位×100(见图 3-5)。

```
      实用口诀
看——拿起表笔看挡位;
扳——对应电量扳到位。
```

图 3-5 电阻

② 调零：
● 把万用表的两根表棒短接，旋转调零旋钮，使指针指在欧姆刻度线的零位，如图 3-6 所示。

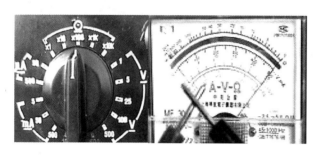 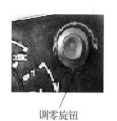

调零旋钮

图 3-6　选择量程并调零

③ 测试：
● 将两根表棒分别接触被测电阻两端，如图 3-7 所示。
注意：电阻必须与其他元件断开。

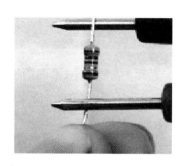

实用口诀
试——瞬间偏摆试挡位。

图 3-7　电阻测试

④ 读数：
● 读出指针在欧姆刻度线（第一条线）上的读数，再乘以该挡量程上的倍率（如×100），就是所测电阻的阻值（见图 3-8 所示）。例如，测得该电阻阻值为 3 kΩ。

实用口诀
测——测量稳定记读数；
复位——放下表笔及复位。

读数为 30 Ω
倍率为挡位×100
最终的读数为
30 Ω×100＝3 000 Ω＝3 kΩ

图 3-8　电阻读数

(1) 每次换挡,都应重新调零才能测准。
(2) 电阻测量时,必须与其他元件断开。
(3) 为了保证测量精度,应尽量使指针处在满刻度的三分之二左右位置。

图3-9所示的两种测量电阻的方法对不对?为什么?

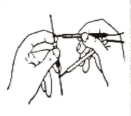

图3-9 判断两种电阻测量

请测出下面三个电阻的阻值(见图3-10)。

图3-10 测量电阻

(2) 电压的测量,现以测量一干电池电压为例。

步骤:

① 选择量程(见图3-11):
- 估算:先估计被测电压大小,电池是直流电压为1.5 V。
- 选择:根据估计电压范围,选择旋钮5 V量程。

图3-11 选择电压量程　　　图3-12 干电池测量

② 测试:
- 将红表棒接"+"极,黑表棒接"-"极,如图3-12所示。

③ 读数：
● 读出指针在电压刻度线上(第二条线)的读数,根据挡位读出所测电压的值。例如,此干电池的电压为 1.5 V,如图 3-13 所示。

直接读数为150 V
倍率为
挡位5 V/满刻度500
5/500=0.01
最终的读数为
150 V×0.01=1.5 V

图 3-13 测量电压时读数

 点拨

(1) 当被测的直流电压值不知时,应从最大直流电压挡开始逐一试测,然后确定挡位。
(2) 当被测的直流电压极性不知时,将表笔轻触被测电压两端试测,若表针向右偏转,则红笔为正;若表针向左偏转,则红笔为负。
(3) 测量交流电压的方法与测量直流电压相似,所不同的是选择挡位为交流电压挡,并且表棒不需要分正、负端,如图 3-14 所示。

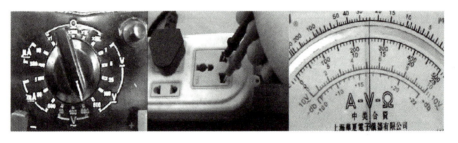

图 3-14 测量交流电压

 会诊

测量干电池用交流挡对吗?为什么?如图 3-15 所示。

 练一练

(1) 请测量一下桑塔纳2000型轿车蓄电池的电压是多大。
(2) 你能用万用表测出家中交流电压值吗?

图 3-15 用交流电压挡

(3) 电流的测量,现以一简单电路为例。

步骤:

① 选择量程(见图3-16):
- 估算:用欧姆定律算出图中被测电流约为250 μA。
- 选择:转换开关拨至500 μA挡位。

② 测试:
- 将万用表串接在电路中,如图3-17所示,电流应由红表笔流入,黑表笔流出。

图3-16 选择直流电流量程

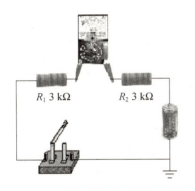

图3-17 按图连接并测量直流电流

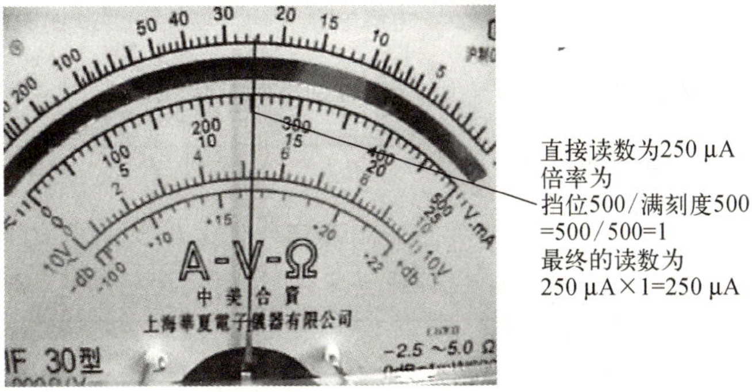

直接读数为250 μA
倍率为
挡位500/满刻度500
=500/500=1
最终的读数为
250 μA×1=250 μA

图3-18 直流电流挡读数

③ 读数:
- 读出指针在电流刻度线上(第二条线)的读数,如图3-18所示,根据挡位读出所测电流的值。例如,该电路直流电流为250 μA。

点拨

(1) 测量直流电流时,要注意表笔的极性,红表笔"+"为电流流入,黑表笔"-"为电流流出,在估计电流流向后才可测量。
(2) 当测量直流电流时,未知被测电流大小前,应从最大挡位开始试测,然后逐挡减少到适当的量程,才进行测量。
(3) 严禁在测量过程中转换挡位开关及量程。

会诊

如图3-19所示。用这个挡位能测汽车大灯电流吗?为什么?

练一练

请用万用表测量一下桑塔纳2000型轿车车厢照明小灯的电流值。

图3-19 用500 μA测量汽车大灯电流

(4) 电容的测量,现以一电解电容为例。

步骤:

① 选择量程:

- 估算：看电解电容容量大小（见图3-20）。

图3-20 电解电容

图3-21 测量电容选择量程

- 选择：转换开关旋到欧姆挡R×100或R×1k，如图3-21所示。

注意：
　　万用表测量容量大于5 100 pF的电容时，指针摆动明显；对于容量小于5 100 pF的电容，即使用高阻挡测量，摆动也不太明显。

② 测试：
- 用两表笔触及电容器两极，如图3-22所示。

图3-22 电容测量

图3-23 测量电容指针回摆

- 正常情况下，指针先偏转一定角度，然后指针回落至起始位置，如图3-23所示。
- 将表棒对调一下后，再进行测试一次，指针先偏转一定角度，然后指针回落至起始位置，如图3-24所示。

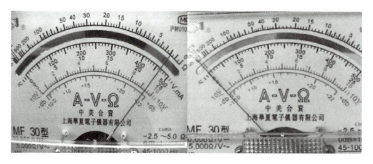

图3-24 测量电容指针回摆

③ 判断:
- 若通过两次测试电解电容都能偏转后回到起始位置,即证明该电容器为正常。

（1）测试时指针不动（正、反多次测试），说明电容器失效,如图3-25所示。

（2）当指针偏转后,应回复到接近起始位置,如果指针回不到起始位置,而指示在某一电阻值,如图3-26所示,那么该电阻值就是电容器的漏电电阻值,这个电阻值越大表示漏电越小。

图3-25 电容失效现象

图3-26 电容漏电

如图3-27所示。如指针指向零位后,并保持在零位,说明电容器是否正常呢？

图3-27 电容测量现象

图3-28 电容测量并判断

请判别图3-28的两个电容是否正常。

评一评

活动一　指针式万用表的使用活动评估表

学生姓名		日期		自评	互评	师评
一、学习评价目标						
1. 在使用指针式万用表时,会正确进行机械零位校正。						
2. 能正确选择测量挡位。						
3. 在测量中,能正确掌握操作规程。						
4. 每次测量电阻时,都能调零。						
5. 会正确读出数值。						
6. 能画出电阻、电容的图形符号。						
7. 活动中,环保意识及团队协作做得好吗?						
二、学习体会 1. 活动中感觉哪个技能最有兴趣? 为什么? 2. 活动中哪个技能最有用? 为什么? 3. 活动中哪个技能操作可以改进,以使操作更方便实用? 请写出操作过程。 (请同学们大胆创新,共同研讨,不断提高操作能力) 4. 你还有哪些要求与设想?						
总体评价				教师签名		

活动二　数字式万用表的使用

 案例导入

一个顾客来到汽车维修部说,他在行驶途中,发现汽车仪表盘上充电指示灯亮了,说明汽车充电系统有故障,请帮忙找一下故障。王师傅用数字万用表检测后发现发电机出现故障。你会检测吗?

 关联知识

1. 数字式万用表简介

数字式万用表是一种新型的电工测量工具,具有很高的灵敏度和准确度,显示清晰直观,功能齐全性能稳定。

以 DT-890B+为例,其表面组成如图 3-29 所示。万用表用来测量交流电压 V、直流电压 V、交流电流 A、直流电流 A、电阻 R 和电容 C 等参

数,其量程如图 3-30 所示。

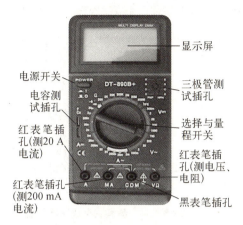

图 3-29 数字万用表表面组成

图 3-30 数字万用表量程

2. 使用方法

(1) 使用前,应认真阅读有关的使用说明书,熟悉电源开关、量程开关、插孔、特殊插口的作用。

(2) 将电源开关置于"ON"位置,如图 3-31 所示。

图 3-31 电源开关

图 3-32 表棒连接

(3) 测量电压、电阻时,将红表棒接"VΩ"孔,黑表笔插入"COM"孔,如图 3-32 所示。

(4) 使用后,拔出表笔,将选择开关旋至交流电压最大量程挡,并关闭电源。若长期不用,应将表内电池取出,以防电池电解液渗漏而腐蚀内部电路。

1. 操作名称:数字式万用表的使用

2. 需用器材

数字万用表,点火线圈,蓄电池等。

3. 学习目标

学会正确使用数字万用表;

会用万用表测量电阻、交流、直流电压、电流、电容。

4. 操作步骤

(1) 测量电阻,现以一只点火线圈为例。

步骤:

① 选择量程:

- 估算：可以查资料获得点火线圈次级绕组电阻值为 7.8 kΩ。
- 选择：根据阻值范围,把万用表的量程选择开关旋到欧姆挡的合适量程挡上,如图 3-33 所示。

图 3-33 测量点火线圈次级绕阻选用电阻挡位

图 3-34 测量点火线圈次级绕阻电阻

② 测试：
- 将两根表棒分别接触被测次级绕组两端测试,如图 3-34 所示。注意：点火线圈必须与其他元件断开。

③ 读数：
- 所测得的电阻值为 7.85 kΩ。

(1) 使用电阻挡时,显示屏显示"1",如图 3-35 所示,表示电阻无穷大或阻值超过范围。

(2) 当显示"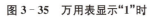"时,表示电池不足,如图 3-36 所示。

图 3-35 万用表显示"1"时

图 3-36 显示"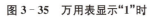"时

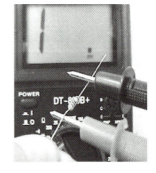

图 3-37 测量电阻无数据

这次测试为什么没有数据？如图 3-37 所示。

如图 3-38 所示,请你测量一下点火线圈初级、次级绕阻阻值。

图 3-38 测量点火线圈

(2) 测量电压,现以测量车上蓄电池电压为例。

步骤:

① 选择量程:

- 估算:蓄电池是直流电压为 12 V。
- 选择:根据估算电压范围,选择旋钮 20 V 量程,如图 3-39 所示。

图 3-39 测量蓄电池电压选用挡位

图 3-40 测量蓄电池电压

② 测试:

- 将两根表棒分别接触被测蓄电池两端,注意红表笔接红色端或"+"端,黑表笔接黑色端或"-"端,如图 3-40 所示。

③ 读数:

- 所测得的电压值为 12.76 V。

点拨

(1) 如果不知道被测电压范围,将功能开关置于最大量程上,并逐渐降低量程(绝不能在测量中改变量程)。

(2) 如果显示器只显示"1",表示超过量程范围,功能开关应置于更高量程。

 会 诊

在测量干电池的电压时,是-1.617 V,为什么?如图 3-41 所示。

 练一练

(1) 请你用电压法检查一下汽车保险丝是否正常。

(2) 请你测量汽车上大灯的电压。

图 3-41 测量电压时出现"-"值

(3) 测量直流电流,现以测量发动机点火系低压直流电流为例。

步骤:

① 插好表棒:

- 将黑色测试棒置于"COM"公共插口,红色测试棒插入"MA"插口,如图 3-42 所示。

图3-42 测量汽车直流电流表棒插孔　　图3-43 测量直流电流选择量程

② 选择：
- 估算：点火初级流过的电流约为 5 A。
- 转换开关拨至 20 A 挡位，如图 3-43 所示。

③ 测试：
- 先让断电器触点闭合，然后把万用表串接在点火线圈初级回路中，再把点火开关打开，电流应由红表笔流入，黑表笔流出，如图 3-44 所示。

④ 读数：
- 所测得的电压值为 4.08 A。

图3-44 测量发动机点火系低压直流电流

⚠ 警告注意安全标志，如图 3-45 所示，表示输入电流不应超过标准值。

图3-45 警告标志　　　　　　　图3-46 测量直流电流操作错误之一

在测量直流电流时，如图 3-46 所示。显示屏没有数据，是为什么？

请你测量汽车的漏电电流是多少？如图 3-47 所示。

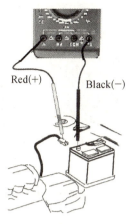

图 3-47 测量汽车的漏电电流值　　　　图 3-48 瓷片电容

（4）测量电容，现以一只瓷片电容为例。

步骤：

① 选择量程：

● 估算：看电容器的容量标志法，来判断电容的大小，如图 3-48 所示，"473"表示电容容量的大小为 47×10^3 pF＝47 nF。

● 选择：开关旋到电容挡 200n，如图 3-49 所示。

图 3-49 测量瓷片电容选择量程　　　　图 3-50 测量瓷片电容

② 测试：

● 将电容器两极插入测量电容器插孔中，如图 3-50 所示。

③ 读数：

● 所测得的电容值为 42.5 nF。

点拨
(1) 将电容直接插入电容测试孔中，等待稳定后直接读数。
(2) 不用考虑电容极性问题。

会诊
用电阻挡测量电容，如图 3-51 所示，你认为对吗？

图 3-51　判断用电阻挡测量电容　　　　　　图 3-52　测量瓷片电容

请测出图 3-52 所示三个电容的数值。

活动二　数字式万用表的使用评估表

学生姓名		日期		自评	互评	师评
一、学习评价目标						
1. 你能正确选择测量挡位吗？						
2. 你能正确读懂数值吗？						
3. 在测量中,手要与表棒接触吗？						
4. 每次测量电阻时,都要调零吗？						
5. 数字式万用表可以测量交流电流吗？						
6. 在测量电容时,可以判断电容的好坏吗？						
7. 你知道测量电流时,电流表应与受测电路串联连接吗？						
8. 活动中,环保意识及团队协作做得好吗？						
二、学习体会 1.活动中感觉哪个技能最有兴趣？为什么？ 2.活动中哪个技能最有用？为什么？ 3.活动中哪个技能操作可以改进,以使操作更方便实用？请写出操作过程。 (请同学们大胆创新,共同研讨,不断提高操作能力) 4. 你还有哪些要求与设想？						
总体评价					教师签名	

活动三　汽车专用万用表的使用

案例导入

师傅让小王测一下东风发动机的闭合角,小王不知用什么检测。师傅说:"方便点,用汽车数字式万用表测。"小王不知汽车专业数字式万用表如何使用。为此小王参加了汽车数字式万用表使用的学习。

关联知识

1. 汽车专用数字式万用表

汽车专用数字式万用表是一个汽车专用的数字式万用表,它除了具备普通数字式万用表所有功能外,还具有汽车专用项目的测试功能。

以 OTC 300Automotive Meter 为例,汽车专用数字式万用表表面组成,如图 3-53 所示,用来测量电压、电流、电阻、频率 f(Hz)、闭合角、频宽比和转速等参数,其量程如图 3-54 所示。

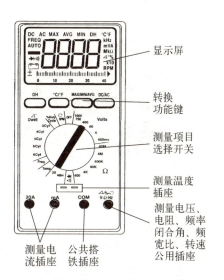

图 3-53　汽车专业数字式万用表表面组成

2. 使用方法

(1) 使用前,应认真阅读有关的使用说明书,熟悉量程开关、功能键、表棒插孔、特殊插口的作用。

图 3-54　汽车专用数字式万用表量程

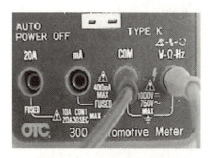

图 3-55　测量表棒连接

(2) 测量电压、电阻、频率、闭合角、频宽比和转速等参数时,将表棒按图 3-55 所示插入。

(3) 使用后,拔出表笔,将选择开关旋至 OFF 挡。若长期不用,应将表内电池取出,以防电池电解液渗漏而腐蚀内部电路。

操作活动

1. 操作名称

汽车专用万用表的使用。

2. 需用器材

汽车专用数字式万用表,桑车,东风发动机等。

3. 学习目标

学会用万用表测量闭合角、转速、温度。

4. 操作步骤

(1) 测量闭合角,现以东风 EQ6100 发动机为例。

步骤:

① 选择量程:

● 估算:可以查资料获得对于 6 缸发动机闭合角大约是 32°~40°。

● 选择:根据阻值范围,把万用表的量程选择开关旋到 Dwell 的闭合角测量 6CYL 上,如图 3-56 所示。

图 3-56 测量闭合角选择量程

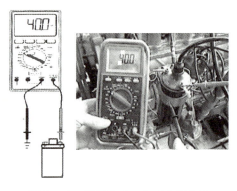

图 3-57 测量东方 EQ6100 闭合角

② 测试:

● 将两根表棒分别接触点火线圈两端,注意红表棒接触点火线圈的负极,黑表棒接触搭铁,如图 3-57 所示。

③ 读数:

● 所测得的闭合角为 40°,如图 3-58 所示。

注:发动机转速稳定在 1 000 r/min 以内,测量白金触点闭合角的大小。

图 3-58 测量闭合角的读数

 点拨

(1) 如果白金闭合角太小,则触点间隙大;若白金闭合角太大,则触点间隙小。

(2) 一般正常的闭合角对于 6 缸发动机来说,大约是 32°~40°;对 4 缸发动机来说,大约是 50°~64°;对 8 缸发动机来说,大约是 25°~32°。

 会诊

当改变白金间隙时,角度会有相应的变化吗?

 练一练

请你测量桑塔纳 2000 型发动机的闭合角。

(2) 测量转速,现以东风 EQ6100 发动机为例。

步骤:

① 选择量程:

- 估算:起动发动机并使之达到其工作温度,东风 EQ6100 发动机怠速时的转速约为 550 r/min。
- 选择:根据阻值范围,把万用表的量程选择开关旋到转速 RPM 挡上,如图 3-59 所示。

图 3-59 测量转速选择量程

图 3-60 感应式转速传感器

② 测试:

- 不使用表棒测量,而使用感应式转速传感器来测量,如图 3-60 所示。然后将感应式转速传感器夹子夹住某一缸的高压分线,如图 3-61 所示。

图 3-61 测量东风 EQ6100 发动机某一缸的转速

图 3-62 测量转速时的读数

③ 读数:

- 所测得的东风 EQ6100 发动机某一缸的转速为 550 r/min,如图 3-62 所示。

点拨　当怠速不稳定时,旋紧汽车化油器怠速调整螺钉,使发动机转速开始下降,然后慢慢旋松怠速螺钉,发动机转速将增大,并随着进一步向外旋松又开始下降。在这两个下降点间将螺钉调紧、调松,以便获得最高的稳定转速。

会诊　当发动机转速不稳定时,你测量的转速正确吗?

练一练　请你测量桑塔纳 2000 型发动机的转速。

(3) 测量温度,现以测量水箱温度为例。

步骤:

① 选择量程:

- 估算:当发动机正常运转时,水温达到 80°～90°。
- 选择:根据阻值范围,把万用表的量程选择开关旋到温度 Temp 挡上,如图 3-63 所示。

图 3-63 测量温度选择量程

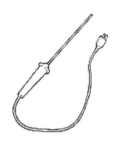

图 3-64 测量温度测试棒

② 测试:

- 不使用表棒测量,而使用专用测试棒来测量,如图 3-64 所示。然后将专用测试棒放到水箱中,如图 3-65 所示。

图 3-65 测量水温

图 3-66 测量温度时的读数

③ 读数:

- 所测得的东风 EQ6100 发动机的水箱温度为 90℃,如图 3-66 所示。

会诊 看图说明,如果你测量时的数据如图 3-67 所示,则该数据正确吗?

练一练 请你测量桑塔纳 2000 型汽车空调制冷和制热时吹风口的温度。

图 3-67 判断测量温度时的数据

评一评

活动三 汽车专用万用表的使用评估表

学生姓名		日期		自评	互评	师评
一、学习评价目标						
1. 会正确读懂数值吗?						
2. 你能正确选择测量挡位吗?						
3. 你能正确使用功能键吗?						
4. 在测量中,你的手能与表棒接触吗?						
5. 会正确测量闭合角吗?						
6. 当测量有误差时,你会正确处理吗?						
7. 你的测量方法正确吗?						
8. 活动中,环保意识及团队协作做好吗?						
二、学习体会 1. 活动中感觉哪个技能最有兴趣? 为什么? 2. 活动中哪个技能最有用? 为什么? 3. 活动中哪个技能操作可以改进,以使操作更方便实用? 请写出操作过程。 (请同学们大胆创新,共同研讨,不断提高操作能力) 4. 你还有哪些要求与设想?						
总体评价				教师签名		

项目小结

1. 指针式万用表

使用时,要根据测量项目选择开关挡位和量程。测量直流电压、直流电流时,红表棒接被测电路的正极、黑表棒接负极。用电阻挡测量时,黑表棒为表内电池的正极、红表棒为负极,当测非线性元件时需注意。测交流电压时,无正负极性之分。

2. 数字式万用表

使用比较简单,但量程开关选择要适当。测量交、直流电压时,应将表并联在被测电路两端;而测交、直流电流时,红表棒插入 200 mA 或 20 A 插孔内,将表串联在被测回路中,即可直接读数。

3. 汽车专用数字万用表

是一个具有特殊用途的专用型数字万用表,它几乎有普通数字万用表的所有功能。加上一些特殊的配套件,还可以用来测量汽车的信号频率、发动机转速、温度、闭合角、频宽比、起运电流等。除此以外,有的还能输出脉冲信号,用来检测点火正时的故障。在检测中,能够记忆最大值和最小值,以此来检查某电路的瞬时故障。

4. 操作步骤归结(实用口诀)

(1) 看——拿起表笔看挡位;

(2) 扳——对应电量扳到位;

(3) 试——瞬间偏摆试挡位;

(4) 测——测量稳定记读数;

(5) 复位——放下表笔及复位。

一、填空题

1. 指针式万用表上的直流电压用_____表示,交流电流用_____表示。
2. 测量直流电压时,红表棒应接被测电路的_____,黑表棒接被测电路的_____。
3. 电阻挡测量时,应先_____,然后再_____。
4. 如果不知道被测参数大概数值时,应将量程放在_____位置,然后再_____,直到合适为止。
5. 测量电压时,应将数字式万用表_____在电路两端;测量电流时,应将电流表_____在电路中。
6. 汽车数字式万用表测量闭合角时,应将功能选择开关转向_____,在发动机_____时测量闭合角。

二、简答题

1. 数字式万用表和指针式万用表相比有何优点?
2. 为什么汽车电脑和传感器不能用普通指针式万用表测量?
3. 为什么指针式万用表测量电阻时,每换一次量程必须重新调零?
4. 怎样用汽车数字式万用表检查判断氧传感器的好坏?

项目四 发电机的维护工艺

活动一　发电机的调换

活动二　发电机的分解

活动三　发电机的检测(1)

活动四　发电机的检测(2)

活动五　电压调节器的检测

活动六　充电电路图的识读

活动七　发电机与调节器的使用与维护

活动八　充电系统的故障诊断与排除

项目四　发电机的维护工艺

情景描述　汽车的蓄电池必须经常充电,才能保证用电设备的正常运行。那么是什么器件来给它充电的呢?是汽车交流发电机,如图4-1所示。本项目学习汽车交流发电机的知识。

 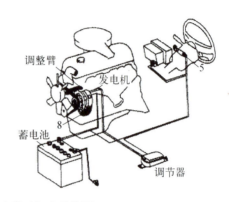

图4-1　交流发电机在发动机上的位置

学习目标

1. 掌握发电机的结构和原理
2. 会正确拆卸和组装交流发电机
3. 能正确进行发电机电路的接线

活动一　发电机的调换

案例导入　一辆桑塔纳轿车,大灯较暗、起动时转动无力,客户要求检修。师傅检查后,说发电机已坏,让小王换一个发电机。我们和小王一起调换发电机好吗?

关联知识　交流发电机在车上的位置,如图4-1所示。

1. 发电机的功用

是在发动机正常运转时(怠速以上),向所有用电设备(起动机除外)供电,同时向蓄电池充电,如图4-2所示。

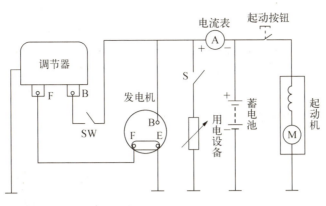

图 4-2 发电机的功用

交流发电机具有发电性能好、使用寿命长等优点,目前汽车上一般都使用交流发电机。过去的直流发电机已被淘汰。

发电、整流和调节电压是交流发电机的功能。

(1) 发电:由发动机带动转子,在定子中产生交流电流,如图 4-3(a)所示。

(2) 整流:利用整流器将交流电变为直流电,如图 4-3(b)所示。

(3) 调节电压:利用调节器调节发电机的直流输出电压,如图 4-3(c)所示。

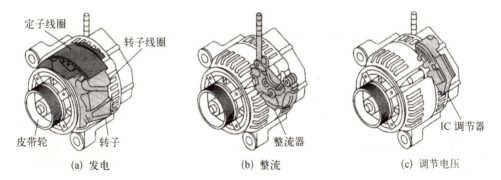

(a) 发电　　　　　　　　　(b) 整流　　　　　　　　　(c) 调节电压

图 4-3 发电机的功能

2. 交流发电机原理

发电机的转子是由发动机驱动的,其工作原理如图 4-4 所示。由于电磁感应现象,激磁电流从滑环流向转子,在转子上形成了一个交变的北极和南极,在每个转子极爪形成一个磁极。转子的磁场经发动机带动旋转,在定子绕组里产生交流电流,如图 4-5 所示。

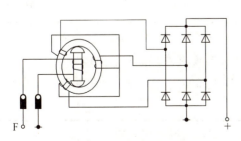
图 4-4 交流发电机的工作原理

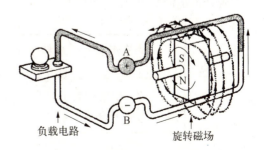
图 4-5 切割导体的磁力线在导体中感应出电压和电流

3. 交流发电机种类

(1) 普通交流发电机(需要配装电压调节器),如 EQ140 用 JF132(见图 4-6)。

(2) 整体式交流发电机(发电机和调节器制成一个整体),如别克轿车装配的 CS 型发电机。

(3) 带泵交流发电机(带汽车制动真空泵),如 JFZB292 发电机(见图 4-7)。

(4) 无刷交流发电机,如 JFW1913。

(5) 永磁交流发电机(磁极为永磁铁制成的发电机)。

图 4-6　JF132

图 4-7　JFZB292

操作活动

1. 操作名称:发电机的调换

2. 需用器材

汽车一辆,发电机一台,拆卸配套工具一套。

3. 学习目标

学会从车辆上取下与安装发电机;

学会在操作中,注意环境保护和人身安全。

4. 操作步骤

发电机的调换工艺,以桑塔纳车为例。

(1) 脱开蓄电池电缆。

步骤:

① 对具有电脑信息的车辆,在脱开蓄电池电缆前应记录相关信息,如故障码、转向盘位置、起动信息等。

如果记录有困难,则可不断对蓄电池电缆进行带电操作,但千万要注意做好发电机电缆的绝缘保护工作。

② 脱开蓄电池负极电缆,如图 4-8 所示。

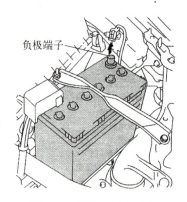
图 4-8　脱开蓄电池负极

点拨

脱开蓄电池注意事项:

(1) 尽量不要脱开蓄电池,换蓄电池可采用跨接蓄电池操作法。

(2) 在进行发电机调换及修理不断开蓄电池电缆时,一定要做好发电机输出电缆的绝缘保护工作。

(2) 脱开发电机电缆,如图 4-9 所示。

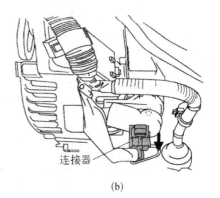

(a) 防短路罩壳 定位螺母

(b) 连接器

图 4-9 脱开发电机电缆和连接器

步骤：
① 拆卸发电机防短路罩壳；
② 拆卸输出电缆螺母；
③ 断开发电机电缆；
④ 脱开连接器。

(3) 拆卸发电机，如图 4-10 所示。

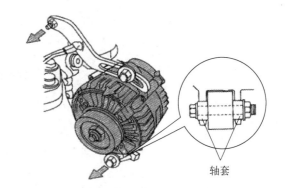

轴套

图 4-10 拆卸发电机

步骤：
① 拆下发电机传动皮带；
② 拆卸紧固螺母，取下发电机；
③ 拆下发电机支架。

(4) 装上新的发电机，如图 4-11 所示。

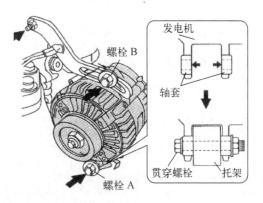

螺栓 B 发电机 轴套 贯穿螺栓 托架 螺栓 A

图 4-11 安装发电机

步骤：
① 选用同型号的发电机；
② 装上发电机支架；
③ 紧固固定螺母；
④ 装上发电机传动皮带，调节好张紧度；
⑤ 装上输出电缆，并紧固螺母；

⑥ 接好连接器,装上防短路罩壳;

⑦ 如已脱开蓄电池电缆,请接好蓄电池电缆。

⑧ 试车,观察发电机是否正常工作。

  带泵交流发电机(JFZB292)的调换操作有什么不同?

  你家有车吗?有的话,可试一下自己调换发电机。

活动一 发电机的调换评估表

学生姓名		日期		自评	互评	师评
一、学习评价目标						
1. 能分辨出发电机的类型。						
2. 能正确处理蓄电池电缆的断开还是不断开。						
3. 蓄电池电缆不断开时,能处理好发电机输出电缆的绝缘保护。						
4. 能正确拆卸发电机上的电缆接线和连接器插座。						
5. 能正确安装发电机上的紧固螺丝。						
6. 能规范安装发电机传动皮带,调节好张紧度。						
7. 你自己感觉能进行发电机的调换工作了吗?						
8. 操作过程中,安全是否到位。						
9. 操作过程中,无返工现象。						
10. 活动中,环保意识及安全工作做得如何。						
二、学习体会 1. 活动中感觉哪个技能最有兴趣?为什么? 2. 活动中哪个技能最有用?为什么? 3. 活动中哪个技能操作可以改进,以使操作更方便实用?请写出操作过程。 (请同学们大胆创新,共同研讨,不断提高操作能力) 4. 你还有哪些要求与设想?						
总体评价				教师签名		

拓展

发电机的历史

电照明替代马灯用在 19 世纪到 20 世纪之交的汽车上,取决于电源的可用性。单独的蓄电池由于它的使用时间短而无法用在汽车上,因为当蓄电池放电后要在汽车外面充电后才能再次使用。约在 1902 年,Robert Bosch 公司制成了照明发电机(现称为发电机)的样品,它有作为定子的永久磁铁、带换向器的电枢和点火用的断电器。其主要难点在于照明发电机的电压随发动机转速的变化而发生很大的变动。

为此,进一步的研究集中在开发能调节电压的直流照明发电机上。最后采用的与照明发电机电压有关的电磁控制方式克服了这一难点,应用约在 1909 年,完成了一个完整的照明和启动装置。该装置在 1913 年投放市场,如图 4-12 所示。它包括防水、12 V 并励、100 W 的直流发电机,蓄电池,调压器和开关盒,有脚踏的开关、带超越离合器的起动机和各种照明器件。

图 4-12　1913 年的首台汽车发电机

活动二　发电机的分解

案例导入

小王拆下发电机想看看发电机内部是如何的,就对师傅说:"拆开发电机找找什么地方有故障好吗?""好啊。"小王就取工具,开始拆卸,让我们与小王一起进行发电机的分解。

关联知识

发电机的结构:交流发电机主要由转子、定子、整流器、端盖四部分组成,图 4-13 所示为 JF132 型交流发电机组件图。

1. 转子

(1) 组成:转子由转子轴、激磁绕组、两块磁极爪、滑环等组成,如图 4-14 所示。

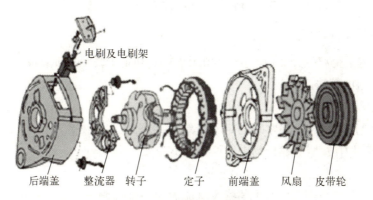

图 4-13　发电机的结构

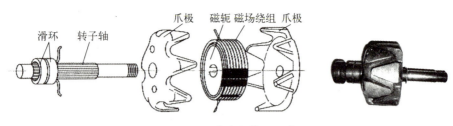

图 4-14 发电机转子组成

(2) 作用：建立磁场，如图 4-15 所示。

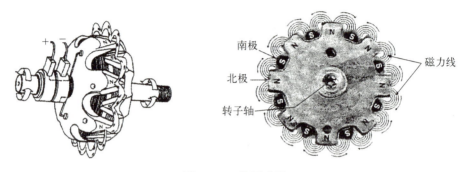

图 4-15 转子磁场

(3) 激磁电流的导入，如图 4-16 所示。

激磁电流通过电刷、滑环导入绕组，从而产生发电机的转子磁场。"F"(或磁场)接线柱和"一"(搭铁)接线柱，如图 4-16 所示。

图 4-16 利用电刷、滑环导入激磁电

2. 定子(也称电枢)

(1) 组成：定子是产生交流电动势的，由定子铁芯和定子绕组组成，如图 4-17 所示。

(2) 定子绕组的接法。

① 定子的Y形接法，如图 4-18(a)所示。

Y形(或称星形)接法，是最常用的定子绕组连接方式。采用Y形接法时，发电机的速度可以在一个较大范围内波动，而输出的电流值保持不变。

② 定子的△形接法，如图 4-18(b)所示。

△形接法时，在每个绕组里产生的感应电流流向一个并联电路中的二极管。流经两个并联电路的电流要比流经一个串联电路(如在Y形接法中)的电流多。

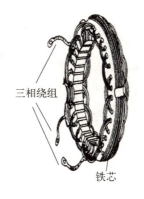

图 4‑17 定子结构

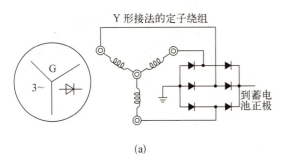
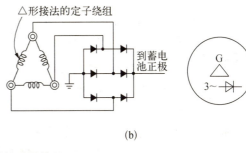

(a)　　　　　　　　　　　　(b)

图 4‑18 定子绕组的接法及符号

3. 整流器

整流器的结构，如图 4‑19 所示。

整流器是由六只硅整流二极管组成的三相桥式整流电路。将正极管安装在一块铝制散热板上，为正整流板（正极板）；将负极管安装在另一块铝制散热板上，为负整流板（负极板），常装在后端盖上。元件板必须与后端盖绝缘，并固定在后端盖上用螺栓引至后端盖外部，作为发电机的火线接柱，标记为"B"（"A"、"+"或"电枢"）。

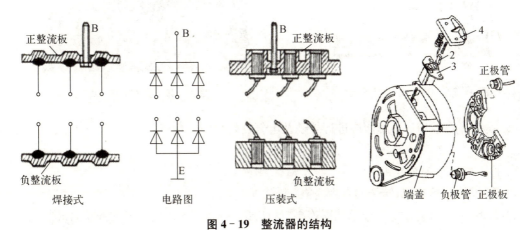

图 4‑19 整流器的结构

4. 前后端盖、风扇、皮带轮

前后端盖、风扇、皮带轮等的结构，如图 4‑20 所示。

(a) 前端盖　　　　　　(b) 后端盖　　　　　　(c) 风扇

图4－20　发电机结构

5. 电刷与电刷架

电刷与电刷架的结构，如图4－21所示。

1. 操作名称：发电机的分解
2. 需用器材

交流发电机一台，拆卸配套工具一套。

3. 学习目标

外装式　　　　内装式

图4－21　电刷架的结构

学会交流发电机的分解；

能正确识别发电机的转子、定子、整流器、电子调压器等；

学会在操作中，注意环境保护和人身安全。

4. 操作步骤

以JFZ1813Z型发电机为例，操作交流发电机的分解工艺，如图4－22所示。

图4－22　JFZ1813Z型发电机　　　　图4－23　查找故障部位

（1）分解前的检查：分解前应进行外表及电气性能故障的检查，以便尽快找到故障部位。

步骤：

① 检查外壳是否裂开和损伤；

② 旋转转子，检查定、转子间有否碰擦；

③ 有条件时，可将发电机与示波器连接，从波形上查找可能出现故障的部位，如图4－23、图4－24所示。

（2）拆卸皮带轮、风扇等，如图4－25所示。

步骤：

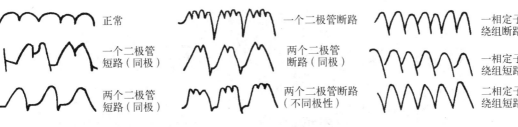

图 4-24 交流发电机的各种故障波形图

① 松开皮带轮紧固螺母；
② 取下螺母、皮带轮、风扇、垫片等。

图 4-25 拆卸皮带轮、风扇　　　　图 4-26 拆下发电机后端盖罩

(3) 拆下发电机后端盖罩，如图 4-26 所示。

步骤：

① 松开后端盖罩紧固螺母；
② 取下紧固螺母、取下后端盖罩。

(4) 拆卸电子调压器、电刷和电刷架，如图 4-27 所示。

步骤：

① 松开电子调压器紧固螺母及接插件；
② 取下电子调压器、电刷和电刷架。

图 4-27 拆卸电子调压器

(5) 拆卸整流器。

步骤：

① 用电烙铁焊开整流器与定子绕组的三个连接点，如图 4-28 所示；
② 松开整流器紧固螺丝及接插件；
③ 松开电容器紧固螺丝及接插件，取下电容器，如图 4-29 所示；

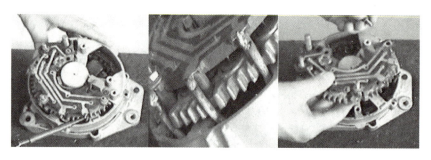

图 4-28 拆卸整流器

图 4-29 取下电容器

④ 取下整流器。

  取下整流器注意事项(见图 4-30):

(1) 取下整流器时,千万不可将二极管正整流板与负整流板间的绝缘块遗失和损坏,以保证装配时能顺利进行。

(2) 电烙铁焊开整流器与定子绕组的三个连接点时,要保证分离后才进行拆卸整流器板,不可硬拆。

图 4-30 绝缘块

(6) 分离前、后端盖、转子,如图 4-31 所示。

步骤:

① 在前、后端盖壳上打上标记;

② 拆除贯穿螺丝;

③ 将后端盖与滑环分离;

④ 分离转子与前端盖。

图 4-31 分离前、后端盖

 在分离前、后端盖,转子时,敲打用力要适当。如有液压机,可用液压机压出,效果更好。

 带泵交流发电机(带汽车制动真空泵),如JFZB292(见图4-32)发电机分解时有什么不同?

 请你试一试分解JF132型发电机(见图4-6),能行吗?

图 4-32 JFZB292 发电机

活动二 发电机的分解评估表

学生姓名		日期		自评	互评	师评
一、学习评价目标						
1. 你能识别发电机的各个部件吗?						
2. 能正确识别和分离电子调压器和电刷架、电刷。						
3. 能正确识别和分离二极管的正、负极板。						
4. 能正确拆卸电容器上的接线和连接器插座。						
5. 能正确拆卸前、后端盖上的紧固螺丝。						
6. 能规范分离定子绕组与整流器的连接点。						
7. 你自己感觉会进行发电机的分解工作了吗?						
8. 操作过程中,安全是否到位。						

(续 表)

9. 操作过程中,无返工现象。			
10. 活动中,环保意识及安全工作做得如何。			

二、学习体会
1. 活动中感觉哪个技能最有兴趣?为什么?
2. 活动中哪个技能最有用?为什么?
3. 活动中哪个技能操作可以改进,以使操作更方便实用?请写出操作过程。
(请同学们大胆创新,共同研讨,不断提高操作能力)
4. 你还有哪些要求与设想?

总体评价		教师签名	

国产JFW14X型爪极无刷交流发电机

图 4 - 33 所示为国产 JFW14X 型爪极无刷交流发电机的外形与分解图。

 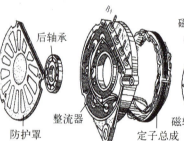 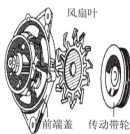

图 4 - 33 无刷交流发电机

活动三 发电机的检测(1)

小王想:分解了发电机,转子、定子、整流器等部件好坏如何判别呢?下面,我们就来和小王一起,学习发电机的检测工艺。

发电机的输出电压和电流取决于以下几个因素。

1. 转动速度

发电机的输出随着发电机的转动速度的增加而增加,直至达到发电机的最大输出电流。一般来说,发电机转速比发动机的转速快 2～3 倍,这取决于传动轮的尺寸,如图 4 - 34 所示。

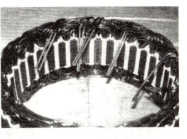

图 4-34 各种皮带轮　　　图 4-35 有六个绕组的发电机定子

2. 导体数目

在大功率输出的发电机中,定子绕组所含线圈的匝数更多。定子绕组的连接方式(Y 形或 △ 形)也影响发电机的最大输出。图 4-35 所示为一个定子包含六个绕组而不是三个绕组,这将极大地提高发电机(交流发电机)的输出电流。

3. 磁场强度

如果磁场强度增大,则电机的输出也将增大,这是因为通过电磁感应现象产生的电流大小取决于被切割的磁线的条数。

（1）可以通过增加绕在转子上绕组导线匝数来提高磁场的强度。一个大功率输出发电机含有的导线匝数要比一个小功率的电机多,如图 4-36 所示。

（2）磁场的强度还取决于通过转子励磁线圈的电流的大小。因为磁场强度是由安匝数来度量的,电流强度越大或者匝数越多,则发电机的输出就越大。

图 4-36 不同发电机用不同的转子绕组

1. **操作名称**：发电机的检测工艺(1)
2. **需用器材**
分解好的交流发电机一台,拆卸配套工具一套。
3. **学习目标**
能正确检测发电机的转子、定子;
学会在操作中,注意环境保护和人身安全。
4. **操作步骤**

发电机的检测主要是对转子、定子、整流器、电压调节器、电刷等部件进行性能的鉴别,以确定其好坏。

（1）检测转子滑环,如图 4-37 所示。

步骤：

① 检测滑环表面,有否烧蚀和变脏;

② 有脏要用布料擦清滑环污垢;

③ 有烧蚀,应进行光磨;

④ 滑环厚度不小于 2 mm。

（2）转子绕组的检测,如图 4-38 所示。

步骤：

① 用万用表电阻(R×1 Ω)挡测量。

图 4-37 检查转子滑环表面光洁度

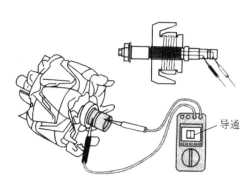 

图 4-38 检测转子绕组方法

② 如 R=∞Ω,则绕组为断线故障;
　　R=0 Ω,则绕组为短路故障;
　　正常值时,12 V:R=3.5~6 Ω;
　　　　　　24 V:R=15~21 Ω。

(3) 转子绕组绝缘的测量。

步骤:

① 用万用表电阻(R×10 kΩ)挡测量,如图 4-39 所示。

② 如 R=∞Ω,则绕组绝缘良好;
　　R=0 Ω,则绕组搭铁短路故障。

(4) 定子绕组的检测,如图 4-40 所示。

图 4-39 转子绕组绝缘的测量

步骤:

① 用万用表电阻(R×1 Ω)挡测量。

② 如 R=∞Ω,则绕组为断线故障。

③ 如 R=5—10 Ω,并且三相绕组测得的值基本相等,则绕组正常;数值太小,说明绕组内部短路。

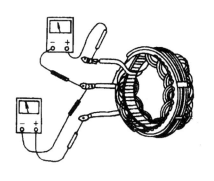 

图 4-40 定子绕组的检测

(5) 定子绕组绝缘的测量,如图 4-41 所示。

步骤:

① 用万用表电阻(R×10 kΩ)挡测量。

② 如 R=∞Ω,则绕组绝缘良好;
　　R=0 Ω,则绕组搭铁短路故障。

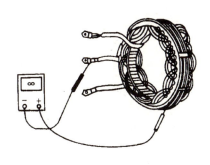 

图 4-41 定子绕组绝缘的检测

 点拨

转子旋转时,滑环和电刷接触,使电流产生火花会产生脏污和烧蚀,会影响电流的流动,使发电机的性能降低。转子烧蚀严重时,应用车床进行修复,如图 4-42 所示。

图 4-42 正在车床上加工转子滑环

 会诊

(1) 如果转子线圈短路,电流会在线圈和转子之间流动,会产生什么后果?
(2) 如果发现定子绝缘损坏,将会有什么问题出现?

 练一练

请你独立进行一次对发电机转子、定子的检测。你有能力吗?试一试?

 评一评

活动三 发电机的检测(1)操作评估表

学生姓名		日期		自评	互评	师评
一、学习评价目标						
1. 你能正确选用万用表欧姆挡位吗?						
2. 能正确检测转子的电阻和绝缘。						
3. 能正确判别转子滑环的磨损状态。						

(续表)

4. 能正确测量定子绕组的电阻值。		
5. 能正确测量定子绕组的相间绝缘和搭铁绝缘状态。		
6. 能规范测出定子与转子间的间隙。		
7. 你自己感觉会进行发电机的分解工作了吗?		
8. 操作过程中,安全是否到位。		
9. 操作过程中,无返工现象。		
10. 活动中,环保意识及安全工作做得如何。		
二、学习体会 1. 活动中感觉哪个技能最有兴趣?为什么? 2. 活动中哪个技能最有用?为什么? 3. 活动中哪个技能操作可以改进,以使操作更方便实用?请写出操作过程。 (请同学们大胆创新,共同研讨,不断提高操作能力) 4. 你还有哪些要求与设想?		
总体评价		教师签名

活动四　发电机的检测(2)

案
例
导
入

小王想:我会检测发电机转子、定子了,应该说发电机测量就全会了。可师傅说,这个发电机的整流器部件有故障,让小王找找是哪个二极管坏了换下。如何判别呢?我们就来和小王一起学习发电机的检测工艺(2),整流器、电刷等的检测。

关
联
知
识

三相交流发电机的工作原理

1. 基本电路图

三相交流发电机的整流原理,如图 4-43(a)所示。

(1) 由发动机带动转子转动产生旋转磁场。

(2) 旋转磁场外有定子绕组,绕组有三组线圈,彼此相隔 120 度。

(3) 转子旋转时,旋转的磁场使电枢绕组切割磁力线(或者说,使电枢绕组中通过的磁通量发生变化)而产生电动势。

2. 交流电动势波形

电动势的波形为交变频率、交变幅值的三相交流波形,如图 4-43(b)所示。

整流后输出为脉冲电压,如图 4-43(c)所示。

3. 整流原理

在定子的三相绕组中,感应产生的是交流电,靠六只二极管组成的三相桥式整流电路变为直流电。

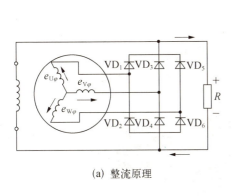
(a) 整流原理

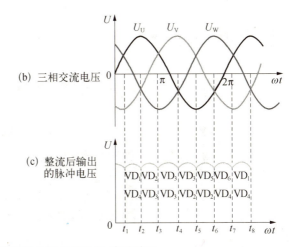
(b) 三相交流电压

(c) 整流后输出的脉冲电压

图 4-43 三相桥式整流器电路中的电压、电流波形

二极管具有单向导电性,当给二极管加上正向电压时,二极管导通;当给二极管加上反向电压时,二极管截止。二极管的导通原则(见图 4-44)如下:

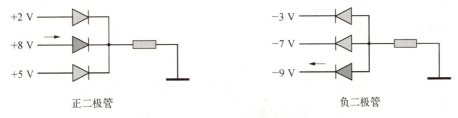

正二极管　　　　　负二极管

图 4-44 二极管的导通原则

当三只二极管负极端相连时,正极端电位最高者导通;
当三只二极管正极端相连时,负极端电位最低者导通。

4. 输出的直流电压值

三相桥式整流电路中,二极管的依次循环导通,使得负载 R_L 两端得到一个比较平稳的脉动直流电压。发电机输出的直流电压平均值为

$$U = 1.35 U_L$$

操作活动

1. 操作名称

发电机的检测工艺(2)。

2. 需用器材

分解好的交流发电机一台,拆卸配套工具一套。

3. 学习目标

能正确检测发电机的整流器、电刷等;
学会在操作中,注意环境保护和人身安全。

4. 操作步骤

(1) 整流器二极管的检测。

步骤:

① 将万用表选择开关转到测量二极管挡,如图 4-45 所示。

图 4-45 测量二极管

② 测正极板上的二极管,如图 4-46 所示。

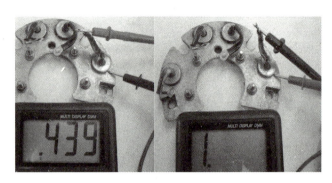

图 4-46 测正极板上的二极管

- 红表棒在出线端,黑表棒在极板上。测量得值 0.439 Ω,表示正向导通。
- 黑表棒在出线端,红表棒在极板上。测量得值 1,表示正向断开。

以上测量结果表示,正极二极管正常。

③ 测负极板上的二极管,如图 4-47 所示。

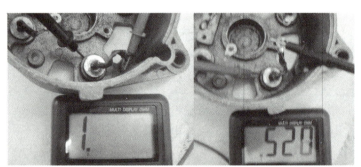

图 4-47 测负极板上的二极管

- 红表棒在出线端,黑表棒在极板上。测量得值 1,表示正向断开。
- 黑表棒在出线端,红表棒在极板上。测量得值 0.520 Ω,表示正向导通。

以上测量结果表示,负极二极管正常。

 点拨　硅二极管单件测量的正确值应为:
正向电阻值 R=8～10 Ω,
反向电阻值 R≫10 kΩ。
如测得正、反向电阻均为 0 Ω,则二极管短路;
如测得正、反向电阻均为∞Ω,则二极管断路。

(2) 整流器正、负极板间绝缘的测量,如图 4-48 所示。
步骤:
① 将万用表选择开关转到(R×10 kΩ)挡;

② 测量正、负极板间的绝缘电阻,阻值正常应为∞。

(3) 电刷、电刷架的检测。

步骤:

① 电刷长度的测量,如图4-49所示。用游标卡尺测电刷的长度,如磨损大于原长的1/2,则应调换。

例如,CA1092型长度标称值18 mm,使用极限9 mm;桑塔纳电刷长度标称值13 mm,使用极限5 mm。

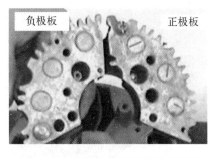

图4-48 绝缘块、螺丝绝缘必须良好

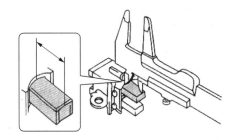

图4-49 电刷长度的测量

② 电刷架绝缘的测量,如图4-50所示。电刷架与端盖、电刷与电刷之间绝缘均应良好。

- 万用表选择开关转到(R×10 kΩ)挡;
- 测量电刷架与端盖间的绝缘电阻,阻值正常应为∞Ω;
- 测量电刷与电刷之间绝缘电阻,阻值正常应为∞Ω。

(4) 桑塔纳2000GLi型轿车电刷及电刷架的检查工艺。

步骤:

① 电刷高度的检查。新电刷的长度为13 mm,允许磨损极限为5 mm,超过此极限值时应予更换。电刷表面如有

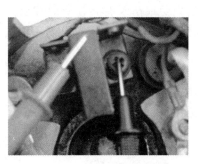

图4-50 电刷架绝缘的测量

油污应用布擦拭干净,电刷在电刷架内应滑动自如。电刷架不得有裂纹、弹簧折断或锈蚀现象,否则应更换。

② 电刷弹簧压力的检测。电刷弹簧弹力的检测方法,如图4-51所示。当电刷从电刷架中露出长度为2 mm时,天平秤上指示的读数即为电刷弹簧压力,其值应为2~3 N。弹簧弹力过小时,应更换新电刷。

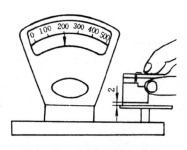

图4-51 检测电刷弹簧弹力

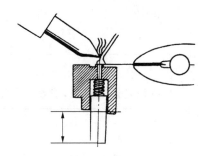

图4-52 电刷的更换方法

③ 电刷的更换。更换电刷可按图4-52所示进行,先将电刷弹簧和新电刷装入电刷架内,然后用钳子夹住电刷引线,使电刷露出高度符合规定数值(13 mm),再用电烙铁将电刷引线与电刷架焊牢即可。

④ 端盖、风扇、轴承等的检测,如图4-53所示。

图4-53 端盖的检查

- 端盖的检查:
 a) 前、后端盖有否裂缝、破碎;
 b) 端盖的轴承孔、螺丝孔有否损坏。

⑤ 其他部件的检修。轴承内缺油应更换轴承,不宜加油后继续使用。V形带槽内不能有毛刺,以免损伤V形带。V形带轴孔与轴的配合过盈量为0.01~0.04 mm,若松旷应加工修复。转子轴承的轴向和径向间隙不得大于0.20 mm,否则应更换。

     表4-1中列出了硅整流发电机各出脚间的电阻测量值。你能看懂吗?

表4-1 交流发电机各接线柱之间的阻值

发电机型号		F与E间/Ω	B与E间		N与E(B)间	
			正向/Ω	反向/Ω	正向/Ω	反向/Ω
有刷	JF11、JF13、JF15、JF21	5~6	40~50	>10 000	10	>10 000
	JF12、JF22、JF23、JF25	19.5~21				
无刷	JFW14	3.5~3.8				
	JFW28	15~16				

    在会诊后,请你取一台发电机。按表4-1的要求,试测一下发电机各接线柱之间的阻值,看看测量的值是否与表相同。

活动四 发电机的检测工艺(2)操作评估表

学生姓名		日期		自评	互评	师评
一、学习评价目标						
1. 你能正确区分整流器的正极板与负极板了吗?						
2. 能正确检测正极二极管的正、反向电阻,并判别出其好坏。						
3. 能正确检测负极二极管的正、反向电阻,并判别出其好坏。						
4. 能正确测量电刷磨损的长度。						
5. 能正确测量电刷架的绝缘和搭铁绝缘状态。						
6. 能进行发电机各接线柱之间的电阻测量,并能判别出故障。						
7. 你自己感觉会进行发电机的检测工作了吗?						
8. 操作过程中,安全是否到位。						
9. 操作过程中,无返工现象。						
10. 活动中,环保意识及安全工作做得如何。						
二、学习体会 1. 活动中感觉哪个技能最有兴趣? 为什么? 2. 活动中哪个技能最有用? 为什么? 3. 活动中哪个技能操作可以改进,以使操作更方便实用? 请写出操作过程。 (请同学们大胆创新,共同研讨,不断提高操作能力) 4. 你还有哪些要求与设想?						
总体评价				教师签名		

*活动五 电压调节器的检测

一辆桑塔纳 2000 型轿车的大灯烧毁了,客户要求调换大灯。小王跟师傅说:"我来。"师傅说:"好,你先测试一下发电机输出电压是否正常。"小王起动发动机后,测得发电机输出电压为 16 V。师傅说:"你先检测电压调节器,调正电压后,才能调换大灯。"下面让我们与小王一起进行电压调节器的检测学习。

关联知识

1. 电压调节器的稳压原理

汽车交流发电机用电压调节器来控制磁场线圈中流过的电流大小,以达到稳定发电机的输出电压。电压调节器是根据发电机输出电压的高低,调节激磁电流的大小,控制转子磁场的大小,达到稳定输出电压在 14~14.5 V 之间。图 4-54 所示为发电机电压调节器的实物接线图。

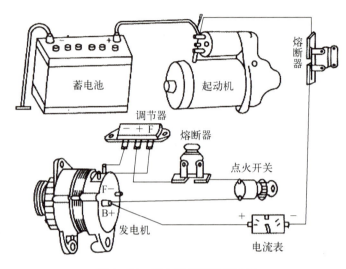

图 4-54 发电机调节器接线图

2. 电压调节器的类型

(1) 触点式(也称电磁振动式)。如 FT61 型双级式电压调节器可与 14 V、500 W 的硅整流发电机配套,用于 12 V 汽车上,其内部结构如图 4-55 所示。

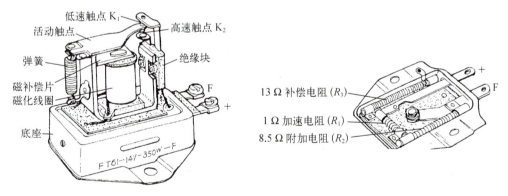

图 4-55 电磁振动式电压调节器

(2) 电子式(也称晶体管式、集成式)。

① 桑塔纳 2000 型轿车交流发电机配用的调节器。调节器为集成式电压调节器(称为 IC 调节器),具有结构紧凑、工作可靠、体积小、质量轻等优点。IC 调节器与电刷组件制成一个整体结构,并采用外装式结构,当电刷磨损或调节器损坏需要更换时,拆下总成部件的两个固定螺钉,即可取下总成,维修十分方便。IC 调节器与电刷组件总成如图 4-56 所示。整体式交流发电机的

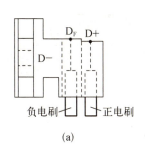
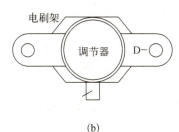
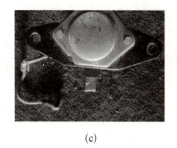

(a)　　　　　　　　(b)　　　　　　　　(c)

图 4-56　电压调节器与电刷架

内部电路,如图 4-57 所示。

② 电子式调节器的基本工作原理。

电子调节器种类繁多,但其工作原理都基本相同。电子调节器大多采用 NPN 型三极管制成,与外搭铁式硅整流发电机匹配。电子调节器电压调节值在制造时已调试精确,由于普遍采用整体封装结构,因此使用时已无法调整。

在发电机转速为 6 000 r/min、输出电流在 10% 额定电流(不小于 2 A)时,14 V 调节器调节值为 14.20±0.25 V,28 V 调节器调节值为 28.0±0.3 V。

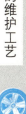

图 4-57　整体式交流发电机电路图

1—磁场二极管;2—输出整流二极管;3—防干扰电容器;4—IC 调节器;U、G—磁场绕组

 1. 操作名称

电压调节器的检测。

 2. 需用器材

FT61 型触点振动式调节器一只,电子电压调节器一只,可调稳压电源(电压 0~30 V、电流 0~5 A)一台,测试小灯(2 W/12 V、3 W/24 V)各 2 只,导线若干及拆卸配套工具一套。

3. 学习目标

能正确检测发电机的输出电压值;

能判别调节器的工作情况是否正常;

学会在操作中,注意环境保护和人身安全。

4. 操作步骤

(1) 电压调节器的识别。

步骤:

① 电磁振动触点式,利用触点的闭合与断开,来控制激磁电流的导通与断开,达到稳定发电机的输出电压。这种机械调节器稳定性不好,目前已不再使用,如图 4-58 中(a)所示。

② 电子式,是现代常用的电压调节器。利用晶体管或集成电路组成电子开关,来控制激磁电流的导通与断开,达到稳定发电机输出电压,如图 4-58 中(b)、(c)所示。

③ 搞清电子电压调节器上各接线端。国产和日本常见电子电压调压器大多为三个接线端——"+"、"F"和"-"。

整体式交流发电机与外部(蓄电池、线束)连接端子通常用"B+"(或 B、BATT)、IG、L、S(或 R)和 E(或"-")等符号表示,这些符号通常在发电机端盖上标出,其代表的含义如下:

(a) 电磁振动触点式

(b) JFT149型电子式

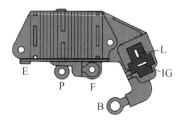
(c) 夏利用车电子式

图 4-58 各种电压调节器形状

B+(或 B、BATT)为发电机输出端,用一根粗导线接至蓄电池正极或起动机上;

IG 为通过线束连接至点火开关,在有的发电机上无此端子;

L 为放电警告灯连接端子,通过导线连接放电警告灯或放电指示继电器;

S(或 R)为调节器的电压检测端子,通过导线直接连接蓄电池的正极;

E 为发电机和调节器的搭铁端子。

(2) 电子调节器的静态电阻检测。以 JFT149 型为例(见图 4-59),用 DT-890B+万用表测量。

步骤:

① 测量"+"与"-"间的电阻值,如图 4-60 所示。

正常值:2.40~2.60 kΩ。

图 4-59 电子调节器

图 4-60 "+"与"-"正反向电阻值的测量

② 测量"+"与"F"间的电阻值,如图 4-61 所示。

正常值:红棒"+"、黑棒"F",电阻值应为 120~140 kΩ;

黑棒"+"、红棒"F",电阻值应为 150~170 kΩ。

图 4-61 "+"与"F"正反向电阻值的测量

③ 测量"F"与"一"正向电阻值,如图4-62所示。

正常值:∞。

图4-62 "F"与"一"正反向电阻值的测量

④ 几种电子调节器的测量值,如表4-2、表4-3所示。

表4-2 JFT 1418电子调节器开路实测电阻

红表笔所测的引脚	黑线	红线	黑线	黄线	黑线	黑线	黑线
黑表笔所测的引脚	红线	黑线	黄线	黑线	白线	蓝线	黑线
测得的电阻值(kΩ)	1.8	1.8	8.1	5.4	∞	12.9	6.8
红表笔所测的引脚	蓝线	红线	黄线	红线	白线	红线	蓝线
黑表笔所测的引脚	黑线	黄线	红线	白线	红线	蓝线	红线
测得的电阻值(kΩ)	1.5	6	8.3	∞	8.8	14.5	7.9
红表笔所测的引脚	黄线	白线	白线	蓝线	黄线	蓝线	
黑表笔所测的引脚	白线	黄线	蓝线	白线	蓝线	黄线	
测得的电阻值(kΩ)	∞	22.5	24	∞	22	25	

红线—电源正极　白线—充电指示灯　黄线—磁场　黑线—负极　蓝线—发电机中性点

表4-3 JFT207电子调节器开路实测电阻

红表笔所测的引脚	＋	－	＋	F	－	F
黑表笔所测的引脚	－	＋	F	＋	F	－
测得的电阻值(kΩ)	1.4～2	1.4～2	1.2～1.4	2～3	1.2～1.4	4～6

(3) 电压调节器好坏与搭铁方式的诊断。

步骤:

① 按图4-63所示,将稳压电源正极柱与调节器正极(＋)接线柱用导线连接在一起,将稳压电源负极柱与调节器负极(－)接在一起。取一只汽车用(2 W/12 V)小灯泡作试灯,试灯的一

端接调节器 F 接线柱,另一端分别接调节器的正极(+)接线柱。

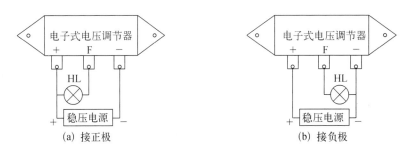

图 4-63 电子式电压调节器的检查

② 将稳压电源调到 12 V,观察试灯亮还是不亮,如果两次都不亮或都亮,说明调节器已经损坏。

③ 如图 4-64 所示。如若灯泡 HL 可以点亮,则为外搭铁式;若此时灯不亮,可再将 HL 灯泡改接到"F"与"一"两端。灯泡 HL 可以点亮,则为内搭铁式。

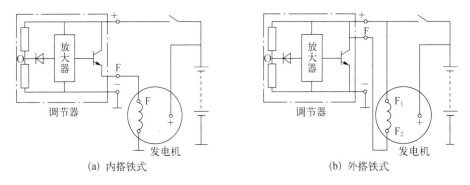

图 4-64 发电机和调节器的两种接线方式

进行上述判断时,应根据不同电压的调节器选用不同的电压和不同的灯泡。

(4) 测量充电电压,如图 4-65 所示。

图 4-65 测量充电电压

步骤:

① 选择数字万用表的直流 20 V 挡;

② 红表棒与发电机的输出端连接,负表棒与发电机外壳连接;

③ 起动发电机提高转速到 2 000 r/min;

④ 记下万用表指示的电压值。充电电压规定值：13.5～14.5 V。

小王做到现在体会到：师傅说"先要检测电压，后调换大灯"的道理。原来是发电机输出电压过高(如为 16 V)会烧坏大灯等电器。

 注意：
使用数字万用表时，表棒的极性不是十分重要。如果表棒接反，则万用表上会显示出一个负号(—)。

 图 4-66 所示是几种电子电压调节器的测试方法，你能看得懂吗？

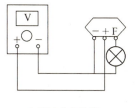 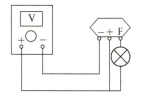 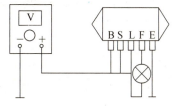

内搭铁式晶体管　　　　外搭铁式晶体管　　　　集成电路式调节器的测试
调节器的测试　　　　　调节器的测试

图 4-66　几种电子电压调节器的测试接线

(1) 请测一下，你身边的电子电压调节器的开路电阻值。
(2) 你家有车吗？如有可测一下发电机的输出电压值是多少。

活动五　电压调节器的检测评估表

学生姓名		日期		自评	互评	师评
一、学习评价目标						
1. 你能正确区分不同形式的电压调节器吗？						
2. 能正确检测电子电压主调节器的静态电阻值。						
3. 能正确检测电子电压主调节器的好坏。						
4. 能正确测量发电机的输出电压值。						
5. 能正确测量与识别内搭铁与外搭铁的电子电压调节器。						

（续　表）

6. 能用数字万用表测量电阻、电压,并能判别正、负值。			
7. 你自己感觉会进行电压调节器的检测工作了吗?			
8. 操作过程中,安全是否到位。			
9. 操作过程中,无返工现象。			
10. 活动中,环保意识及安全工作做得如何。			

二、学习体会
1. 活动中感觉哪个技能最有兴趣？为什么？
2. 活动中哪个技能最有用？为什么？
3. 活动中哪个技能操作可以改进,以使操作更方便实用？请写出操作过程。
（请同学们大胆创新,共同研讨,不断提高操作能力）
4. 你还有哪些要求与设想？

总体评价		教师签名	

*活动六　充电电路图的识读

案例导入

一辆 CA1091 型车前车充电线路烧毁,要求调换。师傅让小王学习其充电路及相关部件,以便一起进行调换装配工作。让我们一起与小王学习充电电路知识。

关联知识

充电指示灯用来取代电流表监测电源系统的工作状况,当发电机正常工作时熄灭,而当发电机或调节器出现故障时则点亮,以提示驾驶员及时检修。其醒目、直观,设置简单,价格便宜,便于仪表小型化、轻量化,因此,被广泛用于现代汽车上。充电指示灯电路按控制原理,可大致分为以下三种。

1. 利用交流发电机中性点电压控制

如图 4-67 所示,定子绕组采用 Y 形接法时有一中心点 N,该点的直流平均电压与发电机的直流输出电压同步变化,且为发电机输出电压的一半。所以,几乎所有采用星形接法的六管（或带中心点二极管的八管）交流发电机都是利用该点的电压,通过继电器或有关电路去控制充电指示灯。

充电指示灯熄灭,表示电机工作正常;
充电指示灯亮,表示充电系统有故障。

2. 利用三相绕组中一相电压控制

从定子绕组一相火线引出,该点电压值与发电机中心点电压一样,为发电机输出电压的一

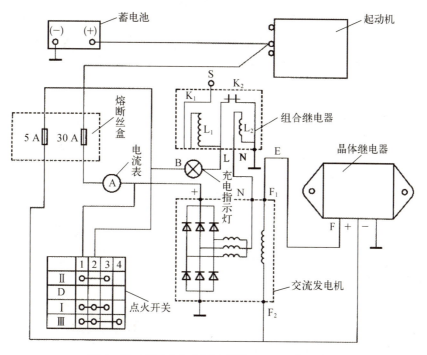

图 4-67 利用中点电压控制的 CA1091 电源电路

半,效果与中心点引出时一样。

天津大发车采用这种控制方式,如图 4-68 所示,在 N 点接一个指示灯即可。充电指示灯亮,表示电机工作正常;指示灯熄灭,表示充电系统有故障。

3. 利用九管交流发电机进行控制

在三相绕组端点上分别加一个二极管,用来供给磁场电流,如图 4-69 所示。

充电指示灯熄灭,表示电机工作正常;
充电指示灯亮,表示充电系统有故障。

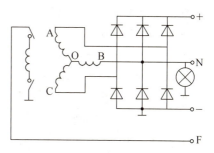

图 4-68 天津大发车用三相绕组中一相电压控制线路图

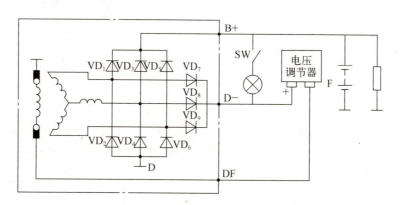

图 4-69 九管交流发电机充电系统的线路图

操作活动

1. 操作名称：充电电路图的识读
2. 需用器材

CA1091 电源电路图一张，桑塔纳 2000 电源系统电路图一张，POLO 轿车电源电路图一张。

3. 学习目标

能正确识别电源图上的元件符号；

能正确表述电源系统的工作过程；

学会识读电源图的基本方法。

4. 操作步骤

(1) CA1091 型车电路图的识读，如图 4-67 所示。

步骤：

① 在图 4-70 中标出：

● 正极二极管与负极二极管元件的符号。

● 磁场绕组的符号和标号。

● 发电机定子的三相绕组。

● F_1、F_2 表示＿＿＿＿，N 表示＿＿＿＿。

● 图 4-70 称为＿＿＿＿元件的符号。

② 在图 4-71 中标出：

● 起动继电器与电压继电器。

● 磁场绕组的符号 L_1 表示＿＿＿＿和 L_2 表示＿＿＿＿。

● 发电机定子的三相绕组。

● K_1 表示＿＿＿＿，K_2 表示＿＿＿＿。

● 图 4-71 称为＿＿＿＿元件的符号。

③ 在图 4-72 中标出：

● 符号 1 表示＿＿＿＿＿＿＿＿＿＿＿＿＿＿。

● F 表示＿＿＿＿，＋表示＿＿＿＿，－表示＿＿＿＿。

④ 在图 4-73 中标出：

● (a) 图表示＿＿＿＿，其中 5 A 表示＿＿＿＿，30 A 表示＿＿＿＿。

● (b) 图表示＿＿＿＿，(c) 图表示＿＿＿＿。

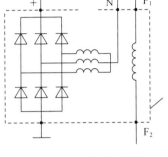

图 4-70 电源系符号图

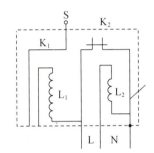

图 4-71 电源系符号

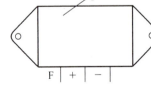

图 4-72 电源系符号

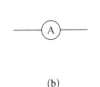

图 4-73 电源系符号图

- (c)图中,1、2、3、4 表示_____,Ⅰ、Ⅱ、Ⅲ、Ⅳ表示_____。

⑤ 看图 4-67 简述 CA1091 充电警告电路的工作过程。

- 发电机磁场的电流流向:

蓄电池+—→起动机接线柱—→30 A 熔断丝—→_____—→_____—→5 A 熔断丝—→_____磁场绕组—→_____—→调节器 F—搭铁—蓄电池"−"。

- 充电指示灯的电流流向:

蓄电池+—→起动机接线柱—→30 A 熔断丝—→_____—→_____—→充放电指示灯—→_____—→常闭触点 K₂—→_____—搭铁—蓄电池"−"。

(2) 九管发电机的工作过程(请观看配套动画)。

步骤:

① 打开点火开关初期,如图 4-74 所示。

- 写出激磁电流的流动路线。
- 写出发电机 B+ 的电压应为什么值。
- 充电指示灯是亮还是暗?

② 发电机对蓄电池充电过程,如图 4-75 所示。

- 激磁电流有没有变化?
- 发电机 B+ 电压有什么变化?
- 充电指示灯是亮还是暗?

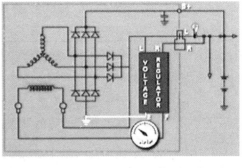

图 4-74 打开点火开关初,发电机的工作状态

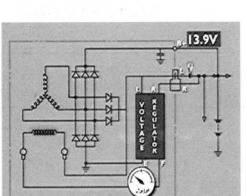

图 4-75 充电时的工作状态

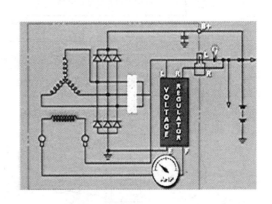

图 4-76 充电时的工作状态

③ 当输出电压不断升高时,如图 4-76 所示。

- 取样的三个二极管有什么变化?
- 写出发电机 B+ 的电压有什么变化?
- 充电指示灯是亮还是暗?

④ 当输出电压升高到规定值时,如图 4-77 所示。

- 激磁电流有没有变化?
- 发电机 B+ 的电压有什么变化?
- 充电指示灯是亮还是暗?
- 激磁电流断开后,到什么电压才恢复供电?

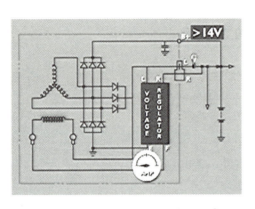 

图 4-77 输出电压升高到规定值时,磁场电流断开的状态

（1）充电电路识读时,可先分清激磁电流的流动路径,再看激磁电流的大小变化过程。

（2）激磁电流变化的依据是输出电压的变化,有了电压的变化信号电压调节器才进行相关的动作,达到稳定电压的目的。

现在我们来想想：为什么在小王测得发电机输出电压为 16 V 后,师傅要说："你先检测电压调节器,调正电压后,才能调换大灯。"你能讲出其中的道理吗?

图 4-78 为桑塔纳 2000 电源系统电路,你能说出激磁电流的流动路径吗?

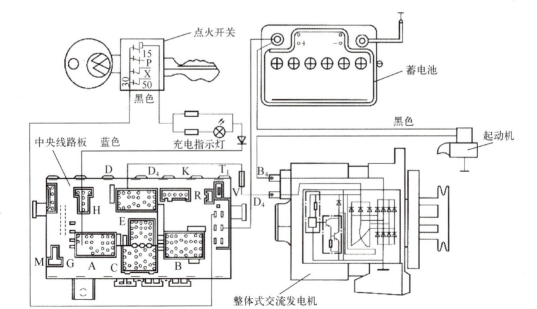

图 4-78 桑塔纳 2000 电源系统电路

> 由图 4-78 可知,放电警告灯及发电机磁场绕组线路为:
>
> 蓄电池正极→中央线路板插座 P 中端子→中央线路板内部线路→中央线路板插座 P 上端子→点火开关"30"端子→点火开关"15"端子→组合仪表盘下方 14 端子连接器的"14"端子、电阻 R_2 和充电指示灯(发光二极管)→中央线路板 A16 端子→中央线路板内部线路→中央线路板 D_4 端子→单端子连接器 T1→交流发电机"D+"端子→磁场绕组→电子调节器功率管→搭铁→蓄电池负极。

活动六 充电电路的识读评估表

学生姓名		日期		自评	互评	师评
一、学习评价目标						
1. 你能正确识别电路图上的主要元器件了吗?						
2. 能正确看出激磁电流的流动路经。						
3. 能正确讲述激磁电流的变化过程。						
4. 能正确测量判别输出电压值。						
5. 能正确识别充电指示灯的工作状态。						
6. 能完整地表述充电系统的工作过程。						
7. 你自己感觉会进行电压调节器的检测工作了吗?						
8. 操作过程中,安全是否到位。						
9. 操作过程中,无返工现象。						
10. 活动中,环保意识及安全工作做得如何。						
二、学习体会 1. 活动中感觉哪个技能最有兴趣?为什么? 2. 活动中哪个技能最有用?为什么? 3. 活动中哪个技能操作可以改进,以使操作更方便实用?请写出操作过程。 (请同学们大胆创新,共同研讨,不断提高操作能力) 4. 你还有哪些要求与设想?						
总体评价				教师签名		

*活动七　发电机与调节器的使用与维护

案例导入

今天,厂里来了位客户询问:汽车发电机与调节器的使用与维护有哪些要求?师傅让小王对客户作个说明,看看小王是如何告诉客户的。

关联知识

交流发电机与调节器的结构简单、维护方便,若正确使用,不仅故障少而且寿命长;若使用不当,则会很快损坏。因此在使用和维护中应注意以下几点:

(1) 汽车电路的极性必须是负极搭铁,不能接反;否则,会烧坏发电机或调节器的电子元件。交流发电机的搭铁类型必须与调节器搭铁类型相同,如图4-79所示。

图4-79　负搭铁车辆

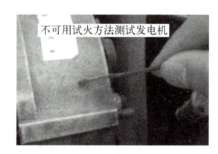

图4-80　不能用试火的方法检查发电机是否发电

(2) 发电机运转时,不能用试火的方法检查发电机是否发电;否则,会烧坏二极管,如图4-80所示。

(3) 整流器和定子绕组连接时,禁止用兆欧表或220 V交流电源检查发电机的绝缘情况,如图4-81所示。

(4) 发电机与蓄电池之间的连接要牢靠,如突然断开,会产生过电压损坏发电机或调节器的电子元件。

(5) 一旦发现交流发电机或调节器有故障应立即检修,及时排除故障,不应再连续运转。

(6) 为交流发电机配用调节器时,交流发电机的电压等级必须与调节器电压等级相同,调节器的功率不得小于发电机的功率;否则,系统不能正常工作。

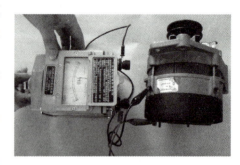

图4-81　禁止用兆欧表检查发电机的绝缘

(7) 各种车型调节器的安装位置及接线方式各不相同,故接线时要特别注意。

(8) 发动机熄火,调节器必须处于断开状态;否则,会引起蓄电池亏电及烧毁发电机。

操作活动

1. 操作名称：发电机与调节器的使用与维护
2. 需用器材

整车一辆，万用表一台，常用工具一套。

3. 学习目标

能正确使用与维护发电机与调节器。

4. 操作步骤

（1）交流发电机在使用中，应定期进行以下检查：

① 查发电机传动带。

步骤：

a) 检查传动带的外观：用肉眼观看应无裂纹或磨损现象，如有则应更换。

b) 检查传动带的挠度：检查V形带张紧度的方法是用拇指将V形带下压，用100 N的力压在带的两个传动轮之间，新带挠度约为5～10 mm，旧带约为7～14 mm，如图4-82所示。

图4-82 检查传动带的挠度

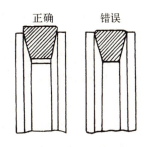

图4-83 V形带啮合情况

c) 常检查发电机V形带的张紧程度和损坏程度，发电机V形带与带轮的啮合情况，如图4-83。发电机的动力是由发动机通过V形带传递的，发电机的V形带的布置如图4-84所示。当V形带工作不正常时，会影响发电机正常工作，使用中听到V形带发出啸叫声时，应对V形带进行检查。

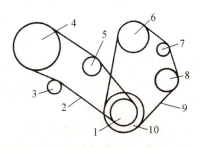

图4-84 检查发电机V形带挠度

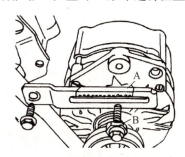

图4-85 调整发电机V形带挠度

1—曲轴正时带轮；2—正时带；3、7—张紧轮；4—凸轮轴正时带轮；5—中间轴正时带轮；6—发电机V形带轮；8—水泵V形带轮；9—V形带；10—曲轴V形带轮；A—张紧卡板；B—张紧螺母

发电机V形带挠度的调整如图4-85所示，拧松张紧卡板A和发电机上的所有紧固螺栓（至少松开一圈，紧固螺栓松开后，发电机靠自重倒向一侧），用扭力扳手转动张紧螺母B使V形带挠度符合规定数值（新带需要8 N·m，旧带需要4 N·m），然后用35 N·m力矩拧紧张紧螺母B上的紧固螺栓将张紧螺栓紧固，用20 N·m的力矩将支架紧固在气缸盖吊耳上。

② 检查导线的连接：

a) 接线是否正确；

b) 接线是否牢靠；

c) 发电机输出端接线螺丝必须加弹簧垫。

③ 检查运转时有无噪声。

④ 检查是否发电。

步骤：

a) 观察充电指示灯的熄灭情况：若充电指示灯一直亮着，说明发电机或调节器有故障，也可能是充电指示灯线路有故障，应及时维修。

b) 用万用表直流电压挡测量电压：

● 在发电机未转动时，测量蓄电池端电压，并记录下来；

● 起动发动机，并将转速提高到怠速以上转速，测量蓄电池端电压，

若能高于原记录，说明发电机能发电；

若测量电压一直不上升，说明发电机或调节器有故障，应及时维修；

若测量电压一直上升，大于15.5 V时，说明发电机或调节器有故障，应及时维修。

(2) 交流发电机与调节器的维护。

① 要定期对发电机进行维护。维护时不必拆开前后端盖，仅需拆下防护罩便可更换电刷等易损件，并对整流元件、电容、调节器等零部件进行检查和必要的测试。

② 发电机运转时，禁止将发电机电枢接线柱与搭铁接线柱短路，检查发电机是否发电；否则，会使二极管烧坏，或烧坏保险及线路。

③ 蓄电池正极与发电机正极之间线路的连接要牢固可靠。在发电机高速运转时，如果充电线路突然断开，会因电压过高而击穿二极管，或损坏其他电子元件。

④ 调节器必须受点火开关的控制。当电子调节器不受开关控制时，蓄电池一直在放电，使用5～7天蓄电池就不能起动发动机了，调节器的使用寿命也只有100天左右了。

诊断噪声的技巧：

假如发电机的输出低于正常值，这可能是传动带发生空转或者是松动的结果。在V形带的V形角和带轮的V形角之间，所有的传动带(V形带和螺旋形带)都有干涉角。V形带磨损后，干涉角会消失。结果是即使这时V形带的张力合适，V形带仍然会开始松动并发出一种尖叫声。

确定噪声是否与传动带有关的一个常用技巧是关掉发动机，在与V形带轮相接触的带表面撒一些去污粉，然后启动发动机。由于多余的去污粉会飞到空气里，所以在发动机启动时要离开发动机罩。撒粉后，如果V形带不再发出尖叫声，就可以确定是打滑的V形带制造出了噪声。

交流电压检查：

一台好的发电机的输出中不能带有任何明显的交流电压成分。发电机由二极管把交流电转换为直流电。检查称之为波纹的交流电压，你知道如何检测吗？

从交流发电机中测量 AC 波纹电压可以得到很多关于发电机工作状态的信息。如果 AC 波纹电压高于 500 mV，就说明应在二极管或定子中查找问题。如果 AC 波纹电压低于 500 mV，就应该核查交流发电机的输出以确定它的工作状态。

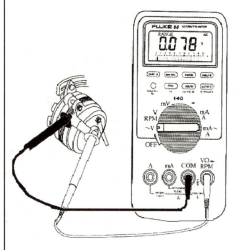

图 4-86 交流电压的测量

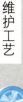

发电机波纹的交流电压的测量（见图 4-86）：

第 1 步：选择数字万用表的交流电压挡；

第 2 步：起动发动机，以 2 000 r/min 的转速运转；

第 3 步：电压表的表笔分别与蓄电池的正极和负极接线柱相连；

第 4 步：打开前照灯给发电机提供电气负载。

测量结果：

电压表读数小于 400 mV，说明二极管完好；

电压表读数大于 500 mV，说明二极管有故障。

请你试一试，对一辆车进行一次发电机与调节器的正确使用与维护的工作。

活动七　发电机与调节器的使用与维护评估表

学生姓名		日期		自评	互评	师评
一、学习评价目标						
1. 你能正确使用发电机与调节器了吗？						
2. 能正确做好发电机与调节器的使用检测工作。						
3. 能正确调节发电机传动带的张紧度。						
4. 能正确判别发电机与调节器的搭铁极性。						
5. 能正确连接发电机与调节器的基本电路。						

(续 表)

6. 能完整地表述发电机与调节器维护过程。			
7. 你自己感觉会进行发电机与调节器的使用与维护了吗?			
8. 操作过程中,安全是否到位。			
9. 操作过程中,无返工现象。			
10. 活动中,环保意识及安全工作做得如何。			
二、学会体会 1. 活动中感觉哪个技能最有兴趣? 为什么? 2. 活动中哪个技能最有用? 为什么? 3. 活动中哪个技能操作可以改进,以使操作更方便实用? 请写出操作过程。 (请同学们大胆创新,共同研讨,不断提高操作能力) 4. 你还有哪些要求与设想?			
总体评价		教师签名	

*活动八 充电系统的故障诊断与排除

案例导入

一辆小型货车送到维修厂进行日常保养,车主说,汽车周末使用后蓄电池就需要跨接起动。小王检查后,发现传动皮带有稍许松动,可用手转动发电机风扇。经张紧传动带后,重新起动发动机,当发动机转速达到 2 000 r/min 时,充电电压没有升高,充电系统没有正常工作。小王只得请师傅帮忙,师傅拿个起子不知什么地方动了一下,不到两分钟车就修好了。你想知道师傅是如何修理的吗? 下面让我们来学习充电系统的故障诊断与排除知识。

关联知识

一、充电系统故障诊断的基本方法

1. 利用充放电指示灯诊断

有充放电指示灯的车上,可直接观察指示灯的变化来诊断有无故障。
具体方法如下:

(1) 如图 4-87 所示,将点火开关转到"ON"位,并不起动发动机,观察充放电指示灯,该灯应点亮;如果不亮,则说明充电电路有故障。

(2) 如图 4-88 所示,起动发动机,发动机转速到 600~800 r/min 时,充放电指示灯应熄灭,说明充电电路正常;如果此时充放电指示灯仍点亮,则说明充电电路有故障,如图 4-89 所示,应进行故障检测并给以排除。

2. 利用电压表诊断

(1) 将万用表拨到直流电压挡(DC),红表棒接发电机 B、黑表棒接搭铁;

图4-87 指示灯应点亮

图4-88 指示灯应熄灭

图4-89 指示灯点亮表明有故障

图4-90 稳定电压

(2) 记下电压表的指示电压,正常应为12.0~12.6 V;

(3) 起动发动机,逐步提高转速达600~800 r/min时,电压表示数应逐步提高,直到某一稳定电压,如图4-90所示。

若电压高于调节电压,并随发动机转速提高而提高,则说明发电机良好,调节器有故障;若电压等于调节电压,发动机转速提高而电压不变或下降,说明发电机或调节器有故障。

3. 利用磁化的后轴承诊断

汽车发电机系统都使用电压调节器控制流经发电机转子的电流。只要转子的电刷和滑环形成闭合回路,就会建立转子磁场。如果没有电流流经转子,发电机就不会产生输出。只要给转子加电压,整个转子轴和发电机轴承就会被磁化,使用这一信息来诊断系统不能充电的原因。发动机转动时,用一个螺钉旋具或其他铁质金属物体测试发电机后轴承的磁力,如图4-91所示。

判断:

(1) 后轴承被磁化,则说明:

① 电压调节器正常工作;

② 发电机的电刷正常工作;

③ 发电机的转子创建了磁场。

(2) 后轴承没有被磁化,则可能存在下面一个或多个问题:

① 电压调节器没有工作;

② 发电机的电刷已磨损或被卡住,并可能是电刷和转子滑环之间接触不良;

图4-91 磁化的后轴承诊断

③ 发电机的转子可能出现故障；

④ 转子激磁电流电路断路等故障。

通过检查一个磁化的后轴承，能准确地确定充电系统的问题出现在何处。例如，如果后轴承被磁化，但是发电机却没有充电，那问题就出在发电机。

二、充电系常见故障现象

（1）不充电（如指示灯常亮），如图 4-92 所示；

（2）充电电流太小；

（3）充电电流太大；

（4）充电电流不稳；

（5）发电机有异响，如图 4-93 所示。

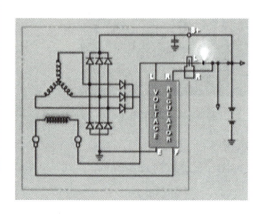

图 4-92　不充电现象

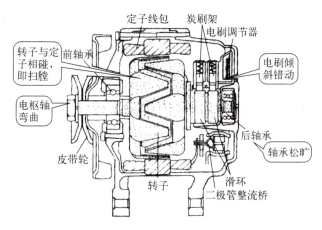

图 4-93　发电机松有异响

1. **操作名称**：充电系的故障诊断与排除

2. **需用器材**

   汽车一辆或一台台架发动机（带发电机），拆卸配套工具等。

3. **学习目标**

   学会不充电故障的诊断与排除；

   学会在操作中，注意环境保护和人身安全。

4. **操作步骤**

（1）不充电的故障诊断与排除。

① 观察故障现象：

a) 将点火开关转到"ON"位，当出现充电指示灯不亮现象（见图 4-94），说明发电机激磁电路断路，不能进行充电工作（正常应为图 4-87 所示灯亮）。

b) 当发动机转速到 600～800 r/min 时，放电指示灯不熄灭，表示发电机不能充电（见图 4-89）。

c) 当打开前照灯时，电流表指示放电（如图 4-95 所示）。

② 故障的原因分析，如图 4-96 所示。

图4-94 充电指示灯不亮现象

图4-95 电流表指示放电

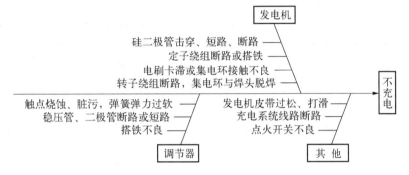

图4-96 不充电原因分析

③ 故障的诊断顺序。

诊断基本原则：从易到难，从外到内。

诊断步骤：

a) 发电机皮带是否打滑，如图4-97所示。

b) 后轴承的磁化诊断，如图4-98所示。

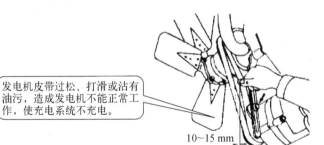

图4-97 发电机皮带过松或打滑

有吸力：磁化——激磁电路正常；

无吸力：没有磁化——激磁电路断路，需进行线路检测。

c) 充电系统电路有断路或接插头生锈引起接触不良等，如图4-99所示。

图4-98 后轴承的磁化诊断

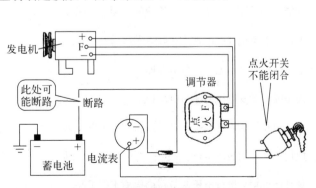

图4-99 充电系统电路有断路

在进行以上检测后,确无故障,应进行电压调节器和发电机的检测。发电机确有故障可先调换后,再对发电机进行检测处理。

d) 发电机与电压调节器检测。

● 就车对发电机进行各接线柱间的电阻检测,如发现有故障,再把发电机从车上拆下进行检测(方法见发电机的检测工艺)。

● 如是电压调节器有故障,则应对调节器进行检测(方法见电压调节器的检测工艺)。

用万用表,就车对发电机进行各接线柱间的电阻检测时,应注意:必须停车,并断开发电机与蓄电池的电缆线后,才进行检测。

本活动开始时讲:师傅拿个起子不知什么地方动了一下,不到两分钟汽车就修好了。现在你想到师傅是用什么方法,并迅速修好的吗?

师傅用起子做了后轴承的磁化诊断法,发现后轴承没有磁化,又发现线路接线插件因生锈而使激磁电路断开,马上进行了接线插件除锈处理,因而立刻将故障排除了。

一车辆出现不充电故障,请你单独进行一次故障排除,你能进行吗?试一试。

活动八 充电系统的故障诊断与排除评估表

学生姓名		日期		自评	互评	师评
一、学习评价目标						
1. 你能正确讲述充电系统故障检测的常用方法吗?						
2. 说说充电系统故障的常见故障有哪些。						
3. 能正确检测电子电压主调节器的好坏。						
4. 能正确测量发电机的输出电压值。						
5. 能正确测量与识别内搭铁与外搭铁的电子电压调节器。						
6. 能用数字万用表测量电阻、电压,并能判别正、负值。						
7. 你自己感觉会进行电压调节器的检测工作了吗?						

（续 表）

8. 操作过程中,安全是否到位。			
9. 操作过程中,无返工现象。			
10. 活动中,环保意识及安全工作做得如何。			

二、学习体会
1. 活动中感觉哪个技能最有兴趣？为什么？
2. 活动中哪个技能最有用？为什么？
3. 活动中哪个技能操作可以改进,以使操作更方便实用？请写出操作过程。
（请同学们大胆创新,共同研讨,不断提高操作能力）
4. 你还有哪些要求与设想？

总体评价		教师签名	

项目小结

1. **汽车交流发电机的基本结构组成**

由转子、定子、电刷和电刷架、电压调节器、端盖等组成。

2. **交流发电机的基本工作原理**

转子产生磁场,并在发动机的带动下旋转,使定子绕组产生三相交流电,经整流器整流后转化为直流电,供汽车电器设备用电。

3. **交流发电机的拆卸与装配方法及有关注意事项**

4. **交流发电机的检测方法**

指示灯法、电压表法和后轴承的磁化诊断法。

5. **交流发电机故障的检测与排除**

诊断基本原则：从易到难,从外到内。

检测与排除过程中,要从现象出发,进行分析、判断,仔细找到故障点,稳、准、快地进行故障排除。

练习题

1. 简述交流发电机的工作原理。
2. 说一说发电机的调换工艺过程。
3. 交流发电机的结构与组成。
4. 整流器是由什么元器件组成的？结构上有什么特点？
5. 简述交流发电机的分解工艺。
6. 如何进行"不充电"故障的诊断与排除？

项目五
起动机的维护工艺

活动一　起动机的调换
活动二　起动机的分解
活动三　起动机不解体检测
活动四　起动机解体检测
活动五　桑塔纳轿车起动电路的连接
活动六　解放 CA1091 型起动电路连接
活动七　起动电缆电压降的测试
活动八　怠速步进电机的检测

项目五 起动机的维护工艺

情景描述

汽车的起动机是发动机的重要组成部分,起动机出现故障将直接影响车辆的正常运行。起动机工作状态好坏的判别是汽车维修人员必须掌握的基本能力。本项目学习起动机的相关知识。

学习目标

1. 会正确拆装起动机,会检测起动机各个零部件
2. 能正确描述起动机的组成、结构、工作原理
3. 会分析起动系的电路,掌握起动系电流走向及工作过程
4. 会进行起动线路的电压降的测试
5. 会进行怠速步进电机的检测

活动一 起动机的调换

案例导入

一辆桑塔纳2000型轿车,其起动时转速很低。师傅要小王卸下起动机看看,找找是什么原因,并换上新的起动机。小王因刚开始实习,对着车子无从下手,让我们和小王一起来学习起动机的相关知识吧!

关联知识

1. 起动机的作用

驱动发动机曲轴转动,直至发动机自己运转为止。

2. 起动机的位置

如图5-1所示,起动机安装在飞轮齿圈旁边,由三个螺丝固定。

3. 起动机与发动机的接合过程

如图5-2所示,在电磁力的作用下,起动机与发动机的接合过程(参阅啮合过程动画)。

4. 起动机的种类

按传动机构与控制装置不同分为四种,如图5-3所示。其中图(a)惯性啮合式和图(b)机械啮合式已基本不用,现常用的是图(c)电磁啮合式和图(d)电枢移动式,主要用于大功率发动机。

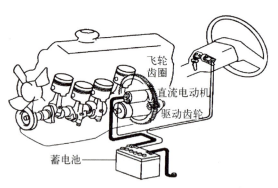

图5-1 起动机和发动机的位置关系

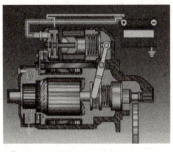 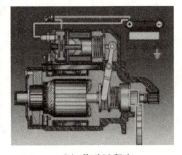 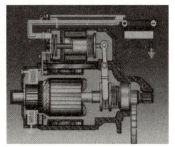

(a) 静止位置　　　　　　(b) 移动过程中　　　　　　(c) 啮合位置

图 5-2　起动机与发动机的接合过程

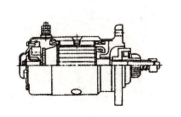 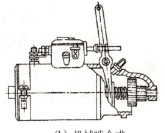

(a) 惯性啮合式　　　　　　　　　(b) 机械啮合式

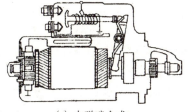 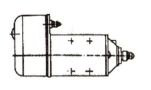

(c) 电磁啮合式　　　　　　　　　(d) 电枢移动式

图 5-3　起动机类型

操作活动

1. 操作名称：起动机的调换
2. 需用器材

整车一辆,起动机一台,升降机一台,拆卸配套工具一套。

3. 学习目标

学会升降机的使用;

学会从车辆上取下与安装起动机;

学会在操作中,注意环境保护和人身安全。

4. 操作步骤

以桑塔纳车为例实践起动机的调换工艺。

(1) 取下起动机的工艺。

步骤：

① 将车停到升降机下合适的位置,如图 5-4 所示;

② 断开蓄电池正极上接起动机的电缆;

③ 将升降机抬板放在车辆的支撑部位;

④ 起动升降机,将车举到一合适高度;

图 5-4　将车停在升降机不合适的位置

⑤ 拆去挡泥板等部件；

⑥ 拆卸直动机前做好安装位置标记，以便重装，如图5-5所示；

⑦ 拆下起动机上的电缆接线和电磁吸铁上的电源接线插座，如图5-6所示；

⑧ 松开起动机上的紧固螺丝，取下起动机，如图5-7所示。

图5-5 拆卸起动机前，做好安装位置标记

图5-6 电缆接线和电源接线插座

图5-7 拆卸起动机上的紧固螺丝

(1) 注意升降机的抬板应放在车辆的四个支撑部位。

(2) 断开蓄电池正极上接起动机的电缆时，不要断开电脑供电的正极电源线，以免引起电脑信息的丢失而引起故障。

(3) 注意拆卸紧固螺丝时的用力要适当，以免引起伤害事故。

(2) 安装起动机的工艺。

步骤：

① 将新的起动机放到发动机的啮合位置上，将紧固螺丝穿入起动机上的螺孔，并将螺丝紧固，如图5-8所示；

② 接上起动机上的电缆接线和电磁吸铁上的电源接线插座；

③ 起动机的电缆接上蓄电池正极；

④ 起动升降机，将车放下；

⑤ 移走举升机臂，如图5-9所示；

⑥ 小心将车倒出维修区退到停车区，如图5-10所示。

图5-8 起动机上的紧固螺丝

图5-9 降下车后，确保移走举升机臂

图5-10 小心地将汽车倒出维修区域

(1) 断开蓄电池正极上接起动机的电缆时,能否将电源全部断开?为什么?是否所有车辆都要这样做?

(2) 如没有升降机,你能进行起动机的调换吗?

现有一辆捷达轿车,请你换一下起动机,你会换吗?请试一下好吗?

活动一 起动机的调换操作评估表

学生姓名		日期		自评	互评	师评
一、学习评价目标						
1. 能正确起动升降机,并能正确停在需要的位置。						
2. 能正确断开蓄电池正极上接起动机的电缆。						
3. 正确将升降机抬板放在车辆的支撑部位。						
4. 会拆下起动机上的电缆接线和电磁吸铁上的电源接线插座。						
5. 能正确松开起动机上的三个紧固螺丝,取下起动机。						
6. 能注意拆卸紧固螺丝时用力的适当,以免引起伤害事故。						
7. 你自己感觉能进行起动机的调换工作了吗?						
8. 操作升降机中,安全操作是否到位。						
9. 操作过程中,无返工现象。						
10. 活动中,环保意识及安全工作做得如何。						
二、学习体会 1. 活动中感觉哪个技能最有兴趣?为什么? 2. 活动中哪个技能最有用?为什么? 3. 活动中哪个技能操作可以改进,以使操作更方便实用?请写出操作过程。 (请同学们大胆创新,共同研讨,不断提高操作能力) 4. 你还有哪些要求与设想?						
总体评价				教师签名		

电动机转矩自动调节特性:
(1) 电动机的电磁转矩与电流大小成正比。
(2) 电枢转动会在电枢中产生电动势,使得电枢绕组中的电流减小,转速越高电动势越大。

分析：

当负载↓→轴上阻力矩↓→电枢转速↑→E反↑→Ia↓→电磁转矩↓→直至电磁转矩减至与阻转矩相等→电机拖动负载以较高转速平稳运转；

当负载↑→轴上阻力矩↑→电枢转速↓→E反↓→Ia↑→电磁转矩↑→直至电磁转矩增至与阻转矩相等→电机拖动负载以较低转速平稳运转。

活动二　起动机的分解

师傅要小王拆开起动机看看，找找是什么原因转速过慢。小王取了工具，开始拆卸，可转子就是取不出来。小王无从下手，看来小王要学习一下起动机的分解知识了。

起动机的结构及工作原理如下。

1. 起动机的组成

（1）直流电动机主要由壳体、磁极、电枢、换向器和电刷组件等部件组成，如图5-11所示。

① 壳体由钢管制成，如图5-12所示。

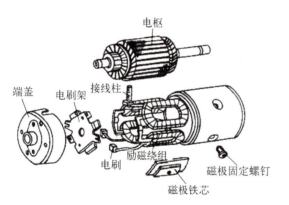

图5-11　直流串励式电动机的结构

图5-12　壳体

作用：安装磁极和固定元件。

② 磁极，如图5-13所示。

作用：产生磁场。

组成：电磁式电动机的磁极由铁芯和磁场绕组组成。

位置：磁极一般是四个，相对交错安装在定子内壳上。

③ 电枢，如图5-14所示。

作用：产生电磁转矩。

组成：电枢绕组、铁芯和换向器组成。

(a) 铁芯和磁场绕组

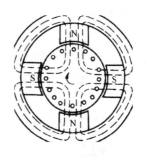
(b) 磁极位置分布

图 5-13 磁极

图 5-14 电枢

图 5-15 换向器

图 5-16 电刷组件

④ 换向器，如图 5-15 所示。

作用：将直流电转换为电枢绕组中的交变电流。

组成：由截面呈燕尾形的铜片围合而成，燕尾形铜片称为换向片。换向片之间，以及换向片与轴套、压环之间均用云母绝缘。

⑤ 电刷组件，如图 5-16 所示。

作用：将电流引入电动机。

组成：主要由电刷、电刷架和电刷弹簧组成。

安装：正极刷架与端盖绝缘的固装，负极刷架直接搭铁。

⑥ 起动机内部接线，如图 5-17 所示。四个励磁绕组可互相串联后再与电枢绕组串联，也可两两串联后并联再与电枢绕组串联。励磁绕组一端接在外壳的绝缘接线柱上，另一端与两个非搭铁电刷相连，如图 5-18 所示。

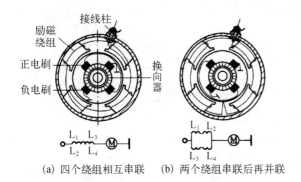

(a) 四个绕组相互串联　　(b) 两个绕组串联后再并联

图 5-17 励磁绕组的接法

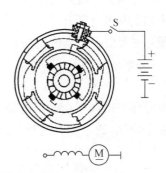

图 5-18 外壳的绝缘接线柱

(2) 传动机构,如图 5-19 所示。

① 作用:
- 起动时,使起动机的驱动齿轮啮合入飞轮齿圈,将起动机转矩传给发动机曲轴;
- 在发动机起动后,使驱动齿轮打滑,起动机自动脱开齿圈。

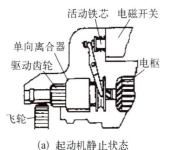
(a) 起动机静止状态

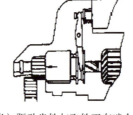
(b) 驱动齿轮与飞轮正在啮合

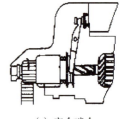
(c) 完全啮合

图 5-19 传动机构工作示意图

② 滚柱式单向离合器结构,如图 5-20 所示。单向滚柱式离合器的工作原理,如图 5-21 所示。

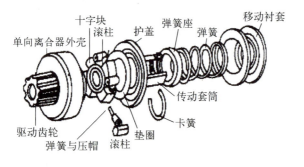

图 5-20 滚柱式单向离合器结构

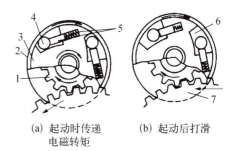

(a) 起动时传递电磁转矩 (b) 起动后打滑

图 5-21 滚柱工单向离合器工作原理

1-驱动齿轮;2-单向离合器外壳;3-十字块;4-滚柱;5-弹簧与压帽;6-楔形槽;7-飞轮

(3) 电磁开关结构,如图 5-22 所示。

作用:控制驱动齿轮与飞轮齿圈的啮合或分离,控制电动机电路的接通与断开。

组成:主要由吸引线圈、保持线圈、复位弹簧、活动铁芯、接触片等组成。

2. 直流电动机的工作原理

通电导体在磁场中会受到电磁力的作用,电磁力的方向遵守左手定则,通过的电流越大,其产生的转矩也越大,如图 5-23 所示。

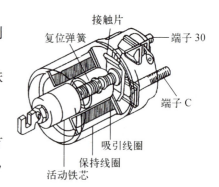

图 5-22 电磁开关结构图

图 5-23 直流电动机的工作原理

1. 操作名称：起动机的分解
2. 需用器材

起动机，拆卸配套工具一套。

3. 学习目标

学会起动机的分解与装配；

学会分解与装配操作过程中的环境保护和人身安全方法。

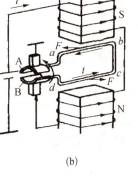

图 5-24 去除油污和灰尘

4. 操作步骤

（1）起动机的分解。首先清洁起动机外部的油污和灰尘，如图 5-24 所示，然后按下列步骤解体：

① 拆卸前，用一个旧的起动机支撑起动机，拆下电磁开关与电动机接线柱间的导电片，如图 5-25 所示；

 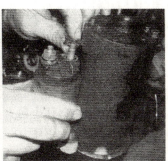

图 5-25 用一个旧的起动机支撑起动机，拆下电磁开关与电动机接线柱间的导电片

② 分离电磁开关，如图 5-26 所示；

③ 旋出两个紧固穿心螺栓，用小榔头轻击前端盖，使前端盖与电机分离，抽出电枢，如图 5-27、图 5-28 所示；

④ 旋出防尘盖固定螺钉取下防尘罩，用电刷专用钢丝钩取出电刷上止推卡簧，取出电刷，如图 5-29 所示；

⑤ 旋下后端盖上中间支承板紧固螺钉；

图 5-26 分离电磁开关

图 5-27 拆除连接螺钉

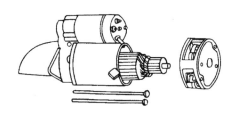
图 5-28 拆卸前端盖与电机

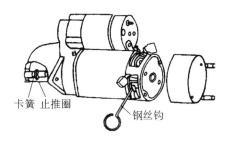
图 5-29 取出电刷上止推卡簧,取出电刷

⑥ 取下中间支承板,旋出拨叉轴销螺钉,抽出拨叉取出离合器,如图 5-30 所示;
⑦ 将已解体的机械部件浸入清洗液中清洗,电气部分用棉纱沾少量汽油擦拭干净。

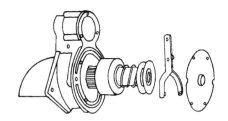
图 5-30 分解离合器

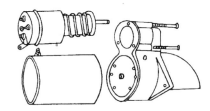
图 5-31 拆卸电磁开关

(2) 电磁开关分解步骤:
① 旋出后端盖上的电磁开关螺钉,使电磁开关后端盖与中间壳体分离,如图 5-31 所示;
② 取下独盘锁片、触盘、弹簧,抽出引铁;
③ 取下固定铁芯卡簧及固定铁芯,抽出铜套及吸引和保持线圈。

(3) 起动机的装复。
步骤:
① 先在轴上安装驱动器,再装止动环挡圈,如图 5-32 所示;
② 将离合器和移动拨叉装入后端盖内;
③ 再装中间轴承支撑板;
④ 将电枢轴装入后端盖内;
⑤ 装上电动机外壳和前端盖,用长螺栓拧紧;

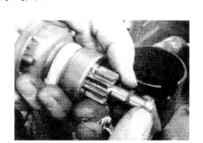
图 5-32 安装驱动器

⑥ 装电刷和防尘罩；

⑦ 装起动开关等。

装复注意点（以上海桑塔纳轿车的起动机为例）：

(1) 电枢轴有三个支撑轴承，在装配过程不易同轴，引起各轴承轴线相对错位，增加电枢轴的运动阻力。

检查的方法：

各轴颈与每个铜套配合应转动自如，但又感觉不出有间隙（中间轴承间隙可稍大一些）。在中间轴承支撑板与前端盖接合后，应将电枢装入其间进行试转，此时应转动自如，无卡住现象。

装上前端盖后，再次转动电枢，也应转动灵活；否则，为轴承不同轴。发现轴承不同轴时，轻者可修刮轴承；严重时，应更换个别铜套。

(2) 各铜套、轴颈、止推垫圈等摩擦部位，都应加注适量的润滑脂。

(3) 固定中间支承板时，应装弹簧垫圈；否则，将会引起螺栓脱落，损坏起动机。

(4) 驱动齿轮后端面的止推垫圈和换向器端面的胶木垫圈，以及中间轴承支承板靠离合器一面的胶木止推垫圈，在装合过程中不得遗漏。

(5) 磁场铁芯与电枢铁芯间隙为 0.82～1.8 mm，不得大于 2 mm，两者不得有刮碰现象。

(6) 电枢轴轴向间隙不得过大，一般为 0.125～0.5 mm，可改变垫片厚度进行调整。

一台普通桑塔纳轿车的 QD1225 型起动机，装复后发现转动不灵活。是装配中什么地方出现问题？

有一普通桑塔纳轿车的 QD1225 型起动机，电刷有些问题，请你将电刷换一下。你会吗？可参考图 5-33。

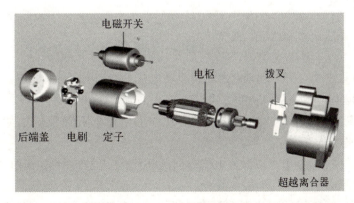

图 5-33　起动机的分解图

活动二　起动机的分解操作评估表

学生姓名		日期		自评	互评	师评
一、学习评价目标						
1. 能正确分解起动机。						
2. 能正确装复起动机。						
3. 三个支撑轴承装配过程中,没有不同轴。						
4. 拆下起动机上的器件,能做好清洁工作。						
5. 各铜套、轴颈、止推垫圈等部位都能加注适量的润滑脂。						
6. 磁场铁芯与电枢铁芯间隙正确。						
7. 会调节电枢轴轴向间隙。						
8. 各止推垫圈装配是否到位。						
9. 操作过程中,无返工现象。						
10. 活动中,环保意识及安全工作做得如何。						
二、学习体会 1. 活动中感觉哪个技能最有兴趣？为什么？ 2. 活动中哪个技能最有用？为什么？ 3. 活动中哪个技能操作可以改进,以使操作更方便实用？请写出操作过程。 (请同学们大胆创新,共同研讨,不断提高操作能力) 4. 你还有哪些要求与设想？						
总体评价				教师签名		

直流电动机的起动、调速、转向和制动

（1）起动：为限制起动电流,常在电路中增加限流线圈,如汽车起动机采用将激磁线圈与电枢绕组串联的方式。

（2）调速：通过调节电机的磁通量、电源电压、电枢阻值等方式,如汽车雨刮器电机就是改变磁通量来调速的。

（3）转向：改变电枢或激磁电流方向,就可改变电机转向,如车窗玻璃上下升降,就是采用这种方式来完成的。

（4）制动：直流电动机常采取能耗制动。当电动机断电时,由于电动机的电枢具有惯性,继续旋转,而电动机激磁电流仍在继续工作,因此电枢绕组切割磁力线产生感应电动势,并且方向

也不变。不过此电动机变为发电机状态向电阻元件供电,其电流方向与感应电动势方向一致,而方向与原来电动机工作状态时正好相反(见图 5-34),产生的制动电磁力 F。对转轴产生的制动转矩 T_B 与电动机电枢转向相反,因而电动机迅速制动。

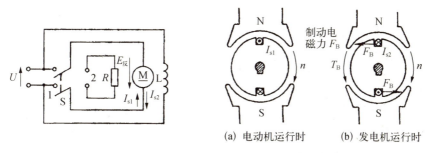

图 5-34 能耗制动的线路及制动力产生原理图

活动三 起动机不解体检测

案例导入 小王装复一台起动机后,发现转动力不大,不知哪里出现问题。师傅说:"你装复后,只有检测好才不会出现这种现象。"可小王不知如何检测。我们和小王一起来学习起动机的检测知识好吗?

关联知识 起动机电磁开关的特性如下。

(1) 组成:起动机电磁开关由吸引线圈、保持线圈及柱塞等元件组成。

(2) 作用:

① 吸引线圈通电后,将柱塞吸引闭合 30-C 两个触点,起动起动机。

② 保持线圈通电后,能保持铁芯保持原位不动,保证起动机正常起动。

(3) 电流流向,如图 5-35 所示。

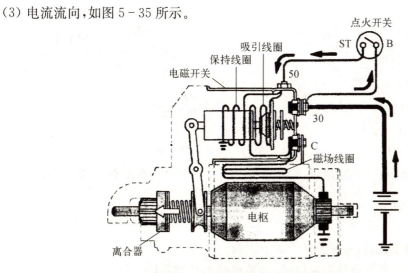

图 5-35 起动机电磁开关作用图

① 控制电路：

$+\rightarrow 30\rightarrow B\rightarrow ST\rightarrow 50$ $\begin{cases}\text{吸引线圈}\rightarrow\text{搭铁}；\\ \text{保持线圈}\rightarrow\text{搭铁},\end{cases}$

② 负载电路：

$+\rightarrow 30\rightarrow C\rightarrow ST\rightarrow 50\rightarrow$ 磁场线圈 $\rightarrow$ 电枢线圈 $\rightarrow$ 搭铁。

操作活动

1. 操作名称

起动机的不解体检测。

2. 需用器材

起动机，蓄电池，电流表，游表卡尺和拆卸配套工具。

3. 学习目标

学会起动机的不解体检测方法；

学会起动机的不解体检测过程中的环境保护和人身安全。

4. 操作步骤

以 QD1225 型起动机为例，对起动机进行不解体检测。

在进行起动机的解体之前和起动机组装完毕之后，应进行不解体检测，以保证起动机的正常运行。

点拨　进行以下项目的检测，应尽快完成，如全制动试验不超过 5 秒为好，以免烧坏电动机的线圈。

（1）吸引线圈性能测试，如图 5-36 所示。

步骤：

① 断开励磁线圈的引线。

② 将蓄电池负极与电磁起动开关 C 端和外壳相接，用蓄电池正极与电磁起动开关 50 端相接，能听到驱动齿轮伸出的声响为正常，无伸出声响为功能失效。

③ 当断开蓄电池负极时，驱动齿轮应能迅速返回原始位置；否则，为驱动齿轮有回位故障。

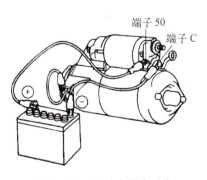
图 5-36　吸引线圈的测试

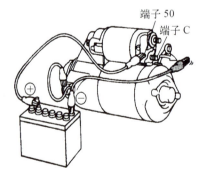
图 5-37　保持线圈的功能测试

（2）保持线圈性能测试，如图 5-37 所示。

步骤：

① 在驱动齿轮移出之后，从端子 C 上拆下引线。

② 驱动齿轮仍应保持伸出的正常位置；否则，为保持线圈功能失效。

(3) 驱动齿轮端面与凸端盖面的间隙测量,如图5-38所示。

步骤:

① 按图5-38(a)接线。

② 如图5-38(b)所示,将驱动齿轮推向电枢方向后测量,正常值在1～4 mm。

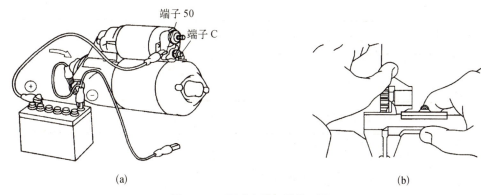

图5-38 驱动齿轮间隙的测量

(4) 空载试验,如图5-39、图5-40所示。

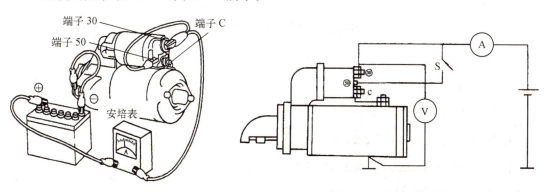

图5-39 空载试验　　　　　图5-40 起动机的空载试验电路图

步骤:

① 固定好起动机;

② 按图5-39接好导线;

③ 通电后,起动机应平稳运行,驱动齿轮同时平稳移出;

④ 安培表指示应在标准值范围内,如表5-1所示;

⑤ 断开电源后,应能迅速停止。

表5-1 起动机空载试验参数

起动机型号	电压(V)	功率(kW)	空载电流不大于(A)	空载转速不少于(r/min)	适用车辆
QD1225 QD1229	12	0.95	55	4 700	桑塔纳、奥迪
QD124	12	1.47	90	5 000	EQ1090
QD1332	12	2	120	4 000	五十铃N系列

(1) 起动机空载试验不要超过 1 min，以免引起电机过热。
(2) 起动机运行应均匀，电刷下无火花。
(3) 如不用转速表，要注意转速的正确估算。

起动机就车时，如何做相关的检测？

请你单独对 QD1225 型起动机进行一次不解体检测。

活动三　起动机不解体检测操作评估表

学生姓名		日期		自评	互评	师评
一、学习评价目标						
1. 能正确检测电磁开关的吸引线圈功能。						
2. 能正确检测电磁开关的保持线圈功能。						
3. 能正确测量驱动齿轮端面与凸端盖面的间隙。						
4. 能按图正确进行接线，转速表指示清楚。						
5. 空载试验没有超过 1 min，起动机无过热现象。						
6. 空载试验起动机电流正常。						
7. 通电后，起动机能平稳运行，驱动齿轮能同时平稳移出。						
8. 能按操作规程有序地进行，无违规现象。						
9. 操作过程中，无返工现象。						
10. 活动中，环保意识及安全工作做得如何。						
二、学习体会
1. 活动中感觉哪个技能最有兴趣？为什么？
2. 活动中哪个技能最有用？为什么？
3. 活动中哪个技能操作可以改进，以使操作更方便实用？请写出操作过程。
（请同学们大胆创新，共同研讨，不断提高操作能力）
4. 你还有哪些要求与设想？						
总体评价				教师签名		

拓展

两种基本的起动机控制电路,如图 5-41、图 5-42 所示。

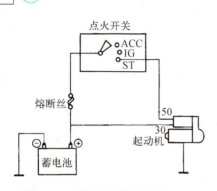

图 5-41 无起动继电器的控制电路

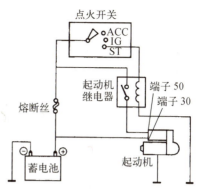

图 5-42 带起动继电器的控制电路

活动四 起动机解体检测

案例导入

一台 QD1225 型起动机不解体检测中,发现转动无力。顾客要求进行解体检测,以找出故障原因。小王开始进行起动机的解体检测。

关联知识

1. 起动机解体检测的任务

对起动机的定子磁场绕组、电枢绕组、电枢上的整流器、电磁开关中的吸引线圈和保持线圈、电刷、单向离合器等作技术判断。

2. 起动机解体检测的方法

(1) 采用汽车电器万能试验台检测:如起动机电枢绕组的短路检测、起动机全制动检测等,如图 5-43 所示。这种方法测量精确、操作方便,但必须要有设备,投资大一些。

(2) 采用常规仪器检测:一般采用百分表、万用表、绕组短路测试器等,这种方法仪器简单。

(a) 汽车电器万能试验台

(b) 电枢绕组的短路检测

(c) 起动机全制动检测

图 5-43 用汽车电器万能试验台检测

1. 操作名称

起动机的解体检测。

2. 需用器材

起动机,蓄电池,电流表,游表卡尺百分表,万用表,绕组短路测试器和拆卸配套工具等。

3. 学习目标

学会起动机各元器件检测方法;

学会在检测操作过程中,注意环境保护和人身安全。

4. 操作步骤

以 QD1225 型起动机为例,进行检测。

(1) 定子励磁绕组的检测。

步骤:

① 绕组搭铁故障的测量。

● 将万用表选择开关转到电阻 $R×1\,k\Omega$ 挡,按图 5-44 所示测量。

图 5-44 励磁绕组搭铁故障测量

● 励磁绕组的电阻值:

$R=\infty\,k\Omega$ 时,为良好;

$R=0\,k\Omega$ 时,有搭铁故障。

② 励磁绕组断路故障的测量,如图 5-45 所示。

● 将万用表选择开关转到电阻 $R×1\,\Omega$ 挡。

● 励磁绕组的电阻值:

$R=0\,\Omega$ 时,导线良好;

$R=\infty\,\Omega$ 时,绕组有断路故障。

③ 励磁绕组短路故障的测量。

图 5-45 励磁绕组的通断测量

● 将励磁绕组按图 5-46 所示放置在短路测试仪上。

● 通电 5 min 钟后,绕组出现发热,则有短路故障;否则,为正常。

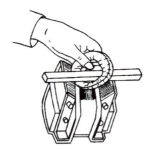

图 5-46 励磁绕组短路检查

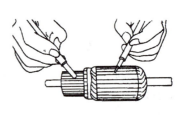

图 5-47 转子搭铁故障检查

(2) 转子的检测。

步骤:

① 绕组搭铁故障的测量。

● 将万用表选择开关转到电阻 $R×10\,k\Omega$ 挡,然后用一个表棒接触换向器铜片、另一表棒接触转子铁芯,如图 5-47 所示。

- 绕组的电阻值:

$R=\infty$ kΩ 时,无搭铁故障;

$R=0$ kΩ 时,有搭铁故障。

② 绕组匝间短路故障的测量。

- 先检查各线圈在铁芯两端的外部有无变形及接触情况,确认无接触故障后做下一步。
- 将转子按图 5-48 所示放置在短路测试仪上。

接通电后,将钢片放置在转子铁芯上,转动转子。当钢片在哪个部位出现振动,则该处绕组出现短路故障。

图 5-48 转子绕组短路检查

 没有电枢时,不要起动电机转子短路测试仪,否则会将仪器损坏。

③ 绕组匝间断路故障的测量。

- 将万用表选择开关转到电阻 $R\times1\ \Omega$ 挡,然后用一个表棒接触换向器铜片、另一表棒接触近边的换向器铜片,如图 5-49 所示。

- 绕组的电阻值:

$R=\infty\ \Omega$ 时,断路故障;

$R=0\ \Omega$ 时,无故障。

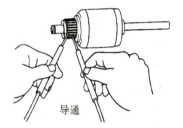

图 5-49 定子绕组断路故障的测量

 如果转子断路、短路(铜线与铜线,或铜线与搭铁),就必须修理或更换转子,更换转子的成本常会高于更换起动机的成本。

④ 换向器失圆的检测:

- 取百分表,按图 5-50 所示放置好;
- 转动转子,观察百分表的变化,不应超过 0.02 mm。

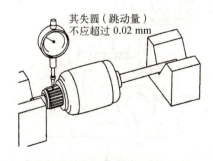

图 5-50 换向器失圆检查

图 5-51 换向器绝缘片的检查

⑤ 换向器云母绝缘层的检测,如图 5-51 所示:

- 换向片应洁净,无异物;
- 绝缘层深度在 0.5~0.8 mm,换向片厚度减薄到不足 2 mm 时,应换新换向器。

⑥ 转子轴弯曲检测：
- 将百分表、偏摆仪、转子按图5-52所示放置好；
- 转动转子，观察百分表的变化，跳动量不应超过0.08 mm。

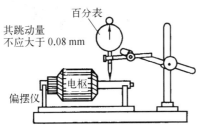 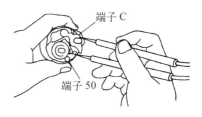

图5-52 转子轴跳动检查　　　图5-53 吸引线圈的开路检查

(3) 电磁开关的检测。

步骤：

① 吸引线圈的检测。
- 将万用表选择开关转到电阻$R \times 1 \Omega$挡，然后用一个表棒接触端子C，另一表棒接触端子50，如图5-53所示。
- 绕组的电阻值：

$R = \infty \; \Omega$时，开路故障；

$R = 0 \; \Omega$或在标准范围内时，无故障。

② 保持线圈的检测。
- 将万用表选择开关转到电阻$R \times 1 \Omega$挡，然后用一个表棒接搭铁、另一表棒接触端子50，如图5-54所示。
- 绕组的电阻值：

$R = \infty \; \Omega$时，开路故障；

$R = 0 \; \Omega$或在标准范围内时，无故障。

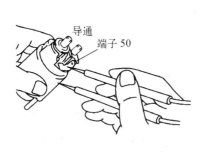 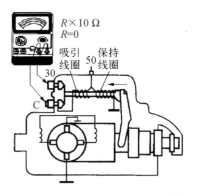

图5-54 保持线圈的开路检查　　　图5-55 电磁开关接触片的检查

③ 电磁开关触片的检查。
- 将万用表选择开关转到电阻$R \times 10 \Omega$挡，然后用一个表棒接触端子C、另一表棒接触端子30，如图5-55所示。

● 接电阻值：

$R = \infty\ \Omega$ 时，开路故障；

$R = 0\ \Omega$ 或在标准范围内时，无故障。

④ 活动铁芯灵活性检查，如图 5-56 所示：

用大拇指将铁芯压入，然后松开，铁芯应能迅速回复原位，为正常。

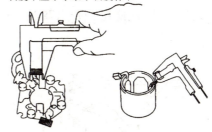

图 5-56 活动铁芯的检查

（4）电刷相关器件的检查。

步骤：

① 电刷弹簧的检查，如图 5-57 所示。

电刷弹簧的压力应符合要求，车型不同其弹簧压力也有差别：

- 一般通用型为 1.0～1.3 kg；
- 2 kW 型为 2.7～3.3 kg；
- 2.5 kW 型为 3.5～4 kg；
- 电刷与换向器的接触不应低于 80%；
- 如弹簧压力过弱，则应予更换。

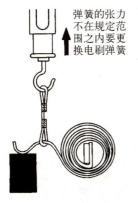

图 5-57 电刷弹簧的检查

图 5-58 电刷长度的检查

② 电刷长度的检查：

● 请用游标卡尺进行电刷尺寸的检查，如图 5-58 所示。

● 电刷长度应符合表 5-2 所示的要求，超过极限，应进行调换。换用新的电刷，应做好研磨，确保接触面在 80%。

表 5-2 电刷标准高度与使用极限

功率(kW)	标准高度(mm)	使用极限(mm)
0.8	16	10
1	19	10
2	15～15.5	9.5
2.5	20.5～21	

③ 电刷架的绝缘检查。

● 电刷架不应松动和变形。

● 将万用表选择开关转到电阻 $R\times10\,\text{k}\Omega$ 挡,然后用一个表棒接触电刷架 A、另一表棒接触电刷架 B,如图 5-59 所示。

● 接电阻值:

$R=\infty\,\text{k}\Omega$ 时,无故障;

$R=0\,\text{k}\Omega$ 时,短路故障。

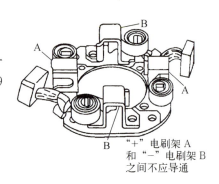

"+"电刷架 A 和"-"电刷架 B 之间不应导通

图 5-59 电刷架的绝缘检查

(5) 传动机构的检查。

步骤:

① 单向离合器的检查。

● 首先按图 5-60 所示的方法,用手转动齿轮,看离合器能否锁住。

● 如需知锁住力的大小,可按图 5-61 所示的方法,将单向离合器放在台虎钳上,并将扭力扳手的插头(自制)插入啮合器的花键槽内,按反方向扳转扭力扳手。

滚柱式啮合器:应能在 26 N·m 以上的扭矩作用下不打滑。

摩擦片式啮合器:应能在 117~176 N·m 的扭矩作用下不打滑。

图 5-60 单向离合器的检查

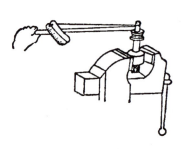

图 5-61 检查单向离合器是否打滑

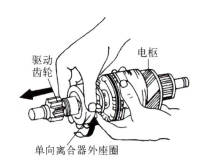

图 5-62 单向离合器的安装检查

● 还应当检查驱动小齿轮是否磨损过度及轮齿有无折断现象。

● 如图 5-62 所示,单向离合器安装在转子上,应能灵活转动,反向时应能锁住。

② 转子轴和轴承的配合检查:

起动机转子轴和轴承的配合应符合相关要求,否则会影响起动机的输出功率和转矩。在校配轴承钢套时,还应保证前、后端盖及中间轴承支撑板铜套三者间的同轴度。

(1) 在使用百分表时,要注意位置的正确放置及转动的平稳性操作。

(2) 在检查中,使用万用表要注意正确选择量程和挡位。

(3) 检查单向离合器扭矩时,要注意用力的适当,不可用力过大。

> 起动机直流电机转子绕组匝间短路会出现哪些现象?

> 请你单独对 QD1225 型起动机进行一次解体检测。

活动四 起动机解体检测操作评估表

学生姓名		日期		自评	互评	师评
一、学习评价目标						
1. 能正确检测定子绕组的性能。						
2. 能正确检测电磁开关的保持线圈功能。						
3. 能正确检测电磁开关的吸引线圈功能。						
4. 能正确检测转子绕组的性能检测。						
5. 能正确检测单向离合器。						
6. 能正确检测电刷弹簧弹力。						
7. 能正确进行换向器云母绝缘层的检测。						
8. 能按操作规程有序地进行,无违规现象。						
9. 操作过程中,无返工现象。						
10. 活动中,环保意识及安全工作做得如何。						
二、学习体会 1. 活动中感觉哪个技能最有兴趣? 为什么? 2. 活动中哪个技能最有用? 为什么? 3. 活动中哪个技能操作可以改进,以使操作更方便实用? 请写出操作过程。 (请同学们大胆创新,共同研讨,不断提高操作能力) 4. 你还有哪些要求与设想?						
总体评价				教师签名		

汽车电器万能试验台简介

汽车电器万能试验台的参数、性能,如表 5-3 所示。

表 5-3　汽车电器万能试验台参数、性能

电源	交流 50 Hz、220 V，单相；直流 12 V、24 V
调速范围	转速调节范围（空载）：0～4 000 r/min(0～2 500 r/min)；转向：正反转
三针放电装置	组列：6 组并列；间隙调节范围：0～15 mm
起动机制动装置测试范围	最大制动扭矩：150 NM；最大制动电流：1 500 A；电压：0～50 V
发电机测试装置范围	发电机功率在 1 000 W 以下各种交直流发电机，硅整流发电机
检测项目	直流发电机检验：空载、负载、电枢；电子调节器检验：节压、节流、限流；起动机检验：空载、制动扭矩；分电器检验：分电器发火均匀性及点火提前；磁电机检验：发火性能、点火提前；点火线圈检验：点火性能；蓄电池检验：电压；电喇叭检验：声响；电动刮水器检验：动作状况；硅整流发电机检验：空载、负载
备注	发电机测试功率如超过 1 000 W 可根据用户要求制作 起动机测试功率超过 6.5 kW 可根据用户要求制作

*活动五　桑塔纳轿车起动电路的连接

案例导入　师傅要小曹给一辆普通桑塔纳轿车接上起动电路，小曹取出普通桑塔纳轿车原理图，看得有点懂，又觉接线把握不大，心中没底。为解决这个问题，我们先来学习无起动继电器的起动电路连接。

关联知识　普通桑塔纳轿车的起动电路采用 QD1225 型起动机，控制电路采用无起动继电器的起动电路。现以此为例了解电路原理和进行接线学习。

1. 电路原理图到实物原理图

请看以下三图的转换：

（1）桑塔纳轿车起动电路原理图，如图 5-63 所示；

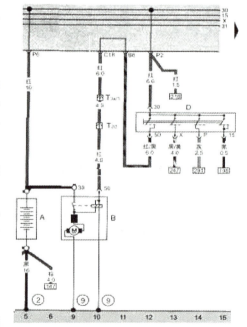

图 5-63　桑塔纳轿车起动电路

(2) 桑塔纳轿车简化起动电路原理图,如图 5-64 所示;
(3) 桑塔纳轿车实物起动电路原理图,如图 5-65 所示。

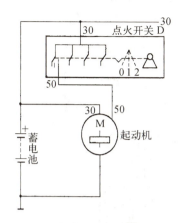

图 5-64 桑塔纳轿车简化起动电路

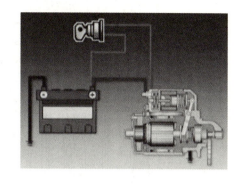

图 5-65 桑塔纳轿车实物起动电路

2. 工作过程

(1) 起动时,如图 5-66 与图 5-67 所示。

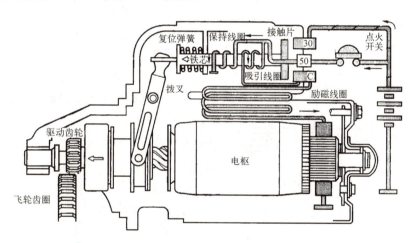

图 5-66 起动机起动时位置

电流流向:蓄电池"+"→点火开关起动开关→端子 50→$\begin{cases}\text{保持线圈→搭铁}\\ \text{吸引线圈通电}\end{cases}$

吸引线圈通电方向为:蓄电池"+"→点火开关→端子 50→吸引线圈→端子 C→励磁线圈→电枢→搭铁。

此时:

① 吸引线圈和励磁线圈串联,流过的电流非常小,电动机低速运转。

② 同时,吸引线圈和保持线圈中产生的磁场吸引活动铁芯向右运动,克服复位弹簧

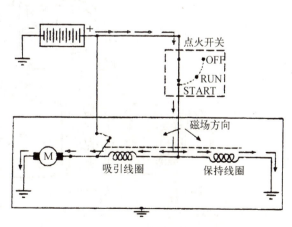

图 5-67 起动时的工作原理图

的作用力,拉动拨叉向左运动,拨叉使离合器的小齿轮向左与飞轮的齿圈啮合。

这个过程电机转速低,可保证齿轮平稳啮合。

(2) 起动中,当小齿轮和飞轮完全啮合时,如图 5-68 和图 5-69。

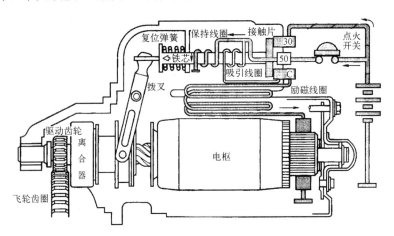

图 5-68 起动机起动中的位置

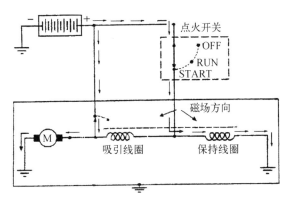

图 5-69 起动中的工作原理图

铁芯向右运动,接触片将端子 30 与端子 C 接通,从而接通主电路,电机进入大电流,电动机的转速升高。

电流流向:蓄电池"＋"→点火开关起动开关→端子 50→保持线圈→搭铁。

蓄电池"＋"→端子 30→接触片→端子 C→励磁线圈→电枢→搭铁。

此时:

① 吸引线圈无电流流过。

② 保持线圈产生的磁力,使活动铁芯保持原位不动。

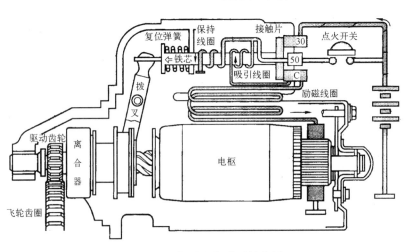

图 5-70 起动机起动后的位置

此时,吸引线圈因两端的电压相等,线圈中无电流流过。

(3) 起动后,点火开关断开,如图5-70和5-71所示。

端子50上失去电压,这时端子30与端子C仍保持接通。

电流流向:蓄电池"+"→端子30→端子C $\begin{cases} 吸引线圈→保持线圈→搭铁。\\ 励磁线圈→电枢→搭铁。 \end{cases}$

此时:

① 吸引线圈与励磁线圈中流过的电流电方向,产生的磁力相互抵消,铁芯复位。

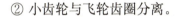

图5-71 起动后的工作原理图

② 小齿轮与飞轮齿圈分离。

③ 接触片与端子30、端子C断开,切断电动机电流,结束起动全过程。

1. 操作名称:桑塔纳轿车起动电路的连接

2. 需用器材

QD1225型起动机,蓄电池,点火开关,桑塔纳车中央线路板等。

3. 学习目标

学会无起动继电器起动机的接线工艺;

学会在操作过程中,注意环境保护和人身安全。

4. 操作步骤

(1) 读图。

桑塔纳轿车起动电路如图5-72所示,其接线路经:

① 控制电路:蓄电池正极端子→红色导线→插座P中5号位端子→中央线路板内部线路→插座P上2号位端子→红色导线→点火开关30端子→点火开50关端子→中央线路板B的8号端子→中央线路板内部线路→中央线路板C的18号端子→红色导线→起动机端子50→进入电磁开关。

② 主电路:蓄电池正极端子→正极电缆→起动机30号端子→起动机C端子→起动机电刷→电枢→起动机电刷→搭铁。

(2) 接线。

步骤:

① 固定部件:

● 将起动机、蓄电池、点火开关、中央线路板四部件按部位固定好,以便接线。

② 接电缆线:

● 接上蓄电池正、负端电缆;

● 接上起动机30端子电缆;

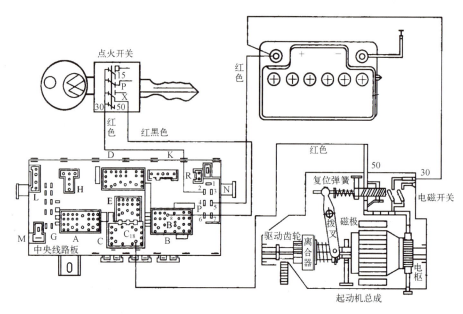

图 5-72 桑塔纳系列轿车起动系统线路

- 接上搭铁电缆。

③ 接控制导线：

- 接红色导线：蓄电池正极端子、插座 P 中 5 号端子的连接；
- 接红色导线：插座 P 中 2 号端子、点火开关 30 端子的连接；
- 接红黑导线：点火开关 50 端子、中央线路板 B 的 8 号端子的连接；
- 接红色导线：中央线路板 C 的 18 端子、起动机端子 50 的连接。

④ 通电试车：

将点火开关拨到起动挡，观察电机运行情况。

（1）起动机一定要牢固固定，不得松动。有条件的用实车接线最好。
（2）试转一定要控制起动时间，不可长时间运行，以防电动机损坏。
（3）每一个接线端务必将导线紧固好，不可松动，以防引起大火。

普通桑塔纳轿车的点火开关出现烧蚀是什么原因？

请在普通桑塔纳轿车上完整地接一下起动电路。

活动五　桑塔纳轿车起动电路连接操作评估表

学生姓名		日期		自评	互评	师评
一、学习评价目标						
1. 能正确读出起动电路的接线路经。						
2. 能正确连接电缆线。						
3. 能正确固定起动机。						
4. 能正确连接起动机的控制电路各根导线。						
5. 能正确进行起动机的试验、运行。						
6. 能正确识别中央线路板上的继电器、保险器等的接线位置。						
7. 会看起动系电路图,并能与实际接线一一相对应。						
8. 能按操作规程有序地进行,无违规现象。						
9. 操作过程中,无返工现象。						
10. 活动中,环保意识及安全工作做得如何。						
二、学习体会 1. 活动中感觉哪个技能最有兴趣？为什么？ 2. 活动中哪个技能最有用？为什么？ 3. 活动中哪个技能操作可以改进,以使操作更方便实用？请写出操作过程。 (请同学们大胆创新,共同研讨,不断提高操作能力) 4. 你还有哪些要求与设想？						
总体评价				教师签名		

起动机的生产工场实景,如图5-73所示。

图5-73　起动机的耐久性试验大厅

*活动六 解放 CA1091 型起动电路连接

案例导入

小曹学会了普通桑塔纳轿车起动电路的连接,心中很高兴。师傅又请小曹给一辆解放 CA1091 车接上起动电路。小曹想桑车我都会接,解放车没问题。可一到车上,感觉有点看不懂,多了继电器,心中有点慌。为此,我们来学习带起动保护继电器的起动电路连接。

关联知识

一、带起动继电器的控制电路

1. 增加起动继电器的目的

目的在于减小通过点火开关的触点电流,防止开关烧损。

2. 起动继电器接线柱

起动继电器有四个接线柱,如图 5-74 所示,分别为起动机 4、电池 2、搭铁 3、点火开关 1。

3. 电路特点

(1) 发动机起动时的电流流向。

继电器工作电流:蓄电池正极→100 A 保险丝→40 A 保险丝→点火开关→7.5 A 保险丝→继电器 1 号接线端→继电器的电磁线圈→继电器 3 号接线端→搭铁。

(2) 继电器的磁场线圈通电使触点闭合。

起动机控制电流:蓄电池正极→FL→继电器 2 号接线端→继电器 4 号接线端→起动机接线柱 50→电磁开关线圈通电。

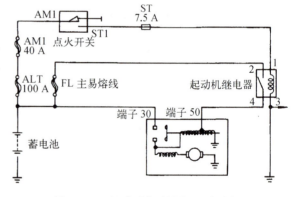

图 5-74 起动系电路图(2JZ 发动机)

(3) 主触头使端子 30 接通与电机接通。

起动机工作台电流:蓄电池正极→起动机 30 端子→电机励磁线圈→电枢→搭铁→进入工作状态。

起动时,流经点火开关起动挡和继电器线圈的电流较小,大电流经过继电器开关流入起动机,保护了点火开关。

二、带保护继电器的控制电路

为防止发动机起动以后起动电路再次接通,在起动电路中安装了带有保护功能的组合式继电器,下面以 CA1091 型汽车起动系电路为例,介绍其作用和工作过程。

1. 组合继电器 JD171 型简介

如图 5-75 所示,组成与作用如下。

(1) 起动继电器的作用:减小通过点火开关的触点电流,防止点火开关烧损。

(2) 保护继电器的作用:与起动继电器配合,使起动电路具有自动保护功能和控制充电指示灯。

（3）继电器接线端接线位置：

B——电源；

S——起动机电磁开关；

SW——点火开关起动挡；

L——充电指示灯；

E——搭铁；

N——发电机中性点。

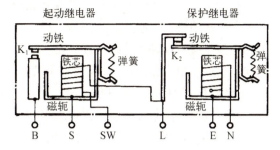

图 5-75 JD171 型组合继电器

2. 解放 CA1091 型汽车起动系电路

（1）电路组成：如图 5-76 所示，本起动电路由 QD124A 或 QD124H 型起动机、复合继电器、点火开关和电源（蓄电池）等组成。QD124A 或 QD124H 型起动机也是电磁操纵强啮合式起动机，采用滚柱式单向离合器，驱动齿轮为 11 齿，额定功率为 1.5 KW。

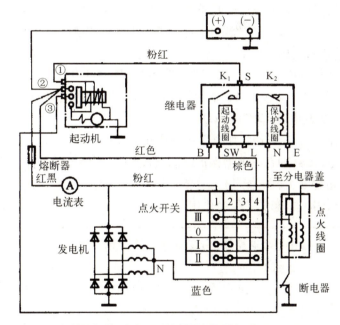

图 5-76 CA1091 型汽车起动系电路图

（2）工作过程。

① 起动时（点火开关置于起动挡Ⅱ挡时），电流出现三个走向。

● 起动继电器工作电流走向：

蓄电池正极→起动机接线端②→熔断器→电流表→点火开关 1 号端→点火开关 4 号端→起动继电器 SW 端子→起动线圈→保护继电器常闭触点 K_2→起动继电器 E 端子→搭铁→蓄电池负极。

起动线圈通电后产生电磁吸力，使起动继电器的常开触点 K_1 闭合，接通电磁开关电路。

● 电磁吸铁开关工作电流走向：

蓄电池正极→起动机接线端②→起动继电器端点 B→触点 K_1→S→起动机接线端①

$\begin{cases} →吸引线圈→电动机励磁及电枢绕组\\ →保持线圈 \end{cases}$ →搭铁→蓄电池负极。

电磁开关控制电路接通后,吸引线圈和保持线圈产生同向的电磁吸力,将起动机主电路接通。
● 直流电动机工作电流走向:
蓄电池正极→起动机接线柱②→接线柱③→励磁绕组→电枢绕组→搭铁→蓄电池负极。
起动机产生电磁转矩,进入起动发动机工作状态。

② 起动中,接触盘把主接线柱②和③接通,将吸引线圈短路,靠保持线圈的电磁力维持吸合状态。

③ 起动后,松开点火开关,钥匙自动返回点火挡(Ⅰ挡),起动继电器线圈断电,起动继电器触点 K_1 断开,切断了电磁开关的电路,电磁开关复位,电磁开关保持线圈中的电流经起动机主电路开关与吸引线圈,形成通路。其电路为:

蓄电池正极→主接线柱②→接触盘→主接线柱③→吸引线圈→接线柱①→保持线圈→搭铁→蓄电池负极。

此时,两线圈电流反向,磁场互相抵消,电磁力迅速消失,在复位弹簧的作用下,拨叉回位,驱动齿轮退出。同时,活动铁芯回位,接触盘将主电路断开,起动机停止工作。

④ 自停。发动机起动后,如果点火开关没能及时返回Ⅰ挡,起动机也会自动停止运转。这是因为发动机起动后,发电机已正常发电,交流发电机中性点的电压加在保护继电器线圈上。

保护继电器线圈电流走向为:
发电机"N"接线柱→继电器"N"端→继电器保护线圈→继电器"E"端→搭铁。

这时继电器保护线圈中有电,使 K_2 常闭触点断开,自动切断了继电器起动线圈中的电路,触点 K_1 断开,使电磁开关断电,起动机便自动停止工作。

⑤ 防误操作。在发动机运行时,如果误将点火开关置于起动挡,由于在发动机正常运行时,交流发电机中性点电压始终加在继电器保护线圈上,常闭触点处于断开状态,继电器起动线圈不能通电,这样起动机电磁开关就不能动作,避免了发动机在运行中使起动机的驱动齿轮进入与飞轮齿圈的啮合而产生的冲击,起到了保护作用。

(1) 看起动电路图时,要分清电路所给的继电器是单个起动继电器,还是组合式的继电器。
(2) 组合继电器要看清其各出线端的标志符号,弄清其内部接线的关系,对接线与维修是大有益处的。

1. **操作名称**:解放 CA1091 型汽车起动电路的连接
2. **需用器材**
发动机台,QD124A 或 QD124H 型起动机,蓄电池,点火开关,复合继电器,发电机,电流表,保险器等。
3. **学习目标**

学会解放 CA1091 型汽车起动电路的连接工艺;
学会在操作过程中,注意环境保护和人身安全。

4. **操作步骤**
(1) 读懂图 5-76 解放 CA1091 型汽车起动电路,明确工作过程。
(2) 接线。
步骤:

① 固定部件：
- 将起动机、蓄电池、点火开关、复合继电器、发电机、电流表、保险器等部件按部位在发动机上位置固定好，以便接线。

② 接电缆线：
- 接上蓄电池正、负端电缆；
- 接上起动机②号端子电缆；
- 接上搭铁电缆。

③ 接控制导线：
- 接粉红色导线：起动机①号端子、组合继电器 S 端子的连接；
- 接红色导线：起动机②号端子、组合继电器 B 端子的连接；
- 接红黑导线：起动机②号端子、30 A 熔断器两端、电流表流进端子的连接；
- 接粉红色导线：电流表流出端子、发电机 A 接线端、点火开关 1 接线端的连接；
- 接棕色导线：点火开关 4 接线端、组合继电器 SW 端子的连接；
- 接蓝色导线：发电机 N 接线端、组合继电器 N 端子的连接；
- 接搭铁线：组合继电器 E 接线端、发电机、起动机搭铁均要良好。

④ 通电试车：
- 将点火开关拨到起动挡，起动发动机，观察起动运行情况；
- 松开点火开关，看钥匙能否自动返回点火挡（Ⅰ挡）；
- 再将点火开关置于起动挡，试误操作时，是否有自动保护功能。

(1) 当组合继电器保护线圈出现烧断时，起动电路会出现什么故障现象？

(2) 当组合继电器起动线圈出现烧断时，起动电路会出现什么故障现象？

请你试一试，按图 5-77 所示的东风 EQ140 汽车起动电路接线，能否正确地安装好。

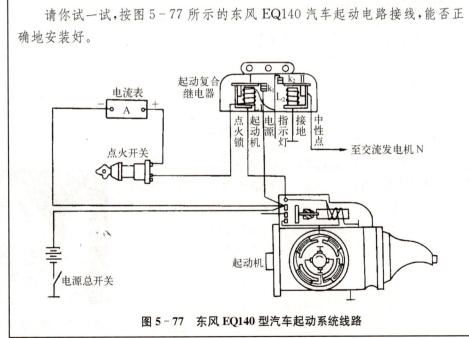

图 5-77 东风 EQ140 型汽车起动系统线路

评一评

活动六　CA1091汽车起动电路连接操作评估表

学生姓名		日期		自评	互评	师评
一、学习评价目标						
1. 能正确读出起动电路的接线路经。						
2. 能正确连接电缆线。						
3. 能正确固定起动机等各个元器件。						
4. 能正确连接起动机的控制电路各根导线。						
5. 能正确进行起动机的试验运行。						
6. 能正确识别组合起动继电器的各个接线端。						
7. 会看起动系电路图,并能与实际接线一一相对应。						
8. 能按操作规程有序地进行,无违规现象。						
9. 操作过程中,无返工现象。						
10. 活动中,环保意识及安全工作做得如何。						
二、学习体会 1. 活动中感觉哪个技能最有兴趣？为什么？ 2. 活动中哪个技能最有用？为什么？ 3. 活动中哪个技能操作可以改进,以使操作更方便实用？请写出操作过程。 （请同学们大胆创新,共同研讨,不断提高操作能力） 4. 你还有哪些要求与设想？						
总体评价				教师签名		

 拓展

起动机为何可以这样小？

汽车上的起动机和绝大部分零部件制造得尽可能小和轻,有利于提高汽车性能并节省燃料。起动机的体积较小是由于使用了齿轮减速器,这样做在可以获得和直接驱动起动机一样的起动转矩的同时,使用更小的零配件。图5-78所示为一个掌心大小的起动机电枢。

图5-78　掌心大小的起动机电枢

*活动七　起动电缆电压降的测试

案例导入　一天修理厂里来了一辆东风牌卡车,客户说:"车辆起动无力,转速慢,请给以修理。"小曹想起动电路我会了,就说:"师傅,我来修理吧。"师傅让小曹单独上车修理。可小曹查下来线路没问题,想一定是起动机坏了,换了新起动机,可问题还是没法解决。小曹感觉有点难,这时师傅说:"你测量一下线路电压降,看有什么问题?"下面我们来学习起动线路电压降的测量方法。

关联知识

1. 什么是电压降

电压降是电流流过电阻时,在电阻两端产生的电位差。从串联电路特性可知,总电压等于各分电压之和。

如图5-79中可知,蓄电池电压 $U = U_1 + U_2 + U_3 + U_4$。

其中,U_1、U_2、U_3 是电缆上的电压,U_4 为起动机的工作电压,则 $U_4 = U - U_1 - U_2 - U_3$。

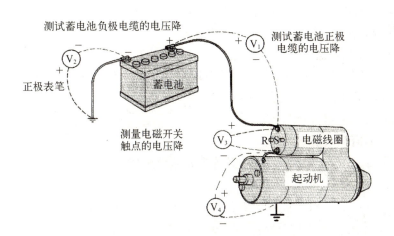

图5-79　测试起动电路电缆的电压降

我们把 U_1、U_2、U_3 的电压之和称为电缆导线的电压降。电缆两端的电压降越大,表明电路中的电阻就越大。这个电阻增大的原因,主要有电缆线铜的截面变小和电缆接触端接触不良引起接触电阻增大。

2. 为什么要测试电缆的电压降

我们把 $U_4 = U - U_1 - U_2 - U_3$ 改写为 $U_4 = U - U_缆$。设定蓄电池电压是 U,当 $U_缆$ 增大,起动机工作电压 U_4 必定减小。所以起动电路和充电电路中的导线的电压降过大(大电阻),将使电流减小,因而可能导致起动转速变慢。

如果电压降高到一定程度,如由于蓄电池端子污染所致,那么起动机将可能不能运转。起动电路中,电阻过大的典型表现特征是:起动机电磁线圈会发出"喀嚓、喀嚓"声。

3. 电压降测试的方法

电压降测试是在可能有问题的电缆端子间连接一个直流电压表,并在起动发动机过程中测试,如图 5-79 所示。

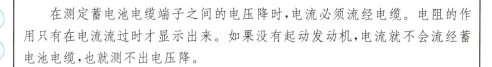

在测定蓄电池电缆端子之间的电压降时,电流必须流经电缆。电阻的作用只有在电流流过时才显示出来。如果没有起动发动机,电流就不会流经蓄电池电缆,也就测不出电压降。

测量电压降的方法:

测量蓄电池电缆连接处的电压降,可把电压表的一个正表笔与电缆线电流流入端相接触,另一个负表笔与电缆电流流出端部相接触,并在起动发动机时测量。电压表值表示电缆之间的电压差值,其值以不超过 0.2 V 为正常。

4. 为什么说:"电压降就是电阻"

许多汽车维修工问过这样的问题:"用欧姆表很容易测量出电阻,为什么还要测量电压降?"试想电缆的股线只有一根是好的,而其余的都已断裂时的情形,如果使用欧姆表测量电缆的电阻,读数将非常低,很可能小于 1 Ω。然而这个电缆并不能承载起动发动机所需要的电流。在不太严重的情况下,可能只有几根股线断裂,但是也会因此影响起动电机的运转。当蓄电池电缆的电阻没有明显增大时,电阻仍将引起发热并使起动电压降低。因此测量电压降(两点之间的电压差值)是确定电路中真实电阻的一种精确方法。

电压降值是多少时不正常?所有电路电阻引起的电压降不应超过电路电压的 3%。因此,在一个 12 V 的电路中,电缆和连接处的最大电压降是 0.36 V(12×0.03=0.36 V),剩余的 97%(11.64 V)电路电压作用于电气设备(负载)。

请记住:低电压降=低电阻,

高电压降=高电阻。

1. **操作名称**:汽车起动线路电压降的测试
2. **需用器材**

整车或发动机台架,直流电压表和万用表等。

3. **学习目标**

学会起动电缆电压降的测试工艺;

学会在操作过程中,注意环境保护和人身安全。

4. **操作步骤**

(1) 起动机电缆有否电压降故障的判别性测试,如图 5-80 所示。

步骤:

① 测试蓄电池的电压。将电压表连接在蓄电池两端,启动发动机,记录电压表的读数 U_1 的值。

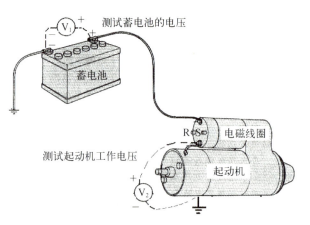

图 5-80 判断电缆电压降的测试

② 测试起动机的工作电压。将电压表接在起动机的两端，再启动发动机，记录电压表的读数 U_2 的值。

③ 分析判断。如果这两种情况下的读数之差 $\Delta U = U_1 - U_2$ 超过 0.5 V，为电缆有电压降故障。则应进行哪根电缆有故障的寻找呢？

（2）哪根电缆有故障的查找测量，如图 5-81 所示。

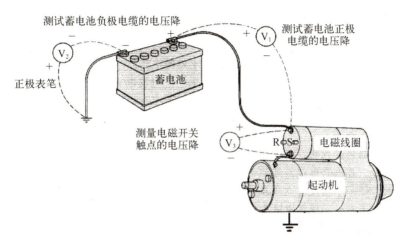

图 5-81　测试起动电路电缆的电压降

步骤：

① 测试蓄电池正极电缆的电压降 U_1。将电压表按图示方法连接，启动发动机，记录电压表的读数 U_1 的值。

② 测试蓄电池负极电缆的电压降 U_2。将电压表按图示方法连接，启动发动机，记录电压表的读数 U_2 的值。

③ 测试电磁开关触点电压降 U_3。将电压表按图示方法连接，启动发动机，记录电压表的读数 U_3 的值。

评估测试结果：

如果电压表读数为零 $U_1 + U_2 + U_3 = 0$，则被测电缆的电阻值为零，情况良好；

如果电压表的读数大于 0.2 V，则被测电缆电阻过大需更换。

电缆电压降的测量比较麻烦，许多维修工用手摸电缆哪个部分发烫，这发烫部位就是电阻过大处，这样很方便。你能讲出其中道理吗？

（1）请你采用手摸电缆是否发烫的方法，对起动电路作一次实测，看看效果如何。

（2）在有的车上装有电源总开关，请测量一下电源开关的接触电阻（电压降）。

活动七 汽车起动线路电压降的测试操作评估表

学生姓名		日期		自评	互评	师评
一、学习评价目标						
1. 能讲清楚什么是电压降？为什么要测试电缆的电压降？						
2. 会进行电缆线电压降的测试。						
3. 能正确进行起动机电缆有否电压降故障的判别性测试。						
4. 能正确掌握哪根电缆有故障的查找测量方法。						
5. 能正确进行起动机的故障电缆的调换。						
6. 能正确识别线端电阻增大故障原因的处理。						
7. 会用手摸电缆是否发烫的简单判别方法。						
8. 能按操作规程有序地进行，无违规现象。						
9. 操作过程中，无返工现象。						
10. 活动中，环保意识及安全工作做得如何。						
二、学习体会 1. 活动中感觉哪个技能最有兴趣？为什么？ 2. 活动中哪个技能最有用？为什么？ 3. 活动中哪个技能操作可以改进，以使操作更方便实用？请写出操作过程。 （请同学们大胆创新，共同研讨，不断提高操作能力） 4. 你还有哪些要求与设想？						
总体评价				教师签名		

（1）用钳式数字万用表测量起动机工作电流，如图5-82所示。

（2）诊断案例：起动机嘶叫和蓄电池电缆跳动。

一辆汽车不能起动，维修工刚开始认为是蓄电池端子连接出现松动或被腐蚀；然而，在清洁电缆之后将点火开关置于起动位置时，起动机仍没有声响。当维修工打开车门观察车内照明灯，发现，当起动时，顶灯熄灭了，这表明蓄电池的电压显著地降低了。

在起动时电压降低，顶灯变暗是正常的。电压不能降到9.6 V以下，车灯应微亮。

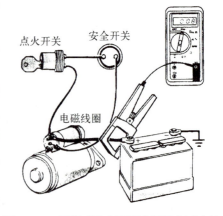

图5-82 用钳式数字万用表测量起动电流

在整理了两根蓄电池电缆,使它们平行且保持一定距离,并重复这个测试。发现起动时,蓄电池电缆就会彼此跳向对方。维修工认识到起动机励磁线圈或电枢短路了。因短路给起动机电流提供了直接接地的回路,导致流出的电流比正常的起动电流大得多。大电流降低了蓄电池电压,照明灯自然就不会亮。

为什么蓄电池电缆会跳动呢?蓄电池电缆的跳动是由于大电流在每根电缆周围产生强大的磁场,因为一根电缆是正极、另一根电缆是负极,产生的磁场具有相反的极性,所以彼此相互吸引。

*活动八 怠速步进电机的检测

案例导入

一天,小王接待一辆别克(BUICK)车,车主说:"这车怠速稳不住,一开空调就熄火,请检查一下。"小王按常规检测怠速相关器件没找出问题,师傅告诉他查步进电机有没有问题,可小王不知步进电机是怎么会事。为此,我们来学习怠速步进电机的检测工艺。

关联知识

一、步进电机简介

1. 概述

步进电机是一种用数字信号控制的传动机构,若在其输入端加入一个脉冲信号,该电机就会旋转一个角度或移动一定距离,故称之为步进电机。它在数字控制装置中有着广泛的应用。

2. 分类

步进电机分为反应式与激磁式两大类;从结构上又分为单相、双相、三相至六相等多种。

图5-83所示为常见的反应式三相步进电机内部结构示意图。步进电机由定子和转子两部分组成,在定子的六个磁极上分别绕有 AA′、BB′ 和 CC′ 三相绕组,并将其接成 Y 形。不同的步进电机转子铁芯齿数不同,在转子上不设置绕组。

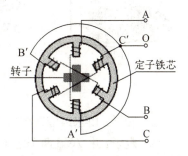

图5-83 反应式三相步进电机结构示意图

3. 三相反应式工作原理

如图5-84所示,步进电机转动受定子绕组中脉冲信号控制:

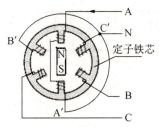
(a) 步进电机 A 相通电示意图

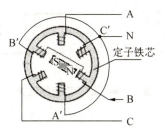
(b) 步进电机 B 相通电示意图

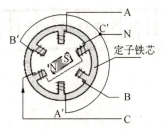
(c) 步进电机 C 相通电示意图

图5-84 步进电机工作原理图

(1) A相通电(A=1,B=C=0)时,电磁吸引使1、3齿轴线与AA'相绕组轴线重合;

(2) 随后只有B相通电(B=1,A=C=0),则2、4齿轴线与BB'相绕组轴线重合,这就使1、3齿顺时针转动了一个角度;

(3) 接着仅对C相通电(C=1,A=B=0),1、3齿又会顺时针转动一个角度。

按此顺序 A、B、C、A 相循环通电,电机便可连续转动起来,若通电顺序变为 A、C、B、A 相,则电机反方向旋转。

4. 三相步进电机的工作模式

根据不同的通电规律,三相步进电机可分为以下几种工作模式。

(1) 三相单三拍:A,B,C,A 相顺序(如上所述)。

(2) 三相双三拍:AB、BC、CA、AB 相顺序。

(3) 三相六拍:A、AB、B、BC、C、CA、A 相顺序。

5. 转速

步进电机转速的高低与控制脉冲频率有关。改变控制脉冲频率,可改变电机转速。

二、怠速控制步进电机

1. 结构

图 5-85 所示为步进电机的结构图。

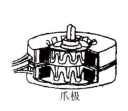

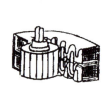
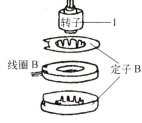

图 5-85 步进电机结构图

(1) 转子:由永久磁铁构成,N极和S极在圆周上相对排列,共有八对磁极。

(2) 定子:由 A、B 两个定子构成,其内绕有 A、B 两组线圈,线圈由导磁材料制成的爪极包围。每个定子各有八对爪极,每对爪极(N极与S极)之间的间距为一个爪的宽度,A、B 两定子爪极相差一个爪的相位差,组成一体安装在外壳上,如图 5-86 所示。

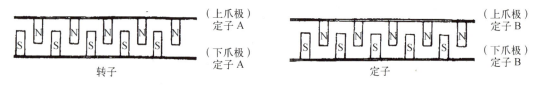

图 5-86 定子爪极的位置

2. 工作原理

(1) 如图 5-87 所示,原理:ECU通过控制定子相线绕组的电压脉冲,交替变换定子爪极极性,使步进电机转子产生步进式转动。A、B两定子绕组分别由1、3相绕组和2、4相绕组构成,由

ECU 内晶体三极管控制各相绕组的搭铁,相线控制脉冲,如图 5-88 所示。

(2) 过程:

电机正转时,相线控制脉冲按 1、2、3、4 相顺序退后 90°相位角,定子上 N 极向右方向移动,转子随之正转。

电机反转时,相线控制脉冲按 1、2、3、4 相顺序依次超前 90°相位角,定子上 N 极向左方向移动,转子随之反转。

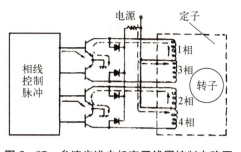

图 5-87 急速步进电机定子线圈控制电路图

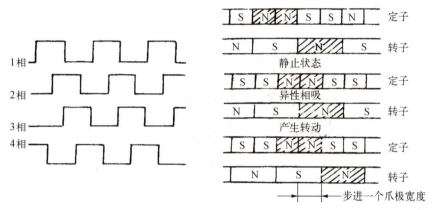

图 5-88 相线控制脉冲与相关步进状态图

转子转动一圈分为 32 个步级,每一个步级转动一个爪的角度,步进电机的正常工作范围为 0~125 个步级。

3. 急速控制装置的控制内容

(1) 起动初始位置设定:在点火开关关闭后,ECU 继续向主继电器供电,控制步进电机转动,使急速控制阀全部打开(125 步级),为下次起动做好准备,然后主继电器才断电。

(2) 起动后控制:在起动过程中,当发动机转速达到由冷却水温度确定的对应转速时,ECU 控制步进电机转动,使急速控制阀逐渐关小到与冷却水温度对应的开度。

(3) 暖机控制:暖机过程中,ECU 控制步进电机转动,使急速控制阀从起动后的开度逐渐关小,当冷却水温达到 70℃时,暖机控制结束。

(4) 反馈控制:当发动机处于急速工况运转时,如果发动机的实际转速与 ECU 存储器中所存放的目标转速差超过规定值(如 20 r/min),则通过急速控制阀增减旁通空气量,使发动机实际转速与目标转速差小于规定值。

(5) 发动机转速变化的预控制:发动机处于急速工况时,空调开关、空挡起动开关等接通或者断开,都会即时引起发动机急速负荷变化,产生较大的转速波动。ECU 收到以上开关量信号后,在发动机转速变化出现前,就控制步进电机转动,预先把急速控制阀开大或关小一个值。

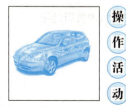

操作活动

1. 操作名称

急速步进电机的检测工艺。

2. 需用器材

步进电机,蓄电池,万用表及导线等。

3. 学习目标

学会急速步进电机的检测工艺;

学会在操作过程中,注意环境保护和人身安全。

4. 操作步骤

(1) 以丰田步进电机为例,就车检测,位置如图 5-89 所示。

步骤:

① 当发动机熄火时,怠速控制阀有"咔嗒"一声为正常,不响则有故障,应检查 ISC 阀和 ECU。

② 发动机正常运行时,把手放在 ISC 阀上,当连续打开、关闭 A/C 开关时,手上有阀门进出的变化感觉为正常;否则,有故障。

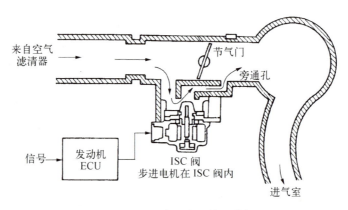

图 5-89 丰田步进电机的安装部位

(2) 电机线圈电阻的检查,如图 5-90 所示。

步骤:

① 关闭点火开关,拨下 ISC 阀接线座。

② 选择万用表 $R \times 1 \Omega$ 挡分别测量 $B_1 - S_1$、$B_1 - S_2$、$B_2 - S_3$、$B_2 - S_4$ 的电阻值。电阻值都应在 $10 \sim 30 \Omega$ 为好,如阻值不对则电机有故障,要调 ISC 阀。

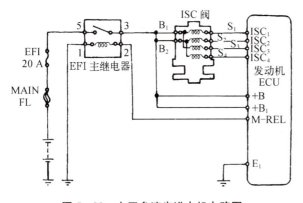

图 5-90 丰田怠速步进电机电路图

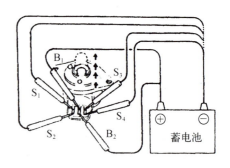

图 5-91 检查步进电机的关阀过程

(3) 检查步进电机的工作状态。

步骤:

① 电磁阀的关闭过程,如图 5-91 所示:

● B_1 和 B_2 端子上接上蓄电池正极;

- 依次将 S_1、S_2、S_3、S_4 接负极（搭铁），阀应逐步关闭。

② 电磁阀的开启过程，如图 5-92 所示：

- B_1 和 B_2 端子上接蓄电池正极；
- 依次将 S_4、S_3、S_2、S_1 接负极（搭铁），阀应逐步开启。

上述检查不能关闭打开，则应更换 ISC 阀。

丰田车步进电机控制阀步级数为 0~125。其中，0 表示怠速控制阀全部伸出，旁通道全部关闭；125 表示怠速控制阀全部收回，怠速空气旁通道全部开启。

冷车时，ISC=55（步级数）；热车后，ISC=52（步级数）。

打开 A/C 开关，ISC=63（步级数）；关闭 A/C 开关，ISC=52（步级数）。

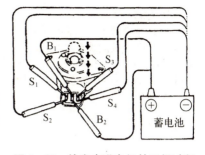

图 5-92 检查步进电机的开阀过程

     怠速步进电机控制阀出现不能打开故障，发动机会出现哪些故障现象？

     现在请你帮助小王检测别克（BUICK）车的怠速故障行吗？请大胆试一试，会成功的。

活动八　怠速步进电机检测操作评估表

学生姓名		日期		自评	互评	师评
一、学习评价目标						
1. 能讲清楚步进电机是一种什么机构。						
2. 会表述步进电机的工作原理和过程。						
3. 能正确进行就车步进电机的测试。						
4. 能正确掌握步进电机线圈的测量方法。						
5. 能正确进行步进电机工作状态的检测。						
6. 能正确识别步进电机是否有故障。						
7. 会运用简单判别方法判别步进电机的状态。						
8. 能按操作规程有序地进行，无违规现象。						
9. 操作过程中，无返工现象。						
10. 活动中，环保意识及安全工作做得如何。						

（续　表）

二、学习体会 1. 活动中感觉哪个技能最有兴趣？为什么？ 2. 活动中哪个技能最有用？为什么？ 3. 活动中哪个技能操作可以改进，以使操作更方便实用？请写出操作过程。 （请同学们大胆创新，共同研讨，不断提高操作能力） 4. 你还有哪些要求与设想？	
总体评价	教师签名

项目小结

1. 起动机

是由直流电动机、传动机构、单向离合器和电磁控制开关等元件组成。

2. 发动机

发动机必须在空载起动，时间不得超过 5 s。如一次起动不成功，则应相隔 15 s 后才能再次起动，起动后及时切断电源。

3. 起动电路

有直接式、继电器式和自动保护继电器式。

4. 电磁操纵式起动控制电路

电路中设有吸引线圈和保持线圈，以适应起动中的不同过程。

5. 汽车怠速控制

怠速控制中常用步进电机作为空气量的精确控制装置。

练习题

1. 起动机使用应注意什么问题？
2. 调换起动机的基本操作过程有哪些？
3. 起动机分解过程中，有哪些项目应进行检测？
4. 为什么要对电缆进行电压降的测量？
5. 起动机的控制装置有哪些？
6. 简述怠速控制步进电机的工作原理。

项目六　汽车晶体管模拟电路制作

活动一　　电烙铁使用与维护

活动二　　电阻、电容的识别与检测

活动三　　二极管、三极管的识别与检测

活动四　　焊接技术

活动五　　单管放大器的制作

活动六　　闪光器的制作

活动七　　晶体管电压调节器的制作

项目六 汽车晶体管模拟电路制作

情景描述　汽车转向时,要打开转向灯,会自动闪烁,这是什么原理做成的呢?常用晶体管制成闪光器,在本项目中就学习有关的晶体管模拟电路的相关知识。

学习目标
1. 了解半导体基础知识
2. 理解二、三极管,可控管的应用与测试
3. 学会使用电烙铁
4. 了解正弦波振荡电路
5. 学会制作晶体管闪光器

活动一 电烙铁使用与维护

案例导入　晶体管闪光器由晶体管电子线路组成,安装时需要焊接,我们先来学习焊接工具电烙铁的使用方法与维护。

关联知识

1. 电烙铁的结构

（1）分类：常用的电烙铁分为内热式和外热式两种,如图6-1所示。

（2）组成（内热式）：由加热器（陶瓷铁芯）、外壳、烙铁头、手柄等组成,如图6-2所示。

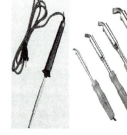

(a) 内热式　　(b) 外热式

图6-1 电烙铁分类

陶瓷铁芯是采用极细的镍铬电阻丝绕在瓷管上制成的,在外面套上耐高温绝缘管。烙铁头的一端是空心的,它套在芯子外面,用卡箍来紧固。由于发热芯子装在烙铁头里面,故称为内热

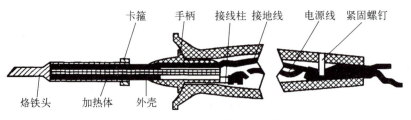

图6-2 内热式电烙铁的结构

式电烙铁,常用规格有 20 W、35 W、50 W 等。

2. 焊料

焊料是一种易熔金属,它能使元器件引线与印刷电路板的导线连接在一起。焊料通常是用锡(Sn)与铅(Pb)再加入少量其他金属制成的材料,一般称为焊锡丝,如图 6-3 所示。

图 6-3 焊料

图 6-4 助焊剂

3. 助焊剂

如图 6-4 所示,助焊剂的作用就是要清除金属表面的氧化物、硫化物、油和别的污染物,防止在加热过程中的焊料继续氧化,并帮助焊料流动和湿润。常用松香、酒精、树脂等作助焊剂。

操作活动

1. 操作名称

电烙铁使用与维护。

2. 需用器材

内热式 20 W/220 V 电烙铁一把,电烙铁架一只,松香、焊丝若干,电工刀一把等。

3. 学习目标

学会电烙铁使用与维护;
学会在操作中,注意环境保护和人身安全。

4. 操作步骤

(1) 电烙铁的握法,如图 6-5、图 6-6、图 6-7 所示。

图 6-5 反握法

图 6-6 正握法

电烙铁使用时,一般有反握、正握和笔握三种方法。反握法动作稳定,长时间操作不宜疲劳,适于大功率烙铁的操作。正握法适于中等功率烙铁或带弯头电烙铁的操作。而笔握法则较适合初学者和使用小功率电烙铁。

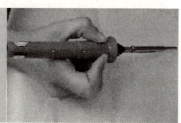

图 6-7 笔握法

在印制板上焊接电子元器件,一般采用笔握法。三种方法,各自试一下,自己体会哪个适合一些,就采用哪个方法。

(2) 烙铁头的上锡处理。新的烙铁不能拿来就用,必须要进行上锡处理。主要是去除烙铁头表面的氧化层,以保证烙铁头吸锡,上锡方法如下。

步骤:

① 待处理的新的烙铁头,如图6-8所示;

② 用锉刀或砂布磨去烙铁头氧化层,如图6-9所示;

 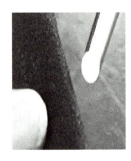 

图6-8　新烙铁头　　　　图6-9　砂布磨　　　　图6-10　浸松香中

③ 将烙铁插入电源,将打磨好的烙铁头紧压在松香上,加温松香逐步熔化,使烙铁头被打磨好的部分完全浸在松香中,如图6-10所示;

④ 待松香出烟量较大时,取出烙铁头,用焊锡丝在烙铁头上镶上薄薄的一层焊锡,如图6-11所示;

⑤ 检查烙铁头的使用部分是否全部镀上焊锡,如有未镀的地方,应重涂松香、镀锡,直至镀好为止,如图6-12所示。

请大家完成自己烙铁头的上锡处理。

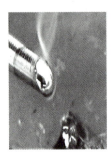  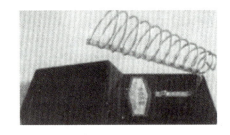

图6-11　镶上焊锡　　　　图6-12　重涂松香、镀锡　　　　图6-13　烙铁架

　内热式电烙铁使用的注意事项:

(1) 烙铁头要经常保持清洁。

(2) 工作时,电烙铁要放在烙铁架上,以免烫坏其他物品而造成安全隐患,常用的铁架如图6-13所示,烙铁架一般放在工作台的右上方。

(3) 烙铁头的温度判断。

焊接过程中,需要使烙铁处于适当的温度,可以利用松香来判断烙铁头的温度是否适合焊接。在烙铁头上熔化一点松香,根据松香的烟量大小判断温度是否合适。判断烙铁头温度的方法如下。

步骤:

① 烟量小,持续时间长,但温度低,不易焊接,如图 6-14 所示;

② 烟量中等,烟消散时间在 5~8 s,则温度适当,易焊接,如图 6-15 所示;

③ 烟量大,烟消散时间很快,但温度高,不易焊接,如图 6-16 所示。

图 6-14 烟量小

图 6-15 烟量中等

图 6-16 烟量大

(4) 电烙铁的拆装与故障处理。

步骤:

① 拆卸电烙铁时,首先用万用表电阻 $R \times 100$ 挡,测量烙铁芯的内阻,如图 6-17 所示。

R 为无穷大,可能烙铁芯已烧断,必须拆开检修;

R 为 500~2 000 Ω 左右,则烙铁芯正常。

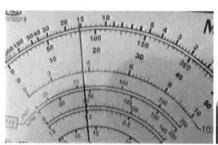

图 6-17 测量烙铁芯的内阻

② 拧松手柄上的紧固螺钉,旋下手柄,检查引线与烙铁芯接线是否已断,拆下电源线,松开烙铁芯接线柱,如图 6-18 所示。

断则重测烙铁芯的内阻,不断则烙铁芯烧断。

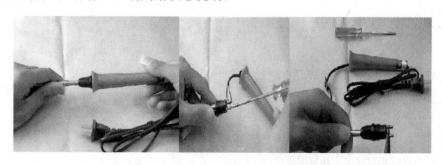

图 6-18 旋下手柄

③ 拆下电源线和烙铁芯的接线,取出烙铁芯,测量烙铁芯的电阻值,如图6-19所示。

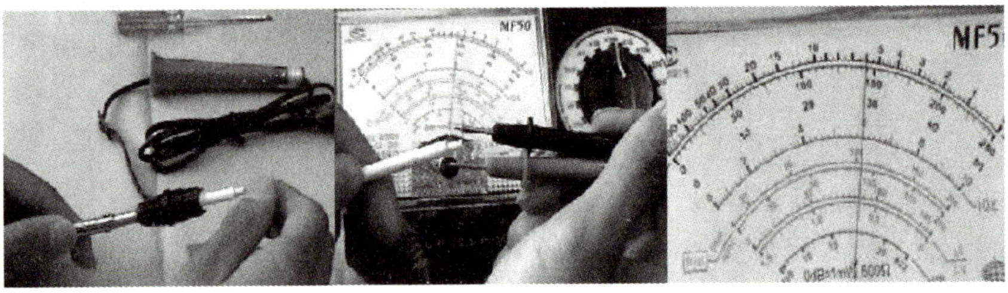

图 6-19 取出烙铁芯

④ 换上新烙铁芯,装复电烙铁。

会诊　电烙铁出现一会儿热、一会儿不热的现象是什么原因?

练一练　你能为自己的电烙铁调换一下烙铁芯吗?试一试,你会成功的。

评一评

活动一　电烙铁的使用与维护操作评估表

学生姓名		日期		自评	互评	师评
一、学习评价目标						
1. 能正确选取焊接晶体管元件的电烙铁。						
2. 能正确处理烙铁头的上锡。						
3. 会判别电烙铁头的合适温度。						
4. 能正确拆卸电烙铁。						
5. 能正确测量和判别烙铁芯的电阻值是否正常。						
6. 能规范地给电烙铁进行检测。						
7. 你自己感觉能进行电烙铁的维护工作了吗?						
8. 操作过程中,安全是否到位?						
9. 操作过程中,无返工现象。						
10. 活动中,环保意识及安全工作做得如何。						

（续 表）

二、学习体会		
1. 活动中感觉哪个技能最有兴趣？为什么？ 2. 活动中哪个技能最有用？为什么？ 3. 活动中哪个技能操作可以改进，以使操作更方便实用？请写出操作过程。 （请同学们大胆创新，共同研讨，不断提高操作能力） 4. 你还有哪些要求与设想？		
总体评价		教师签名

活动二 电阻、电容的识别与检测

 案例导入

客户要求修理一只转向闪光器，师傅用万用表对元器件进行测量，一会儿，师傅就找到了故障。徒弟请教师傅是怎样修理的，师傅说："是 R、C 的变值，引起了故障。"你会检测电阻和电容吗？

 关联知识

一、电阻器的识别

1. 分类

按结构分：固定电阻器、可变电阻器、敏感电阻器，如图 6-20 所示，用符号 R 表示。

2. 主要参数

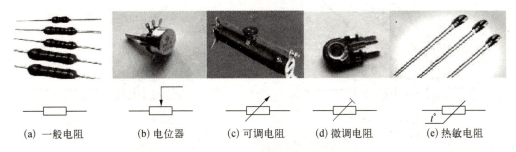

(a) 一般电阻　　(b) 电位器　　(c) 可调电阻　　(d) 微调电阻　　(e) 热敏电阻

图 6-20　电阻结构分类

（1）标称阻值。电阻的标称阻值是指在电阻器表面所标的阻值，国际制单位为欧姆（Ω），还有千欧（kΩ）和兆欧（MΩ）。

换算关系为

$$1\ \Omega = 10^{-3}\text{k}\Omega = 10^{-6}\text{M}\Omega$$

（2）阻值误差。实际阻值与标称阻值之间允许的最大偏差范围叫做阻值误差，一般用标称阻值与实际阻值之差除以标称阻值所得的百分数表示。通常电阻值误差分三个等级，Ⅰ级 ±5%、Ⅱ ±10%、Ⅲ ±20%。

(3) 额定功率。电阻器的额定功率指电阻器在直流或交流电路中,连续工作所允许消耗的最大功率。功率直接标在电阻上,没有标注的统一为 1/8 W。

3. 表示方法

(1) 直标法:在电阻表面直接标出阻值、允许偏差和功率,如图 6-21 所示。

(2) 色标法:用不同色环标明阻值和偏差值,色环的意义如表 6-1 所示。

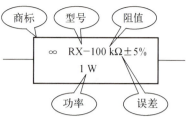

图 6-21 直标法

表 6-1 电阻色环的意义

颜 色	有效数字	乘 数	允许偏差	颜 色	有效数字	乘 数	允许偏差
黑	0	10^0	—	紫	7	10^7	±0.1%
棕	1	10^1	±1%	灰	8	10^8	—
红	2	10^2	±2%	白	9	10^9	—
橙	3	10^3		银	—	10^{-2}	±10%
黄	4	10^4		金	—	10^{-1}	±5%
绿	5	10^5	±0.5%	无色	—	—	±20%

色标法分为如下两种:

① 两位有效数字表示法。普通电阻器用四条色环表示标称阻值和允许偏差,从左至右第一、二条色环表示阻值,第三条色环表示倍乘,最后一条色环表示允许偏差,如图 6-22 所示。

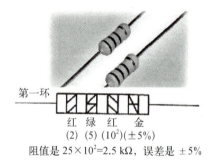

第一环
红 绿 红 金
(2) (5) (10^2) (±5%)
阻值是 $25×10^2$=2.5 kΩ,误差是 ±5%

图 6-22 两位有效数字表示法

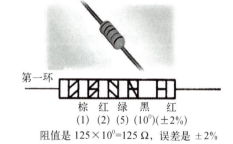

第一环
棕 红 绿 黑 红
(1) (2) (5) (10^0) (±2%)
阻值是 $125×10^0$=125 Ω,误差是 ±2%

图 6-23 三位有效数字表示法

② 三位有效数字表示法。普通电阻器用五条色环表示标称阻值和允许偏差,从左至右第一、二、三条色环表示阻值,第四条色环表示倍乘,最后一条色环表示允许偏差,如图 6-23 所示。

二、电容器的识别

1. 分类

按是否可调,分为固定电容和可变电容;按介质材料,分为纸介电容、涤纶电容、云母电容、聚苯乙烯电容、聚酯电容、玻璃釉电容及瓷介电容、铝电解电容、钽电解电容、铌电解电容等,如图 6-24 所示;按极性,分为无极性电容和有极性电容。

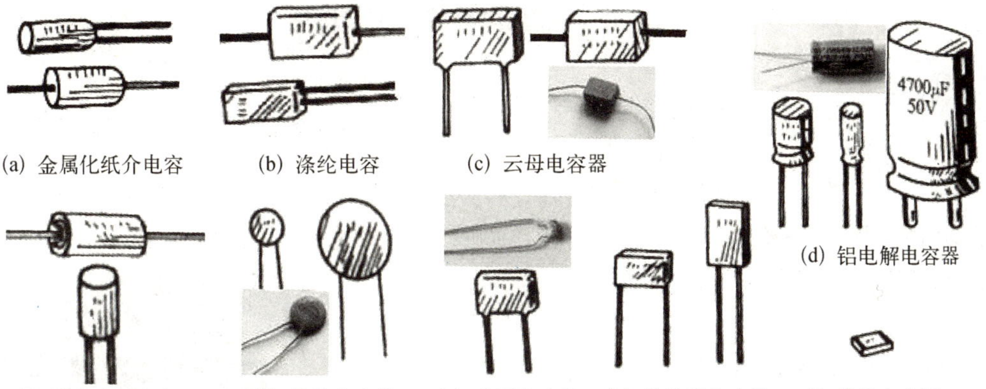

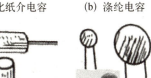

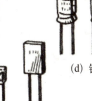

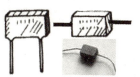

(a) 金属化纸介电容　　(b) 涤纶电容　　(c) 云母电容器　　(d) 铝电解电容器

(e) 聚苯乙烯电容　(f) 瓷片电容器　(g) 独石电容器　(h) 玻璃釉电容器　(i) 片状电容器

图 6-24　电容的种类

2. 主要参数

(1) 电容量，简称容量，单位是法拉，简称法(F)。实际运用中还有：微法(μF)、毫微法(nF)和微微法(pF)，换算关系为

$$1\,F = 10^6\,\mu F,\ 1\,\mu F = 1\,000\,nF,\ 1\,nF = 1\,000\,pF$$

(2) 耐压：表示电容所能承受的最高电压。

3. 表示方法

(1) 直标法，如图 6-25 所示。

例如，0.01 μF 的电容上印的"0.01"耐压"160 V"字样，47 μF 的电容上印的"47 μ"耐压"25 V"字样。

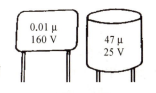

图 6-25　电容直标法

(2) 数码法，如图 6-26 所示。

用三位数字表示容量的大小，其单位为 pF。三位数中，前两位是有效数字，第三位是倍乘数。

倍乘数的意义

标示数字	倍乘数
0	10^0
1	10^1
2	10^2
3	10^3
4	10^4
5	10^5
6	10^6
7	10^7
8	10^8
9	10^{-1}

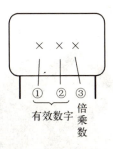

图 6-26　数码法

例如，
103 表示 $10 \times 10^3 = 10\,000$ pF $= 0.01$ μF
229 表示 $22 \times 10^{-1} = 2.2$ pF

1. 操作名称：电阻、电容的识别与检测
2. 需用器材

各种电阻、电容若干，万用表等。

3. 学习目标

学会色环电阻的识读与检测；

学会电容器识读与检测；

学会在操作中，注意环境保护和人身安全。

4. 操作步骤

(1) 电阻器的识别，如图 6-27 所示。

步骤：

① 色环识别：棕、黑、橙、金；

② 色的数号：1、0、3、±5%（见表 6-1）；

③ 读数：$10 \times 10^3 = 10 \text{ k}\Omega$；

④ 检测验证：10.27 kΩ；

图 6-27 电阻的识别与测量

⑤ 结论：按 ±5% 的偏差计算，测量结果在合理的范围内；因没有功率标注，所以功率为 1/8 W，说明读数和测量均是正确的。

(2) 电阻的检测。

步骤：

① 选择量程：将万用表的量程选择开关旋到欧姆挡的合适程上，以便测量时指针可处于刻度线的中间区域。

② 调零：将万用表的两支表笔短接后，调节欧姆调零旋钮，使指针指在欧姆刻度线的零位上。而且每一个量程都要重新调零一次。

③ 测量：右手握两支表笔，将表笔跨接在被测点上，如图 6-28 所示。

④ 读数：读出指针所指数。将该数与所选量程的倍率相乘，得到实际的电阻值。

例如，图 6-28 中，用 "R×10" 挡测量一个电阻器，指针读数为 20，那么，被测电阻的阻值是：20 Ω×10＝200 Ω。

(a) 测量方法　　　　　　　　(b) 电阻读数

图 6-28 电阻的测量

(3) 电容器识别，如图 6-29 所示。

步骤：

① 读出有效数字：33；

图 6-29 电容

② 读出倍乘数：10^1；

③ 读数：$33×0^1=330$ pF。

(4) 电容的检测。

步骤：

① 选择量程：首先根据电容容量的大小，选择适当挡位。

挡位选择方法（见图 6-30）：

100 μF 以上的电容用"$R×100$"挡；

1~100 μF 的电容用"$R×1$ k"挡；

1 μF 以下电容用"$R×10$ k"挡。

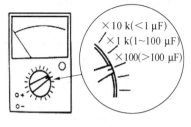

图 6-30 选择测量电容器量程

② 检测：

● 判别大小：

万用表的两表笔（不分正、负）分别与电容的两线相接，在刚接触的一瞬间，表针应向右偏转，然后缓慢向左回归，如图 6-31 所示。

判别：容量越大，表针右偏越大，向左回归也越慢；容量小于 0.1 μF 的电容，由于充电电流极小，几乎看不出表针右偏，只能检测其是否短路。

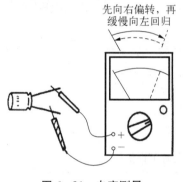

图 6-31 电容测量

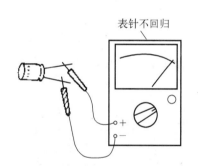

图 6-32 短路故障

● 判别电容的好坏：

如果表针向右偏转后不向左回归，说明电容器已短路损坏，如图 6-32 所示；

如果表针向右偏转然后向左回归稳定后，阻值指示小于 500 kΩ，说明该电容绝缘电阻太小，漏电流较大，也不宜使用，如图 6-33 所示。

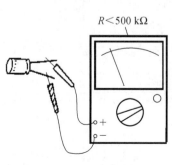

图 6-33 漏电故障

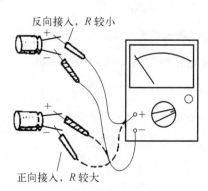

图 6-34 判别电解电容的正、负极

● 判别电解电容的正、负极：

用万用表"R×1k"挡测出电解电容的绝缘电阻，将红、黑表笔对调后测出第二个绝缘电阻，两次测量中，绝缘电阻较大的那一次，黑表笔（与万用表中电池正极相连）所接为电解电容的正极、红表笔（与万用表中电池负极相连）所接为电解电容的负极，如图 6-34 所示。

 点拨

使用有极性电容时，应注意其引线有正、负极之分，在电路中，其正极引线应接在电位高的一端，负极引线应接在电位低的一端。如果极性接反了，会使漏电流增大，并易损坏电容。

 会诊

汽车点火系上有一电容器，你知道其电容量多大？你有什么办法检测其好坏？

 练一练

（1）取几个色环电阻，读一下其电阻值的大小，并判别一下功率是多少。如给你一个如图 6-35 的电阻，你能识别其阻值吗？

（2）在家中取一个吊扇上的电容（或其他任意的电容均可），识别其容量及适用电压，还可测量一下其实际的电容量。

图 6-35 电阻

 评一评

活动二　电阻、电容的识别与检测评估表

学生姓名		日期		自评	互评	师评
一、学习评价目标						
1. 能正确识别色环电阻的大小。						
2. 能正确测量电阻的大小。						
3. 会判别电容器的好坏。						
4. 能正确检测电容器。						
5. 能根据电容量的大小正确选择测量的挡位。						
6. 能规范计算电阻、电容的数值。						
7. 你自己感觉能进行电阻、电容的识别和检测工作了吗？						
8. 操作过程中，安全是否到位。						
9. 操作过程中，无返工现象。						
10. 活动中，环保意识及安全工作做得如何。						

（续　表）

> 二、学习体会
> 1. 活动中感觉哪个技能最有兴趣？为什么？
> 2. 活动中哪个技能最有用？为什么？
> 3. 活动中哪个技能操作可以改进，以使操作更方便实用？请写出操作过程。
> （请同学们大胆创新，共同研讨，不断提高操作能力）
> 4. 你还有哪些要求与设想？

总体评价		教师签名	

活动三　二极管、三极管的识别与检测

案例导入　一天，师傅在修理一台汽车仪表控制线路，用万用表对元器件进行测量，一会儿，师傅说这个二极管断路了，要调换。换上二极管仪表就恢复正常了。小王想：师傅真有本事，我也一定要学会。下面让我们一起来学习晶体管的识别与检测。

关联知识

一、二极管识别与检测识别

二极管的各种类型，如图 6-36 所示。

图 6-36　二极管的各种类型

1. 分类

（1）按材料：硅管、锗管。

（2）按结构，如图 6-37 所示：点接触型（电流小，高频应用）、面接触型（电流大，用于整流）。

（3）按用途，如图 6-38 所示：

① 整流二极管：把交流电变成直流电的二极管；

② 稳压二极管：利用反向击穿特性进行稳压

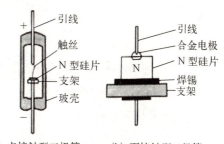

(a) 点接触型二极管　　(b) 面接触型二极管

图 6-37　二极管按结构分类

图6-38 各类二极管的符号

的二极管；

③ 发光二极管：电能转变成光能的二极管；

④ 光电二极管：将光信号转变为电信号的二极管；

⑤ 变容二极管：能改变PN结电容量的二极管。

(4) 按外壳封装材料，如图6-39所示：玻璃壳二极管、塑料封装二极管、金属封装二极管、大功率螺栓状金属壳二极管、微型二极管、片状二极管。

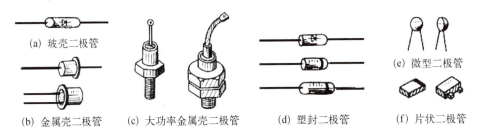

图6-39 二极管按封装材料分类

2. 二极管的命名及外形和符号

一般二极管的外形和符号，如图6-40所示。国产二极管的型号命名由五部分组成：

第一部分用数字"2"表示二极管，

第二部分用字母表示材料和极性，

第三部分用字母表示类型，

第四部分用数字表示序号，

第五部分用字母表示规格。

二极管型号的意义如表6-2所示。

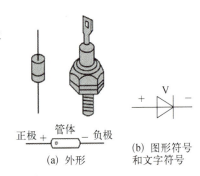

图6-40 二极管的外形与符号

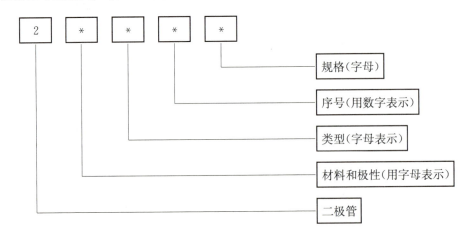

表 6-2 二极管型号的意义

第一部分	第二部分	第三部分	第四部分	第五部分
2	A：N 型锗材料 B：P 型锗材料 C：N 型硅材料 D：P 型硅材料	P：普通管 Z：整流管 K：开关管 W：稳压管 L：整流堆 C：变容管 S：隧道管 V：微波管 N：阻尼管 U：光电管	序号	规格（可缺）

例如，2AP9 表示为 N 型锗材料普通二极管，序号为 9。

3. 特性

二极管具有单向导电性，如图 6-41 所示。

① P 型：半导体中，多数载流子为空穴，少数载流子为电子，称为 P 型半导体。

② N 型：半导体中，多数载流子为电子，少数载流子为空穴，称为 N 型半导体。

③ PN 结：N 型和 P 型半导体之间的特殊薄层叫做 PN 结，如图 6-41(a)所示。

④ 当 PN 结两端加上反向电压时（P 区接电源负极，N 区接电源正极），因电子流向电源负极，空穴流向电源正极，使半导体的特殊薄层增厚，电流无法通过，如图 6-41(b)所示。

⑤ 当 PN 结两端加上正向电压时（P 区接电源正极，N 区接电源负极），因电子流向电源正极，而空穴流向电源负极，使半导体的特殊薄层减薄，使电流流过，如图 6-41(c)所示。

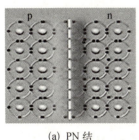 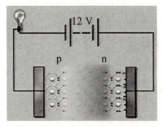 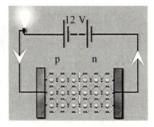

(a) PN 结　　　　　　　(b) 反向截止　　　　　　(c) 正向导通

图 6-41　PN 结的单向导电特性

结论：二极管正偏导通、反偏截止，这一导电特性称为二极管的单向导电性。

二、三极管识别与检测识别

1. 分类

三极管分类方法有以下几种。

按内部结构：有 NPN 型和 PNP 型管；

按工作频率：有低频和高频管；

按功率:有小功率和大功率管;

按用途:有普通管和开关管;

按材料:有锗管和硅管等。

按外壳封装材料,如图6-42所示:有金属壳、塑封、玻璃壳、微型、片状管等。

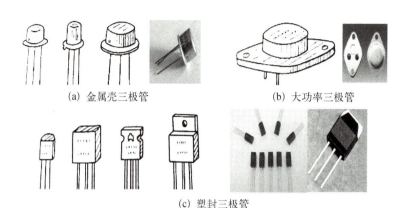

图6-42 晶体三极管按外壳封装材料分类

2. 结构和符号

(1) 三极管的结构,如图6-43所示:有三个区,即发射区、基区、集电区;两个PN结,即发射结(BE结)、集电结(BC结);三个电极,即发射极e(E)、基极b(B)和集电极c(C)。

(2) 晶体三极管的符号:从内部结构分为NPN型和PNP型管;其图形符号,如图6-44所示;文字符号用VT表示。

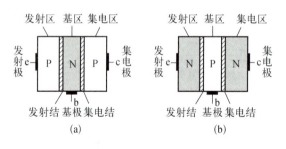

图6-43 三极管的结构

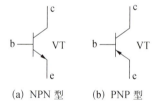

图6-44 三极管的符号

3. 三极管的命名方法

国产晶体三极管的型号命名由五部分组成:

第一部分用数字"3"表示三极管,

第二部分用字母表示材料和极性,

第三部分用字母表示类型,

第四部分用数字表示序号,

第五部分用字母表示规格。

三极管型号的意义,如表6-3所示。

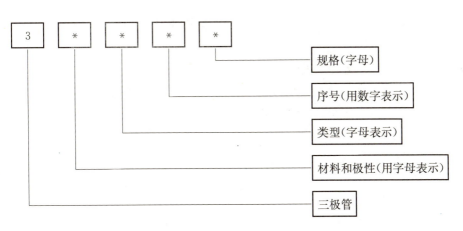

表 6-3 三极管型号的意义

第一部分	第二部分	第三部分	第四部分	第五部分
3	A：PNP 型锗材料 B：NPN 型锗材料 C：PNP 型硅材料 D：NPN 型硅材料 E：化合物材料	X：低频小功率管 G：高频小功率管 D：低频大功率管 A：高频大功率管 K：开关管 T：闸流管 J：结型场效应管 O：MOS 场效应管 U：光电管	序号	规格（可缺）

例如，3AX81 表示为 PNP 型锗材料，低频小功率管三极管。

4. 半导体三极管封装形式和管脚识别

常见三极管封装形式和管脚，如图 6-45 所示。

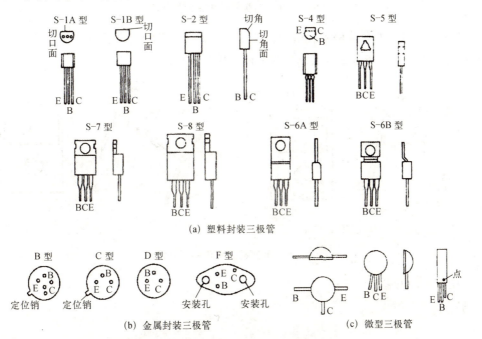

图 6-45 常见三极管封装形式和管脚图

1. **操作名称：**二极管、三极管的识别与检测
2. **需用器材**

各种二极管、三极管若干，万用表等。

3. **学习目标**

学会二极管的识读与检测；

学会三极管种类和管脚的识别与检测；

学会在操作中，注意环境保护和人身安全。

4. **操作步骤**

（1）二极管的检测。

① 晶体二极管管脚识别的检测。

步骤：

- 将万用表置于"$R \times 1k$"挡，两表笔分别接到二极管的两端。
- 测得的电阻值较小，则为二极管的正向电阻（见图6-46(a)），这时与黑表笔（即表内电池正极）接的是二极管的正极、与红表笔（即表内电池负极）接的是二极管的负极。
- 如调换表棒，正常的二极管其反向电阻接近于无穷大，如图6-46(b)所示。

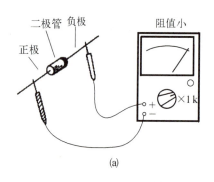 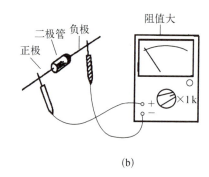

图6-46 二极管管脚识别的检测

② 锗和硅二极管的区分检测。由于锗二极管和硅二极管的正向管电阻不同，因此可以用测量二极管正向电阻的方法来区分锗二极管和硅二极管，如图6-47所示。

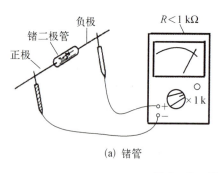 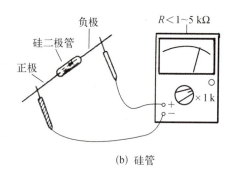

图6-47 锗和硅二极管的区分检测

- 选用$R \times 1k\Omega$挡；
- 判别：

如果正向电阻小于 1 kΩ,则为锗二极管;
如果正向电阻为 1~5 kΩ,则为硅二极管。

如果某二极管正、反向电阻值均为无穷大,说明该二极管内部断路损坏;
如果正、反向电阻值均为 0,说明该二极管已被击穿短路;
如果正、反向电阻值相差不大,说明该二极管质量太差,也不宜使用。

③ 二极管单向导电性的检测。

步骤:

● 按图 6-48(a)将线路接通,可看到(a)下方图中灯亮了。
● 按图 6-48(b)将线路接通,可看到(b)下方图中灯暗了。

分析:灯亮时,电源正极接二极管的正极(P),电源负极接二极管的负极(N),有电流流过;灯暗时,电源正极接二极管的负极(N),电源负极接二极管的正极(P),无电流流过。

结论:二极管在正向电压下,处在导通状态;在反向电压下,处在截止状态。

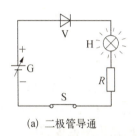 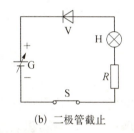 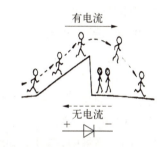

(a) 二极管导通　　　　(b) 二极管截止

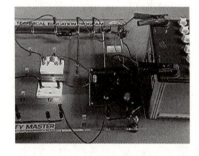 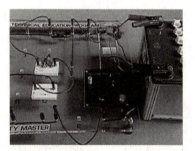

图 6-48　二极管单向导电性的检测

(2) 三极管管脚识别检测。

① 判断基极 b 和管子类型。

步骤:

● 选择万用表"$R\times 1$ k"挡。
● 用黑表笔接一管脚(假定其为 b 极)、红表笔分别接另外两管脚,测得两个电阻值。

判别:如两个阻值均为无穷大,则管子为 PNP 管,则黑表棒接触的为 b 极,假定正确;
如两个阻值均为小数值,则管子为 NPN 管,那么黑表棒接触的为 b 极,假定正确,如图 6-49 所示;
如一个阻值均为无穷大、另一个为小数值,则黑表棒假定的 b 极错误,需重新假定直至找到

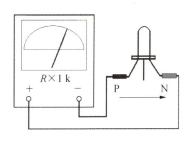 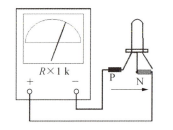

图 6-49　判别基极 b 和管子类型

为止。

② 识别集电极 c 和发射极 e。

常利用测量三极管的电流放大系数 β 来判别。

● 用具有"β 或 h_{FE}"挡的万用表测量(如 MF47)：将万用表置于"h_{FE}"挡，如图 6-50 所示将三极管插入测量插座(基极插入 b 孔，另两管脚随意插入)，记下 β 读数；再将另两管脚对调后插入，也记下 β 读数。两次测量中，β 读数大的那一次管脚插入是正确的。测量时，需注意 NPN 管和 PNP 管应插入各自相应的插座。

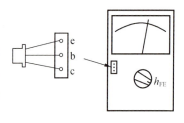

图 6-50　测电流的放大系数

● 用没有"β 或 h_{FE}"挡的万用表测量(如 MF30)：将万用表置于"$R \times 1\,k$"挡(以 NPN 管为例)，如图 6-51 所示，红表笔接基极以外的管脚，左手拇指与中指将黑表笔与基极以外的另一管脚捏在一起，同时用左手食指触摸余下的管脚，这时表针应向右摆动；将基极以外的两管脚对调后再测一次。两次测量中，表针摆动幅度较大的那一次，黑表笔所接为集电极、红表笔所接为发射极。表针摆动幅度越大，说明被测三极管的 β 值越大。

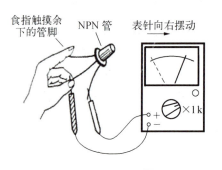 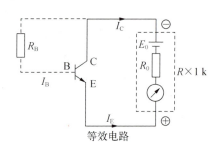

图 6-51　MF30 测量电流放大系数

图 6-51 所示方法中，与手指的潮湿度有关，如效果不好，可用 $100\,k\Omega$ 电阻直接接入手的两指间。

三极管是由两个二极管组合而成，但性能上却有质的飞跃。它不仅具有开关作用，而且具有放大信号的功能。你理解其意思吗？

取几个不同的二极管、三极管,试一下你会检测二极管、三极管了吗?

活动三 二极管、三极管的识别与检测评估表

学生姓名		日期		自评	互评	师评
一、学习评价目标						
1. 能正确识别二极管的正极与负极。						
2. 能正确测量二极管的正向导电特性。						
3. 会判别二极管的好坏。						
4. 能正确检测三极管。						
5. 能根据三极管的外形判别三极管的极性。						
6. 能规范检测三极管的电流放大倍数。						
7. 你自己感觉能进行三极管的B、E、C三极的判别吗?						
8. 操作过程中,安全是否到位。						
9. 操作过程中,无返工现象。						
10. 活动中,环保意识及安全工作做得如何。						
二、学习体会 1. 活动中感觉哪个技能最有兴趣?为什么? 2. 活动中哪个技能最有用?为什么? 3. 活动中哪个技能操作可以改进,以使操作更方便实用?请写出操作过程。 (请同学们大胆创新,共同研讨,不断提高操作能力) 4. 你还有哪些要求与设想?						
总体评价				教师签名		

活动四 焊接技术

一汽车仪表板上的几个电阻和一个二极管碎裂,师傅让小王换一下,小王用了九牛二虎之力换上了。可师傅一看,直摇头,说要重做。原来小王没学习过焊接技术,焊得粗糙不成样子。下面我们来学习焊接和拆焊技术。

 焊接是电子产品组装中的一个重要环节,一个虚假焊点就会使整个电路无法正常工作,而要在大量的焊点中找出虚焊点是一件难事。所以,我们要学好焊接技术,确保自己焊接的焊点无虚假焊点,这样就可提高工作的效率。

1. 焊接前的准备工作

焊接前准备好工具和元器件:除应准备电烙铁、烙铁架、焊丝、万用表、镊子、尖嘴钳、元器件等外,还应做好"一刮、二镀、三测、四成型"的工作,如图6-52所示。

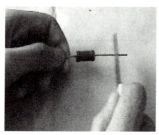
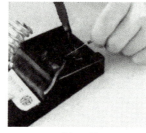
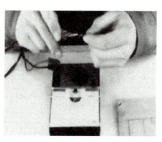

(a) 一刮　　　　　　　(b) 二镀　　　　　　　(c) 三测

图6-52 准备工作

(1)"刮":指去除焊接对象表面的氧化层,可用刮刀刮去氧化层。

(2)"镀":指对元器件被焊部位的镀锡,把刮好的引线放在松香上,用烙铁头轻压在引线上,转动引线,使引线均匀镀上一层锡。

(3)"测":指对镀过锡的元器件进行检查,看有没有因镀锡的高温将元器件损坏。测量判别元器件的好坏,判断好元器件的极性,以便安装。

(4)"成型":指将元器件按插装方式的外形要求加工成型。

① 电阻的插装方式:一般有立式和卧式两种,如图6-53所示。

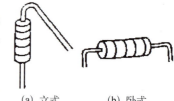

(a) 立式　　　　(b) 卧式

图6-53 电阻的插装方式

② 电容的插装方式:一般有立式和卧式两种,如图6-54所示。

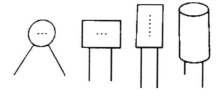

(a) 电容的卧式插装　　　　　　　(b) 电容的立式插装

图6-54 电容的插装方式

③ 三极管的插装方式:一般有直排式和直跨式两种,如图6-55所示。

2. 电烙铁焊接的方法

把成型的元器件插入印制板上进行焊接。手工焊接的步骤一般要根据被焊件的热容量大小来决定,有五步和三步焊接法,通常采用五步焊接法。

五步焊接法工艺流程,如图6-56所示:

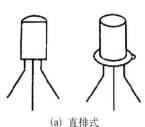

(a) 直排式　　　　　(b) 直跨式

图6-55　三极管的插装方式

(a) 准备　　(b) 加热　　(c) 供给焊锡　　(d) 移开焊锡丝　　(e) 移开电烙铁

图6-56　五步焊接法

准备→加热焊接部位→供给焊锡→移开焊锡丝→移开电烙铁。

准备：使焊接点处于焊接状态。

加热：烙铁头加热焊接部位，使焊接点加热到焊接需要的温度。加热时，烙铁头和连接点要有一定的接触面和压力。

供给焊锡：在烙铁头和连接点接触部位加上适量焊料，使焊锡浸润被焊金属。

移开焊锡：迅速移开焊锡丝。

移开电烙铁：待到焊点中有青烟冒出，移开电烙铁。

操作活动

1. 操作名称：焊接技术

2. 需用器材

电烙铁一把，碳膜电阻、电容各5～10只，焊锡丝若干，铜丝或铁丝2m，刮刀一把，三极管五只。

3. 学习目标

学会做焊接前的准备工作；

学会五步焊接法；

学会在操作中，注意环境保护和人身安全。

4. 操作步骤

（1）元器件的成型操作。所有元器件在插装前都要按插装工艺要求进行成型，要求每种制作两个状态。

① 电阻成型，如图6-57所示。

立式成型步骤：

● 用镊子将电阻两头拉直；

(a) 立式　　　(b) 卧式　　　间距：3个铆钉

图6-57　电阻成型

● 再用 φ0.3 mm 的钟表螺丝刀作固定面将电阻的引线弯成半圆形即可。

● 注意阻值色环向上(第一条色环带向上)。

卧式成型步骤：

● 用镊子将电阻两头拉直；

● 再用镊子在离电阻本体约 1～2 mm 处将引线弯成直角。

② 电容成型,如图 6-58 所示。

瓷片电容成型步骤：

● 用镊子将电容引线拉直；

● 再向外弯成有 60°倾斜即可。

电解电容成型步骤：

● 用镊子将电容的引线拉直；

● 体积小的电容,则需向外成 60°倾斜；

● 体积大的电容一般为卧式插装,用镊子或整形钳在离电容本体约 5 mm 处分别将两引线向外弯成 90°。

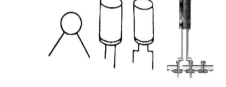

图 6-58 电容成型

③ 二极管成型,如图 6-59 所示。

立式成型：

● 用镊子将二极管引线两头拉直；再用 φ0.3 mm 的钟表螺丝刀作固定面将塑封二极管的负极(标记向上)引线弯成半圆形即可。

● 玻璃封装二极管在成型时,需离开二极管本体(标记向上)约 2 mm 处,将其负极引线弯成型。

● 发光二极管成型,用镊子将二极管两引线拉直,直接插入印制板即可。

卧式成型步骤,如图 6-60 所示：

● 用镊子将二极管两引线拉直；

● 在离二极管本体约 1～2 mm 处分别将其两引线弯成直角。

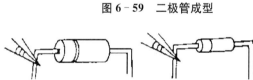

图 6-59 二极管成型

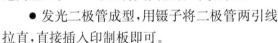

图 6-60 卧式成型

④ 三极管成型,如图 6-61 所示：

● 三极管直排式插装成型时,先用镊子将三极管的三个脚引线拉直,分别将两边引线向外弯成 60°倾斜即可。

(a) 三极管直排式成型示意图

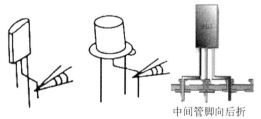

(b) 三极管直跨式示意图

图 6-61 三极管成型

● 三极管直跨式插装成型时，先用镊子将三极管的三个脚引线拉直，然后将中间的引线向前或向后弯成60°倾斜即可。

（2）用铜丝焊制成图6-62的五角星图形。

操作要求：

① 使用五步焊法。

② 焊接可靠，无虚焊及假焊现象。

③ 焊点光滑，无毛刺现象。

④ 焊点大小均匀，形状和锡量合适。

（3）完成五个电阻的卧式安装，完成五个电容的立式安装。

操作要求：

① 焊点表面明亮、平滑有光泽，无针眼、砂眼和气孔。

② 焊锡充满整个焊盘，焊接可靠，无虚焊、假焊现象。

③ 焊点光滑，无毛刺，无焊剂残渣。

图6-63所示为焊接点的比较示意。

图6-62 五角星图形

图6-63 焊接点的比较

 常见焊点的缺陷如图6-64所示，缺陷的原因如表6-4所列，实际操作中要不断地体会、认识，才能克服缺陷。

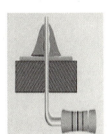   

(a) 虚焊　　(b) 锡量过多　　(c) 锡量过少　　(d) 过热

(e) 冷焊　　(f) 拉尖　　(g) 桥接　　(h) 剥离

图6-64 焊点的缺陷

表 6-4 常见焊点的缺陷分析

缺陷名称	产 生 的 原 因
虚 焊	焊件清理不干净,助焊剂不足或质差,焊件加热不充分
锡量过多	焊丝撤离过迟
锡量过少	焊丝撤离过早
过 热	加热时间过长,烙铁功率过大
冷 焊	焊盘孔与引线间隙太大
拉 尖	加热时间不足,焊料不合格
桥 接	焊料过多,烙铁施焊撤离方向不当
剥 离	加热时间过长,焊盘镀层不良

试着找一下自己焊点的缺陷,并找出产生的原因。

活动四 焊接技术评估表

学生姓名		日期		自评	互评	师评
一、学习评价目标						
1. 能正确做好焊接前的准备工作。						
2. 能做好"一刮、二镀、三测、四成型"过程。						
3. 会进行元器件的加工成型。						
4. 掌握焊接的五步法。						
5. 能根据元件和实际,选择合适的元件成型。						
6. 能判别焊接的质量情况。						
7. 你自己找出焊缺陷的主要原因了吗?						
8. 操作过程中,能做到安全规范。						
9. 操作过程中,无返工现象。						
10. 活动中,环保意识及安全工作做得如何。						

（续 表）

二、学习体会
1. 活动中感觉哪个技能最有兴趣？为什么？
2. 活动中哪个技能最有用？为什么？
3. 活动中哪个技能操作可以改进，以使操作更方便实用？请写出操作过程。
（请同学们大胆创新，共同研讨，不断提高操作能力）
4. 你还有哪些要求与设想？

总体评价		教师签名	

活动五 单管放大器的制作

案例导入

在电子线路中，经常用到放大电路，放大电路是怎样组成和工作的呢？我们通过制作一个单管电子放大器，来学习放大电路的相关知识，为以后分析线路打好基础。

关联知识

一、放大电路

放大电路也称放大器，是电子电路中一个极为重要的组成部分。其作用是将微弱的电信号（电流、电压等）转变为较强的电信号，然后送给下一级，以达到设定的功能。

1. 放大电路的连接方式

如图 6-65 所示，放大电路有三种连接方式，常用共发射极放大电路。

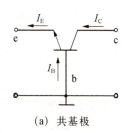
（a）共基极

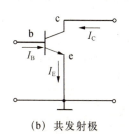
（b）共发射极

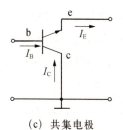
（c）共集电极

图 6-65 放大电路的三种连接方式

2. 放大电路实验

先看一个实验：按图 6-66 所示接好电路，当我们改变电位器 R_P 的阻值时，就改变了基极电流 I_B，集电极电流 I_C 和发射极电流 I_E 也将随着改变。其实验结果如表 6-5 所示。

分析表 6-5 中的测量数据，可以得出以下结论：

（1）三极管各极之间的电流分配关系是

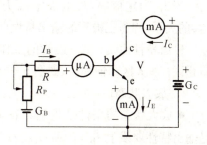

图 6-66 放大电路图

表 6-5 电流测量值

I_B/mA	−0.001	0	0.01	0.02	0.03	0.04	0.05
I_C/mA	0.001	0.01	0.56	1.14	1.74	2.33	2.91
I_E/mA	0	0.01	0.57	1.16	1.77	2.37	2.96

$$I_E = I_C + I_B$$

(2) 基极电流 I_B 增大时，集电极电流 I_C 也随之增大。我们把 I_C 与 I_B 的比值叫做三极管的直流电流放大系数，即

$$\overline{\beta} = \frac{I_C}{I_B} \quad \text{或} \quad I_C = \overline{\beta} \times I_B$$

它体现了三极管的电流放大能力。

(3) 当 I_B 有微小变化时，I_C 即有较大的变化。例如，当 I_B 由 10 μA 变到 20 μA 时，集电极电流 I_C 则由 0.56 mA 变为 1.14 mA。

这时基极电流 I_B 的变化量为 $\Delta I_B = 0.02 - 0.01 = 0.01$(mA)

而集电极电流的变化量为 $\Delta I_C = 1.14 - 0.56 = 0.58$(mA)

这种用基极电流的微小变化来使集电极电流作较大变化的作用，就叫做三极管的电流放大作用。我们把集电极电流变化量 ΔI_C 和基极电流变化量 ΔI_B 的比值，叫做三极管交流放大系数，用 β 表示，即 $\beta = \Delta I_C / \Delta I_B$。

在工程计算时，可认为 $\overline{\beta} \approx \beta$。

3. 三极管的特性曲线

三极管的特性曲线可用晶体管特性图示仪直接显示，也可从实验测得数据，然后逐点描出。

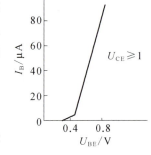

图 6-67 输入特性曲线

(1) 输入特性曲线，图 6-67 所示。

当 U_{CE} 为一定值时，基极电流 I_B 与基射极之间的电压 U_{BE} 的关系，称为三极管的输入特性。这一关系可表示为

$$I_B = f(U_{BE}) \mid_{U_{CE}=常数}$$

(2) 输出特性曲线。

当 I_B 为定值时，集电极电流 I_C 与集射极之间的电压 U_{CE} 的关系，称为三极管的输出特性曲线。

输出特性曲线，把三极管的工作状态分为三个区域，即截止区、放大区和饱和区，如图 6-68 所示。

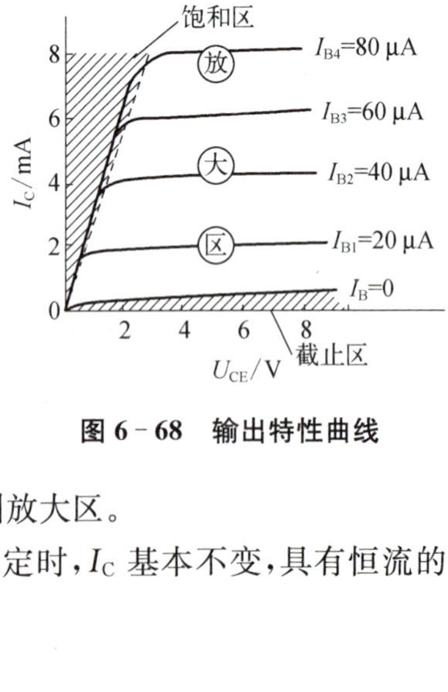

① 放大状态。

● 放大状态的条件是发射结正偏和集电结反偏。这就是输出特性曲线上 $I_B > 0$ 和 $U_{CE} > 1$ V 的区域。把这个区域叫放大区。

图 6-68 输出特性曲线

● 放大区特征：I_C 由 I_B 决定，与 U_{CE} 关系不大。即 I_B 固定时，I_C 基本不变，具有恒流的特

性。改变 I_B，则可以改变 I_C，而 I_B 远小于 I_C，表明 I_C 是受控制的受控电流源，有电流放大作用。

② 截止状态。

● 当三极管的基极开路或发射结处于反向偏置时，三极管处于截止状态。$I_B=0$ 的那条曲线以下的区域，即为截止区。在此区域内，三极管没有放大作用。

● 当三极管截止时，c、e 之间的电压基本上等于 U_{CC}，而 $I_C \approx 0$，故三极管呈现出高电阻，c、e 之间相当于断路，截止状态的三极管相当于一个断开的开关。

③ 饱和状态。

● 当发射结、集电结都处于正向偏置时，三极管处于饱和状态。当集电极外接电阻 R_C 的阻值很大，或者基极电流 I_B 较大时，就会出现这种情况。饱和区的范围不易明显地划出，大致在曲线族的左侧，U_{CE} 较小的区域（$U_{CE}<U_{BE}$）。

● 当三极管处于饱和状态时，尽管增大基极电流 I_B 的值，集电极电流 I_C 却基本保持不变，此时三极管失去了放大作用。饱和时，三极管 c 与 e 间的电压记作 U_{CES}，称为饱和压降。一般规定小功率硅管的 $U_{CES} \approx 0.3\,V$，锗管的 $U_{CES} \approx 0.1\,V$。

二、放大电路的组成和工作原理

1. 放大电路的组成和各元件的作用

基本放大电路由输入电路、输出电路和三极管组成。图 6-69 所示为共射接法的基本放大电路。交流信号从输入端 AB 送入，放大以后的信号，从输出端 CD 取出。发射极是输入回路和输出回路的公共端，故该电路称为共射放大电路。各元件的作用如下：

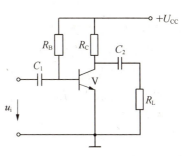

图 6-69 共射电路

V：NPN 型三极管，起放大作用。

U_{CC}：直流电源，为放大电路提供能量。

R_B：基极偏流电阻，电源可通过 R_B 给三极管发射结加以正向偏置电压。

当 U_{CC} 一定时，通过改变 R_B 可给基极提供一个合适的基极电流 I_B，这个电流通常称为偏置电流，简称偏流。只有具备合适的偏流，输出电压才不会失真。

R_C：集电极电阻。它将集电极电流 I_C 的变化转换成电压 U_{CE} 的变化，实现电压放大。

C_1、C_2：分别称为输入端和输出端的耦合电容。利用电容对直流阻抗无穷大、对交流阻抗很小的特点，通过 C_1 把交流信号耦合到三极管，同时隔断电路与信号源之间的直流通路；通过 C_2 从三极管集电极把交变输出信号送给负载，同时隔离集电极与负载之间的直流通路。所以，C_1、C_2 的作用是隔离直流、通过交流。

2. 工作原理

（1）静态。

放大电路无信号输入时，电路中各处只有直流电流和电压，这时的工作状态，称为静态。静态时的直流电流和电压称为静态工作点 Q，记为 U_{BEQ}、U_{CEQ}、I_{BQ}、I_{CQ}。

我们把直流通过的路径叫直流通路，如图 6-70 所示。

静态工作点的估算：

如图 6-71 所示，根据直流通路可以估算出放大器的静态工作点。以图 6-70(a) 为例，先估

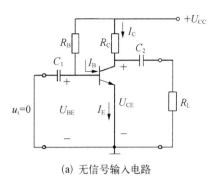
(a) 无信号输入电路

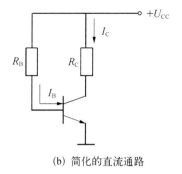
(b) 简化的直流通路

图 6-70 静态电路

算基极电流 I_B,再估算其他值。计算公式为:

$$I_B = \frac{U_{CC} - U_{BE}}{R_B}$$

$$I_C = \beta I_B$$

$$U_{CE} = U_{CC} - I_C R_C$$

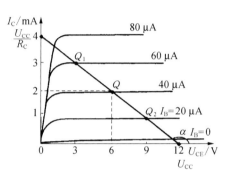

图 6-71 电路的静态工作点

式中,U_{BE} 的估算,对于硅管取 0.7 V,对锗管取 0.3 V;近似计算时,U_{BE} 可略去不计。

[例] 试估算图 6-70(a)所示的放大电路的静态工作点。设 $U_{CC} = 12\text{ V}$,$R_C = 3\text{ k}\Omega$,$R_B = 300\text{ k}\Omega$,$\bar{\beta} = 50$。

解:

$$I_B = \frac{U_{CC} - U_{BE}}{R_B} \approx \frac{U_{CC}}{R_B} = \frac{12}{300} = 0.04(\text{mA})$$

$$I_C = \bar{\beta} I_B = 50 \times 0.04 = 2(\text{mA})$$

$$U_{CE} = U_{CC} - I_C R_C = 12 - 2 \times 3 = 6(\text{V})$$

(2) 动态。

当放大电路输入端有输入信号时,电路各处有交流电流,是单向脉动电流。交流电流通过的路径叫交流通路。

电容 C_1、C_2 对直流相当于开路,对交流信号可以看成短路。直流电源的内阻很小,对交流信号也可以看成短路。所以图 6-72(a)放大电路中的交流通路,可等效成图 6-72(b)所示的通路。

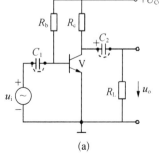
(a)

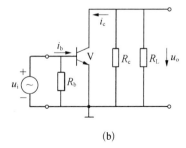
(b)

图 6-72 放大电路的交流通路

综上所述，放大器在工作过程中，电路中同时并存着交流、直流两种分量的电流。直流分量 I_B、I_C、U_{BE}、U_{CE} 为放大建立条件，而交流分量 i_b、i_c、u_{be}、u_{ce} 则反映了交变信号的放大及传输过程。

操作活动

1. 操作名称：单管放大器的制作
2. 需用器材

三极管 3DG6 一只，电阻 100 kΩ 一只，3.3 kΩ 一只，电位器 200 kΩ 一只，电流表（或万用表）三只，电容 10 μF/25 V 两只，示波器一台，信号发生器一台，插孔板一块（大小可按实际定），直流稳压电源一台，焊锡丝和导线若干。

3. 学习目标

学会做三极管的放大电路的实验；

学会单管电子放大器的制作及相关的测量；

学会在操作中，注意环境保护和人身安全。

4. 操作步骤

(1) 放大电路的实验。

步骤：

① 按图 6-73 所示的电路连接好；

② 调节电位器 R_P(200 kΩ) 使 I_B 分别为表 6-6 中所示的值；

③ 分别读出各表中的 I_C、I_E 值，填入表 6-6 中。

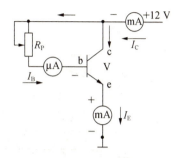

图 6-73　晶体管电流放大的实验电路

表 6-6　电流测量值

I_B(mA)	0	0.01	0.02	0.03	0.04	0.05	0.06
I_C(mA)							
I_E(mA)							

(2) 分析表 6-6 中的实验数据。

I_B、I_C、I_E 之间有什么规律，说明了什么？

用数据说明三极管所处的区域：

截止区域＿＿＿＿＿＿＿＿＿＿＿＿＿＿＿＿＿＿＿

放大区域＿＿＿＿＿＿＿＿＿＿＿＿＿＿＿＿＿＿＿

饱和区域＿＿＿＿＿＿＿＿＿＿＿＿＿＿＿＿＿＿＿

(3) 用三极管 3DG6 作 V，电阻 100 kΩ 作 R_B，3.3 kΩ 作 R_C，C_1、C_2 为 10 μf。

步骤：

① 将元件按图 6-74 电路连接好；

② 用示波器测出 3DG6 的 b 极波形，应符合图 6-74(a)所示波形；

③ 用信号生器的微弱信号从输入端 u_i 输入，并用示波器输入波形，应符合图 6-74(b)所示波形；

④ 用示波器测出 3DG6 的 b 极波形，应符合图 6-74(c)所示波形；

⑤ 用示波器测出 R_L 两端的波形，请画出你看到的波形，说说波形有什么特点。

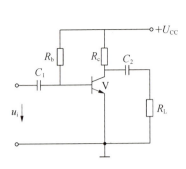 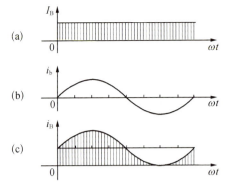

图 6-74 放大电路及信号波形

 注意：
电路安装可直接焊接在胶印板上，也可用插孔式安装板做成插入式的实验电路。可根据实际灵活掌握。

 估算一下图 6-72(a) 所示的电路静态工作点：
设 $U_{CC}=12$ V，$R_C=3$ kΩ，$R_B=200$ kΩ，$β=80$。估算实验放大电路的静态工作点 I_B、I_C、U_{CE}、U_{BE} 的值是多少。

活动五 单管放大器的制作评估表

学生姓名		日期		自评	互评	师评
一、学习评价目标						
1. 能正确连接单管放大器电路。						
2. 能做好放大电路的实验过程。						
3. 会进行三极管三大区域的判别。						
4. 掌握三极管静态工作点的估算。						
5. 能根据元器件和实际情况，选择合适的组装方式。						
6. 能用示波器测量信号波形。						
7. 会用信号发生器给放大器输入信号。						
8. 操作过程中，能做到安全规范。						
9. 操作过程中，无返工现象。						
10. 活动中，环保意识及安全工作做得如何。						

（续 表）

二、学习体会	
1. 活动中感觉哪个技能最有兴趣？为什么？ 2. 活动中哪个技能最有用？为什么？ 3. 活动中哪个技能操作可以改进，以使操作更方便实用？请写出操作过程。 （请同学们大胆创新，共同研讨，不断提高操作能力） 4. 你还有哪些要求与设想？	
总体评价	教师签名

活动六 闪光器的制作

汽车转向时，灯会一闪一闪，转向灯电路中加入了一只车灯闪光器。你知道闪光器是什么原理做成的吗？我们来学习汽车闪光灯的原理和制作。

1. 振荡条件

一个电路要产生自激振荡，必须同时满足振幅和相位两个条件。

（1）相位条件：必须正反馈（U_f 与 U_d 同相），即

$$\varphi = \varphi_A + \varphi_f = 0 \text{ 或 } \pm 360°$$

（2）幅度条件：反馈电压必须大于等于原输入电压，$U_f > U_d$，即

$$A_U F_U = 1$$

2. RC振荡器的工作原理

振荡器电路有许多种类，在此只介绍 RC 振荡器。RC 是由电阻、电容来确定振荡频率的。特点是产生的振荡频率低，元器件体积小，价格便宜，调节方便。现以 SGQ-12X 晶体管闪光器电路为例，如图 7-75 所示，说明其工作原理。

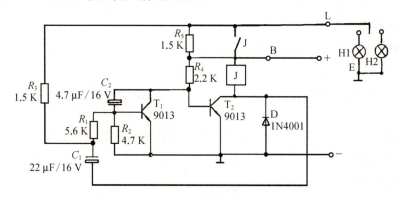

图 6-75 SGQ-12X 晶体管闪光器电路图

电路为 RC 振荡电路，R_1、C_1 组成正反馈电路，改变 R_1、C_1 可改变振荡频率，C_2 起负反馈作用，R_5 和转向灯组成检测电路。当转向灯断路时，T_1 处于饱和状态，T_2 处于截止状态，这时继电器不工作；当 T_2 导通时，继电器触通电，闭合触点，转向灯点亮；当 T_2 截止时，继电器触点断电，转向灯熄灭。

3. 三极管的参数

三极管的参数很多，一般使用时只需关注电流放大系数 β、特征频率 f_T、集电极-发射极击穿电压 U_{CEO}、集电极最大电流 I_{CM} 和集电极最大功耗 P_{CM} 等项即可。

（1）电流放大系数 β 和 h_{FE} 是晶体三极管的主要参数之一。β 是三极管的交流电流放大系数，指集电极电流 I_C 的变化量与基极电流 I_B 的变化量之比，反映了三极管对交流信号的放大能力。h_{FE} 是三极管的直流电流放大系数（也可用 β 表示），指集电极电流 I_C 与基极电流 I_B 的比值，反映了三极管对直流信号的放大能力。

（2）特征频率 f_T 是晶体三极管的一个主要参数。三极管的电流放大系数 β 与工作频率有关，工作频率超过一定值时，β 值开始下降，当 β 值下降为 1 时，所对应的频率即为特征频率 f_T。一般应使三极管工作于 $5\% f_T$ 以下。

（3）集电极-发射极击穿电压 U_{CEO} 是晶体三极管的一项极限参数。U_{CEO} 是指基极开路时，所允许加在集电极与发射极之间的最大电压。工作电压超过 U_{CEO}，三极管将可能被击穿。

（4）集电极最大电流 I_{CM} 也是晶体三极管的一项极限参数。I_{CM} 是指三极管正常工作时，集电极所允许通过的最大电流。三极管的工作电流不应超过 I_{CM}。

（5）集电极最大功耗 P_{CM} 是晶体三极管的又一项极限参数。P_{CM} 是指三极管性能不变坏时，所允许的最大集电极耗散功率。使用时，三极管实际功耗应小于 P_{CM}，并留有一定余量，以防烧管。

操作活动

1. 操作名称：转向闪光器的制作

2. 需用器材

直流稳压电源一台，万用表一台，转向开关一只，5 W/12 V 转向灯两只，调节用电阻、电容、电位器 10 kΩ 各一只，实验板一块及闪光器元件一套，螺钉、旋具、镊子、剪刀、25 W 电烙铁各一把，焊锡丝和导线若干。

3. 学习目标

学会看闪光器的电路电路图及分析其工作原理；

学会闪光器制作及调节工艺；

学会在操作中，注意环境保护和人身安全。

4. 操作步骤

（1）熟悉 SGQ-12X 晶体管闪光器电路。

步骤：

① 仔细观看图 6-75 所示电路，明确各元器件的规格要求，如表 6-7 所示。

② 安排好各元器件的安装位置。

（2）元器件的检测。

用万用表对表 6-7 中的元器件进行好坏的确认。

表 6-7　SGQ-12X 晶体管闪光器元器件清单

元器件名称	规　格	数量(只)	元器件名称	规　格	数量(只)
三极管 T_1、T_2	9013	2	电容 C_1	22 μF/16 V	1
R_1	5.6 kΩ	1	二极管 D	1N4001	1
R_2	4.7 kΩ	1	继电器	12 V	1
R_3	15 kΩ	1	H_1、H_2	5 W/12 V	2
R_4	2.2 kΩ	1	转向开关		1
R_5	1.5 kΩ	1			

(3) 制作。

根据 SGQ-12X 晶体管闪光器电路，在图 6-76 所示的实验板上自己布线制作。

注意：

（1）有条件的可在插孔板上制作，可减少焊接时间，但必须将每个元器件做成接插件。

（2）无插孔板，可在胶板上焊接，请注意焊接质量，防止虚焊、假焊等。

(4) 调试。

将稳压电源调到 12 V，接上电源并接通转向开关，正常转向灯应闪烁。如果闪光频率过快或过慢，可调节 R_1 的阻值，使其在 70～90 次/分范围内；如果灯不亮或常亮，则说明电路制作有质量问题，应作如下检查。

① 常亮：可能原因为继电器常闭，振荡电路不起振，三极管 T_2 穿或 T_1 断开。

检查：

● 电路焊接有无虚焊、漏焊；

● 三极管极性有否错误、有否损坏；

● 电容极性有否错误；

● 电阻有否焊错等。

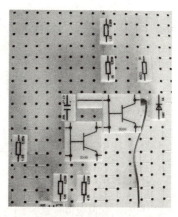

图 6-76　在插孔板上制作布置

② 不亮：可能原因为转向灯坏，转向开关坏，继电器线圈断，T_2 断或 T_1 穿等。

检查：

● 电路焊接有无虚焊、漏焊，三极管极性有否接错、有否损坏；

● 电阻有否焊错，电容有否损坏；

● 继电器线圈有否线断；

● T_2 是否断极，T_1 是否击穿。

闪光器制作中常有人出现虚焊,该如何进行虚焊的检查?

 闪光器检测时,可用电压法进行故障判别。请你试一试。

活动六 闪光器的制作评估表

学生姓名		日期		自评	互评	师评
一、学习评价目标						
1. 能正确连接转向闪光器电路。						
2. 能够正确讲述闪光器的工作过程。						
3. 会进行闪光器元器件的好坏判别。						
4. 知道三极管常用参数。						
5. 能根据元器件和实际情况,选择合适的组装方式。						
6. 能用万用表检测找到故障点。						
7. 会从故障现象分析故障原因。						
8. 操作过程中,能做到安全规范。						
9. 操作过程中,无返工现象。						
10. 活动中,环保意识及安全工作做得如何。						
二、学习体会 1. 活动中感觉哪个技能最有兴趣?为什么? 2. 活动中哪个技能最有用?为什么? 3. 活动中哪个技能操作可以改进,以使操作更方便实用?请写出操作过程。 (请同学们大胆创新,共同研讨,不断提高操作能力) 4. 你还有哪些要求与设想?						
总体评价				教师签名		

活动七 晶体管电压调节器的制作

案例导入

一客户反映,车灯常被烧毁,要求检查电路是否有故障。师傅让客户起动发动机,用万用表检测后说"电压调节器有故障",要小王调下电压调节器,并找出调节器的故障原因。让我们与小王一起学习电压调节器的检修知识。

关联知识

1. 稳压二极管

(1) 利用二极管的击穿区域,达到稳定电压的作用,这种二极管称为稳压二极管,其符号如图 6-77 所示,代号 W。

图 6-77 稳压管符

(2) 稳压启示 从图 6-78 所示的三个电路分析中可知:当输入电压升高(如 12 V 升到 15 V)时,要使输出电压稳定在 6 V,可采用以下方法:

① 如图 6-78(b)所示,改变 R_2 电阻,使 $R_2//R_3$ 的分压值为 6 V。

② 如图 6-78(c)所示,改变 R_1 电阻,使 $R_2//R_3$ 的分压值为 6 V。

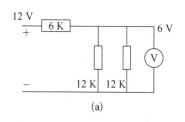 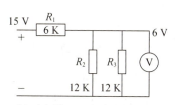 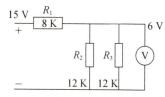

(a)　　　　(b) 电压从 12 V 上升到 15 V,　　　(c) 电压从 12 V 上升到 15 V,
　　　　　　　R_2 电阻从 12 K 下降到 4.5 K　　　　R_1 电阻从 6 K 上升到 8 K

图 6-78 从串并联电路看稳压

在串并联电路中,改变某一串并联电阻值的大小可使某一电阻两端的输出电压稳定。

启示一:稳压二极管稳压,就相当于图 6-78(b)所示,来达到稳压,称为分流稳压,其原理如图 6-79(a)、(b)、(c)、(d)所示。

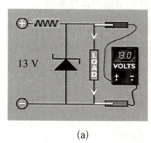 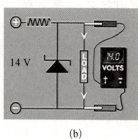 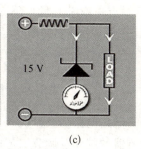 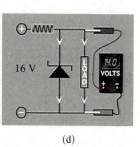

(a)　　　　　　(b)　　　　　　(c)　　　　　　(d)

图 6-79 稳压二极管的分流稳压原理

启示二:利用三极管的放大作用(看成可调电阻器),就相当于图 6-78(c)所示,改变了串联电阻的值,称为串联型稳压电路,如图 6-80 所示。

调整管 V_1 与负载电阻 R_L 串联,称之为串联型稳压电路。V_2 是比较放大管,R_1、R_P 和 R_2 构成取样电路,限流电阻 R_Z 与稳压管 V_Z 组成稳压电路,它的稳压原理如下:

当 U_L 升高 → U_{B2} 升高 → I_{C2} 增大 → U_{C2} 降低 → U_{B1} 降低 → I_{BE1} 减小 → U_L 下降;

当输出电压降低时,调整过程正好相反。

从中可知,调整管 V_1 始终处于放大状态。

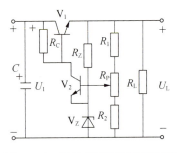

图 6-80 晶体管串联型稳压电路

2. 车用调压器(常称调节器)

(1) 汽车电路的稳压,是通过控制发电机的激磁电流的导通与断开来达到的。因而利用三极管的开关作用进行控制。图 6-81 所示说明了三极管的导通(闭合)、截止(断开)的原理。

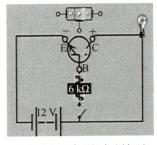
(a) 截止相当电阻极大(断开)

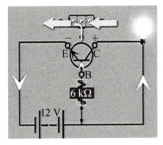
(b) 导通相当于电阻很小(闭合)

图 6-81 三极管的开关作用

(2) 电压调节器的工作原理,如图 6-82 所示。

当电压小于 14.5 伏时,W 截止,T_1 截止,T_2 饱和导通,接通磁场电路,使发电机输出电压上升;

当电压大于 14.5 伏时,T_1 饱和导通,T_2 截止,切断磁场电路,使发电机停止工作,使输出电压下降。

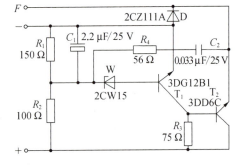

图 6-82 电压调节器的工作原理

操作活动

1. 操作名称:晶体管电压调节器的制作

2. 需用器材

直流稳压电源一台,万用表一台,5 W/12 V 转向灯一只,实验板一块,电压调节器元件一套,调换用电阻若干,470 Ω 电位器一只,螺钉、旋具、镊子、剪刀各一把,试灯 5 W/12 V 一只,25 W 电烙铁一把,焊锡丝和导线若干。

3. 学习目标

学会看电压调节器的电路电路图及分析其工作原理;

学会晶体管电压调节器的制作及调节工艺;

学会在操作中,注意环境保护和人身安全。

4. 操作步骤

(1) 熟悉电压调节器的电路。

步骤：
① 仔细观看图6-82所示电路；
② 清点表6-8所示的元件的规格数量；
③ 安排好各元件的安装位置。
（2）元件的检测。
用万用表对表6-8中的元器件进行好坏的确认。

表6-8　JFT121晶体管调节器元件清单

元件名称	规　　格	数量(只)	元件名称	规　　格	数量(只)
R_1	RJ150 Ω 1 W	1	稳压管	2CW15	1
R_2	RJ100 Ω 1 W	1	二极管 D	2CZ11A	1
R_3	RXY75 Ω 8 W	1	T_1	3DG12B1	1
R_4	RJ56 Ω 1 W	1	T_2	3DD6C1	1
电容 C_1	2.2 μF/25 V	1			
电容 C_2	CZJ10.033 μF/25 V	1			1

（3）制作。
根据JFT121晶体管调节器电路，在实验板上自己布线焊接制作。要求安装整齐，清晰，美观，牢靠。
（4）调试。
① 将试灯接在线路板"y"和"－"上。
② 接上电源，把电源"－"接在线路板"－"上，电源"＋"接在线路板"＋"上。
③ 接通电源，将电源电压调至12伏，试灯应亮；然后逐步升高电压，当电压升至14.5 V时，试灯应熄灭；再逐渐调低电压，当低于14.5 V时，试灯熄灭，说明电路制作成功。
④ 若接通电源后试灯不亮，或试灯亮，但随着电压的升高亮度也增加，则说明电路有故障。
检查：
● 检查元件是否有焊错和虚焊；
● 用万用表检查电压在12 V或14.5 V时三极管各极电压值，判别管子是否有故障；
● 哪一个管子有故障，焊下该管子，再仔细检查该管子是否损坏。
⑤ 若接通电源后试灯亮，或不在14.5 V时熄灭，则说明调节电压不准确。
检查：
● 焊下R_1，用电位器焊上替代R_1；
● 调节电压至14.5伏，逐渐改变电位器阻值，直至试灯瞬间熄灭；
● 焊下电位器测电位器阻值，然后用相同阻值的电阻焊上。

如在试验时，没有大功率管3DD6，也可用3DG12代用，不过只能在用试灯时调节，切不可放在实车上应用。

在图 6-82 JFT121 晶体管调节器中，T_1、T_2 两个管子组成复合管使用，你知道什么为复合管吗？

  图 6-83 所示为 JFT106 型调节器电路图，请你讲述一下电路的工作过程行吗？

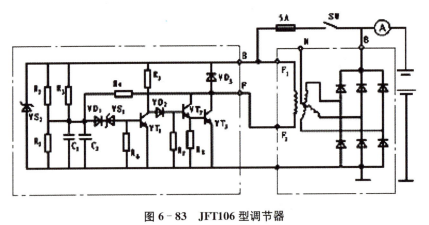

图 6-83　JFT106 型调节器

活动七　晶体管电压调节器的制作评估表

学生姓名		日期		自评	互评	师评
一、学习评价目标						
1. 能正确连接电压调节器的电路。						
2. 能够正确讲述电压调节器的工作过程。						
3. 会进行电压调节器元器件的好坏判别。						
4. 知道电压调节器的调节器电压值。						
5. 能根据元器件和实际情况，选择合适的组装方式。						
6. 能用万用表检测找到故障点。						
7. 会从故障现象分析故障原因。						
8. 操作过程中，能做到安全规范。						
9. 操作过程中，无返工现象。						
10. 活动中，环保意识及安全工作做得如何。						

（续 表）

二、学习体会
1. 活动中感觉哪个技能最有兴趣？为什么？
2. 活动中哪个技能最有用？为什么？
3. 活动中哪个技能操作可以改进，以使操作更方便实用？请写出操作过程。
（请同学们大胆创新，共同研讨，不断提高操作能力）
4. 你还有哪些要求与设想？

总体评价		教师签名	

1. PN 结

　　是在 P 型和 N 型半导体交接面形成的一个空间电荷区，PN 结具有单向导电特性。PN 结常做成二极管使用。

2. 三极管

　　具有三个工作状态：放大、截止和饱和。

放大条件：发射结正偏，集电结反偏。

截止条件：发射结零偏或反偏，集电结反偏。

放大条件：发射结正偏，集电结正偏。

3. 电烙铁的焊接工艺

电烙铁的维护、电烙铁的焊接方法。

4. 二极管、三极管、电阻、电容的检测

常规的检测方法是用万用表测量。

5. 电子闪光器和电压调节器的制作和检测

1. 试述半导体 PN 结的单向导电特性。
2. 如何用万用表判别二、三极管的极性？
3. 什么是三极管的电流放大倍数？
4. 如何克服焊接中的虚焊？

5. 汽车电压调节器是调节哪一个电压的？

项目七
数字电路在现代汽车中的应用

活动一　数的表示方法及其运算

活动二　基本逻辑门电路

活动三　集成电路在汽车上的应用

项目七 数字电路在现代汽车中的应用

情景描述　现代汽车发动机的喷油量,能依据发动机的工况进行精确的控制。喷油时刻选择和持续时间可在 2~10 ms 内自动调节,极大地提高了发动机的工作效率。可小曹就是不知道是利用什么原理做成的。师傅要小曹去学习一下数字电路的相关知识。本项目就学习数字电路的基础知识。

学习目标
1. 了解数的表示方法及其运算
2. 了解逻辑代数基础
3. 知道逻辑门电路、集成电路

活动一　数的表示方法及其运算

案例导入　数字运算都说是用二进制的,可小曹想,一个开关只可能出现开与关两种状态,只能使电路导通和断开,如图 7-1 所示,怎能进行数量的计算与控制呢?

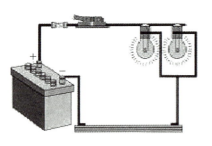
(a) 开关闭合为 1：灯亮

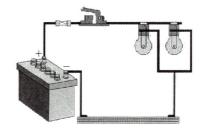
(b) 开关断开为 0：灯灭

图 7-1　开关的两种状态

关联知识

一、数字电路概述

1. 电子电路中的信号分类

(1) 数值和时间上都是连续变化的信号,称为模拟信号,如声音、图像信号就是模拟信号。

(2) 数值和时间上都是不连续变化的信号,称为数字信号,如二进制信号就是数字信号。

汽车电路的传感器输出信号有三种:

① 随时间、电阻大小变化信号 ⎫
② 随时间、电压高低变化信号 ⎬ 模拟信号,如图 7-2 所示;

③ 脉冲信号——数字信号,如图 7-3 所示。

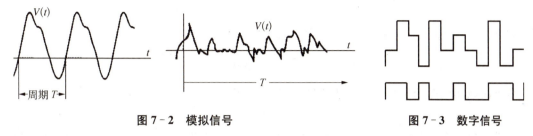

图 7-2 模拟信号　　　　　图 7-3 数字信号

2. 数字电路的特点

(1) 易于集成化。数字电路的输入、输出只有两种状态,即低电平 0 和高电平 1。在数字电路中工作的晶体管多数处于开关状态,即工作在饱和区和截止区,而放大区只是过渡状态。因此,对晶体管元器件参数的要求远低于模拟电路,更易于集成化和大规模生产,且生产成本低。

(2) 输入和输出之间有逻辑关系。数字电路的主要研究对象是电路的输入和输出之间的逻辑关系,因而又称逻辑电路。

(3) 抗干扰能力强和保密性能好。数字电路的工作信号是脉冲信号,是根据其脉冲的个数、宽度和频率来工作的。因此,干扰信号只能影响脉冲的幅值,干扰信号的强度只要不超出电路所能识别的范围,就不会影响电路的正常工作。数字通信中,数字信号可以通过编码加密后再进行传送,接收端通过译码解密还原传送的信号,因此不易泄密。

3. 数字电路的分析方法与测试技术

(1) 分析方法:

① 研究对象:电路的输出与输入之间的逻辑关系。

② 分析工具:逻辑代数,采用的手段是功能表、真值表、逻辑表达式及波形图。

(2) 测试技术:正确设计和安装后,必须进行严格测试。

(3) 所用仪器设备:数字电压表,电子示波器(看波形)。

二、数制

1. 十进制数(Decimal number)

十进制数是人们在日常生活中最熟悉的一种数制,它有 0、1、2、3、4、5、6、7、8、9 十个数码,基数(Base)为 10。计数规则是逢十进一,或借一当十。

每一位数码根据它在数中的位置不同,代表不同的值。n 位十进制数中,第 i 位所表示数值就是处在第 i 位的数字乘上 10^i,即基数的 i 次幂。

例如,十进制正整数 2567

$$2567 = 2 \times 10^3 + 5 \times 10^2 + 6 \times 10^1 + 7 \times 10^0$$

如果一个十进制数包含 n 位整数和 m 位小数,其一般表达式为

$$(N)_{10} = a_{n-1} \times 10^{n-1} + a_{n-2} \times 10^{n-2} + \cdots + a_1 \times 10^1 + a_0 \times 10^0 +$$
$$a_{-1} \times 10^{-1} + a_{-2} \times 10^{-2} + \cdots + a_{-m} \times 10^{-m}$$
$$= \sum_{i=-m}^{n-1} a_i \times 10^i$$

式中的下标 10 表示 N 是十进制数,也可以用字母 D 来代替,如

$$[2567]_{10} = [2567]_D$$

十进制数用电路来实现是非常困难的,在数字电路中一般不直接采用十进制数。

2. 二进制数(Binary number)

二进制数只有 0、1 两个数码,基数为 2,计数规则是逢二进一,或借一当二。其位权为 2 的整数幂,按权展开式的规律与十进制相同,如

$$(1011)_2 = 1 \times 2^3 + 0 \times 2^2 + 1 \times 2^1 + 1 \times 2^0$$

又如

$$(1001.01)_2 = 1 \times 2^3 + 0 \times 2^2 + 0 \times 2^1 + 1 \times 2^0 + 0 \times 2^{-1} + 1 \times 2^{-2}$$

其一般表达式为

$$(N)_2 = \sum_{i=-m}^{n-1} a_i \times 10^i$$

式中的下标 2 表示 N 是二进制数,也可以用字母 B 来代替,如

$$(11001)_2 = (11001)_B$$

由于二进制数只有 0 和 1 两个数码,便于电路实现,且二进制的基本运算操作方便,因此在数字系统中被广泛使用。

3. 八进制数和十六进制数

由于二进制数在使用时位数通常很多,不便于书写和记忆,在数字系统中常采用八进制和十六进制来表示二进制数。

(1) 八进制数(Octal number):有 0、1、2、3、4、5、6、7 八个数码,基数为 8,各位的位权是 8 的整数幂,其计数规则是逢八进一,或借一当八。

一般展开式为

$$(N)_8 = \sum a_i \times 8^i$$

式中的下标 8 表示 N 是八进制数,也可以用字母 O 来代替,如

$$(1536)_8 = (1536)_O = 1 \times 8^3 + 5 \times 8^2 + 3 \times 8^1 + 6 \times 8^0$$

(2) 十六进制数(Hex number):有 0、1、2、3、4、5、6、7、8、9、A、B、C、D、E、F 十六个数码,符号 A~F 分别代表十进制的 10~15,基数为 16,其计数规则是逢十六进一,或借一当十六。

一般展开式为

$$(N)_8 = \sum a_i \times 8^i$$

式中的下标 16 表示 N 是十六进制数，也可以用字母 H 来代替，如

$$(39FA)_{16} = (39FA)_H = 3 \times 16^3 + 9 \times 16^2 + F \times 16^1 + A \times 16^0$$

三、几种数制之间的转换

1. 非十进制数转换为十进制数

方法：将非十进制数按展开式展开，然后相加，就可以得出结果。

[例1] $(11011.01)_2 = ($ $)_{10}$

解：$(11011.01)_2 = 1 \times 2^4 + 1 \times 2^3 + 0 \times 2^2 + 1 \times 2^1 + 1 \times 2^0 + 0 \times 2^{-1} + 1 \times 2^{-2}$

$\qquad\qquad\qquad = 2^4 + 1 \times 2^3 + 1 \times 2^1 + 1 \times 2^0 + 1 \times 2^{-2}$

$\qquad\qquad\qquad = (27.25)_{10}$

[例2] $(126)_8 = ($ $)_{10}$

解：$(126)_8 = 1 \times 8^2 + 2 \times 8^1 + 6 \times 8^0 = 64 + 16 + 6 = (86)_{10}$

[例3] $(5A7)_{16} = ($ $)_{10}$

解：$(5A7)_{16} = 5 \times 16^2 + 10 \times 16^1 + 7 \times 16^0 = 5 \times 256 + 160 + 7 = (1447)_{10}$

2. 十进制数转换为非十进制数

方法：将十进制的整数部分和小数部分分别进行转换，然后再将它们合并起来。

（1）整数部分的转换。

十进制的整数部分可以采用连除法，即用转换计数的基数连续除该数，直到除得的商为 0 为止。每次除完所得余数就作为要转换数的系数，取最后一位余数为最高位，依次按从低位到高位顺序排列。这种方法可概括为"除基数，得余数，作系数，从低位，到高位"。

[例4] $(38)_{10} = ($ $)_2 = ($ $)_8 = ($ $)_{16}$

解：
```
2 | 38  …余数 0 —— a₀
2 | 19  …余数 1 —— a₁
2 |  9  …余数 1 —— a₂
2 |  4  …余数 0 —— a₃
2 |  2  …余数 0 —— a₄
2 |  1  …余数 1 —— a₅
     0
```

所以 $(38)_{10} = (100110)_2$

同理
```
8 | 38  …余数 6 —— a₀          16 | 38  …余数 6
8 |  4  …余数 4 —— a₁          16 |  2  …余数 2
     0                                0
```

所以 $(38)_{10} = (46)_8 = (26)_{16}$

由于八进制数和十六进制数与二进制数之间的转换关系非常简单,可以利用二进制数直接转化为八进制数和十六进制数。

二进制数转换成八进制数,只要把二进制数从低位到高位,每 3 位分成一组,高位不足 3 位时补 0,写出相应的八进制数,就可以得到二进制数的八进制转换值。反之,将八进制数中每一位都写成相应的 3 位二进制数所得到的就是八进制数的二进制转换值,如

$$(81)_{10}=(1010001)_2=(001\ \ 010\ \ 001)_2=(121)_8$$
$$\phantom{(81)_{10}=(1010001)_2=(00}1\ \ \ \ \ \ 2\ \ \ \ \ \ 1$$

$$(27)_8=(2\ \ \ \ \ \ 7)_8=(10111)_2$$
$$\downarrow\ \ \ \ \ \ \downarrow$$
$$010\ \ \ 111$$

同理,二进制数转换成十六进制数,只需要把二进制数从低位到高位,每 4 位分成一组,高位不足 4 位时补 0,写出相应的十六进制数,所得到的就是二进制数的十六进制转换值。反之,将十六进制数中的每一位都写成相应的 4 位二进制数,便可得到十六进制数的二进制转换值,如

$$(219)_{10}=(11011011)_2=(1101\ \ \ \ 1011)_2=(DB)_{16}$$
$$\phantom{(219)_{10}=(11011011)_2=(}\downarrow\ \ \ \ \ \ \ \ \ \downarrow$$
$$\phantom{(219)_{10}=(11011011)_2=(}D\ \ \ \ \ \ \ \ \ B$$

$$(7A)_{16}=(7\ \ \ \ \ \ A)_{16}=(1111010)_2$$
$$\phantom{(7A)_{16}=(}\downarrow\ \ \ \ \ \ \downarrow$$
$$\phantom{(7A)_{16}=}0111\ \ \ 1010$$

(2) 小数部分的转换。

十进制小数转换成二进制小数可以采用乘二取整法,即用 2 去乘所要转换的十进制小数,取其整数部分作系数,直到纯小数部分为 0,或到一定精度为止。每次乘完后得到的整数就作为要转换数的系数,取最先得到的整数作高位,后得到的作低位,依次排列。这种方法可概括为"乘基数,取整数,作系数,从高位,到低位"。

[**例 5**] 将 $(0.6825)_{10}$ 转换为二进制数。

解:$0.6825\times2=1.365\ 0\cdots1\text{——}a_{-1}$
$0.3650\times2=0.730\ 0\cdots0\text{——}a_{-2}$
$0.7300\times2=1.460\ 0\cdots1\text{——}a_{-3}$
$0.4600\times2=0.920\ 0\cdots0\text{——}a_{-4}$
$0.9200\times2=1.840\ 0\cdots1\text{——}a_{-5}$
$0.8400\times2=1.680\ 0\cdots1\text{——}a_{-6}$

所以 $(0.6825)_{10}=(0.101011)_2$

如精度不够,还可继续求 a_{-7}、a_{-8}、…。

如要求转换为八进制数和十六进制数,可利用八进制数和十六进制数与二进制数的对应关

系,对本例有 $(0.6825)_{10} = (0.101011)_2$

$$= (0.\underset{\underset{5}{\downarrow}}{101} \quad \underset{\underset{3}{\downarrow}}{011})_2 = (0.53)_8$$

$$= (0.\underset{\underset{A}{\downarrow}}{1010} \quad \underset{\underset{C}{\downarrow}}{1100})_2 = (0.AC)_{16}$$

[例6]　$(38.6825)_{10} = (\quad)_2 = (\quad)_8 = (\quad)_{16}$

解：按整数和小数部分分别进行转换,然后再合并。

$$(38.6825)_{10} = (100110.101011)_2 = (46.53)_8 = (26.AC)_{16}$$

1. 操作名称：数的表示方法及其运算
2. 需用器材

练习本。

3. 学习目标

- 会写十、二进制的一般展开式；

会进行二进制与十进制的相互转换。

4. 操作步骤

(1) 写出以下十进制数的一般展开式。

$$68 \quad 852 \quad [680]_{10} \quad 5631 \quad 63.15 \quad 852.489$$

步骤：

① $68 =$

② $852 =$

③ $[680]_{10} =$

④ $5631 =$

⑤ $63.15 =$

⑥ $852.489 =$

  　十进制数中同时有整数和小数的,可将其分开为整数与小数分别运算,再进行相加,得出总数。

(2) 将以下二进制数转换为十进制数。

$$100110 \quad 101011 \quad 10011010 \quad 10011101011 \quad 101110.101011$$

① $100110 =$

② $101011 =$

③ $10011010 =$

④ $10011101011 =$

⑤ 101110.101011＝

二进制数转为十进制数时,只要将二进制数按展开式展开,然后相加,就可以得出结果。如[例1]所示。

你能画出用二进制波形表示：2^0 表 1 位、2^1 表 2 位、2^2 表 4 位、2^3 表 8 位的图吗？

图 7-4 所示是用二进制波形表示 2^0 表 1 位、2^1 表 2 位、2^2 表 4 位、2^3 表 8 位的表位图。

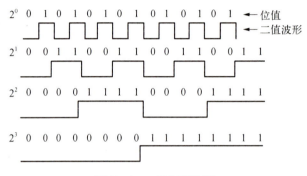

图 7-4 二进制表位图

(1) 你能把 $(54)_{10}$ 写成二进制数吗？
(2) 你能画出 2^4 的表位图吗？

几种数制间的对应关系,如表 7-1 所示。

表 7-1 几种数制之间的对应关系表

十进制数	二进制数	八进制数	十六进制数
0	00000	0	0
1	00001	1	1
2	00010	2	2
3	00011	3	3
4	00100	4	4
5	00101	5	5
6	00110	6	6
7	00111	7	7
8	01000	10	8
9	01001	11	9
10	01010	12	A
11	01011	13	B

（续　表）

十进制数	二进制数	八进制数	十六进制数
12	01100	14	C
13	01101	15	D
14	01110	16	E
15	01111	17	F
16	10000	20	10
17	10001	21	11
18	10010	22	12
19	10011	23	13
20	10100	24	14

评一评

活动一　数的表示方法及其运算操作评估表

学生姓名		日期		自评	互评	师评
一、学习评价目标						
1. 能讲出模拟信号与数字信号的概念。						
2. 能写出十进制、二进制的一般表达式。						
3. 会进行二进制转换为十进制的运算。						
4. 会进行十进制转换为二进制的运算。						
5. 知道八进制、十六进制的表示方法。						
6. 能看懂二进制表位图。						
7. 会绘制 2^0 表1位、2^1 表2位的波形图。						
8. 操作过程中，同学间协作做得如何。						
9. 操作过程中，思维是否有新的突破。						
二、学习体会 1. 活动中感觉哪个技能最有兴趣？为什么？ 2. 活动中哪个技能最有用？为什么？ 3. 活动中哪个技能操作可以改进，以使操作更方便实用？请写出操作过程。 （请同学们大胆创新，共同研讨，不断提高操作能力） 4. 你还有哪些要求与设想？						
总体评价				教师签名		

活动二 基本逻辑门电路

现代汽车上已大量应用数字电路技术,数字电路中常用逻辑代数来进行研究和分析问题。逻辑代数又称布尔代数(Boolean algebra),是研究逻辑电路的数学工具,是分析逻辑电路的理论基础,所以我们要学习逻辑代数的一些基础知识。

一、数字电路与模拟电路

电子电路分成两大类。

1. 模拟电路

模拟电路是处理模拟信号的电路。所谓模拟信号就是信号数值在时间上连续变化的电信号。例如,我们所熟悉的正弦波信号就是一种典型的模拟信号,如图7-5(a)所示。

2. 数字电路

数字电路是处理数字信号的电路。数字信号是一种信号数值在时间上不连续变化的电信号。例如,现代汽车上的曲轴位置传感器信号和用于故障自诊的故障代码等,就是一种典型的数字信号,如图7-5(b)所示。

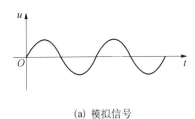
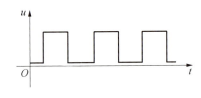

(a) 模拟信号   (b) 数字信号

图7-5 模拟信号与数字信号

3. 数字电路的特点

数字信号的特点是不随时间连续变化,即信号的变化只发生在一系列离散的瞬间,信号的数值是阶跃变化的。数字信号只有两种状态:高电平、低电平,或者有信号、无信号。

在数字电路中,通常把这两种状态用两个符号来表示,即"1"和"0",也即逻辑1和逻辑0。高电平或有信号用"1"表示,低电平或无信号用"0"表示,这称为正逻辑;相反,低电平或无信号用"1"表示,高电平或有信号用"0"表示,这称为负逻辑。在数字电路的逻辑设计中,有时用正逻辑,有时用负逻辑,一般无特殊声明时,一律采用正逻辑。

二、基本逻辑门电路

数字电路的输出状态与各输入状态之间的关系称为逻辑关系,因此数字电路又称为逻辑电路。基本的逻辑关系仅有三种,即与、或、非。

1. "与"逻辑和"与"门电路

(1) "与"逻辑。

我们先看图7-6所示的简单电路,灯泡要亮必须满足两个条件,即两个开关 S_1 和 S_2 必须都接通;否则,灯亮的事件就不会发生。因此我们可以总结出这样一个规律:当决定一件事情的各个条件全部具备时,这件事情才会发生,这样的因果关系称为"与"逻辑。

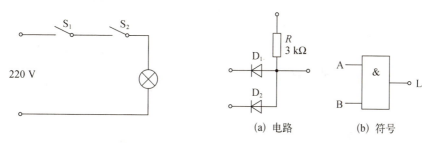

图7-6 "与"逻辑电路　　　图7-7 二极管与门电路和逻辑符号

(2) "与"门电路。

图7-7所示为二极管与门电路,我们把它的输入端作为条件,输出端作为结果。输入端和输出端能满足"与"逻辑关系的电路,称为"与"门电路。

它有两个输入端A、B,一个输出端L。假定输入信号的高电平为+5 V,低电平为0 V,则按输入信号的不同可分为以下情况:

① 输入端A、B都处于低电平0 V(即A=B=0),这时 D_1、D_2 都处于正向导通状态,如果忽略二极管的导通压降,则输出L=0。

② 输入端A、B只有一个处于低电平0 V,这时处于低电平的二极管D优先导通,输出L仍为低电平。

③ 输入端A和B全处于高电平,这时二极管 D_1、D_2 都截止,则输出端L的电位基本上与输入端相等,L为高电平。

综合上述分析,结果为表7-2、表7-3所示的"与"门真值表,只有输入端都是高电位1时,输出L才是高电位1,否则为低电平0。

表7-2 "与"门真值表

输	入	输 出
V_A	V_B	V_L
0	0	0
0	+5	0
+5	0	0
+5	+5	+5

表7-3 "与"门真值表

输	入	输 出
A	B	L
0	0	0
0	1	0
1	0	0
1	1	1

可见,上述电路是一个"与"门电路,逻辑函数表达式为

$$L = A \cdot B \text{ 或 } L = AB$$

式中的"·"表示逻辑乘,逻辑乘的基本运算公式是

$$0 \times 0 = 0, \ 0 \times 1 = 0, \ 1 \times 0 = 0, \ 1 \times 1 = 1$$

2. "或"逻辑和"或"门电路

(1)"或"逻辑。

图7-8所示的电路特点是:只要电路中有一个或一个以上的开关接通,灯泡就会发亮。这个电路使我们总结出另一种逻辑关系:在决定一件事情的诸条件中,只要具备一个或一个以上的条件,这件事就会发生,这种逻辑关系称为"或"逻辑。

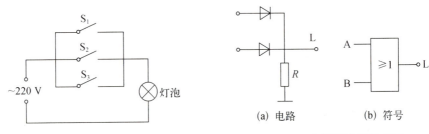

图7-8 "或"逻辑电路   图7-9 "或"门电路和符号

(2)"或"门电路。

具有"或"逻辑的电路,称为"或"门电路,简称"或"门,如图7-9(a)所示,图7-9(b)所示是"或"门的符号。当一个或一个以上的输入端为高电平(+5 V)时,相应的二极管导通,如果忽略二极管的导通压降,则输出端也为高电平(+5 V);当两个输入端都为低电平(0 V)时,所有二极管截止,输出端L才为低电平(0 V)。上述分析结果,可以用表7-4、表7-5所示的"或"门真值表表示。

表7-4 "或"门真值表		
输入		输出
V_A	V_B	V_L
0	0	0
+5	0	+5
0	+5	+5
+5	+5	+5

表7-5 "或"门真值表		
输入		输出
A	B	L
0	0	0
1	0	1
0	1	1
1	1	1

"或"逻辑函数表达式为

$$L = A + B$$

式中的"+"号叫"逻辑加",逻辑加的基本运算公式是

$$0 + 0 = 0, \ 0 + 1 = 1, \ 1 + 0 = 1, \ 1 + 1 = 1$$

3. "非"逻辑关系和"非"门电路

(1) "非"逻辑关系。

"非"逻辑关系就是输出的状态与输入的状态相反。"非"在逻辑上就是否定的意思。

(2) "非"门电路。

具有非逻辑功能的电路叫做"非"门电路,简称"非"门。图7-10(a)与图7-10(b)所示分别是三极管组成的"非"门电路和逻辑符号。从前一节分析可知,当输入为高电平时,三极管饱和导通,输出低电平"0";反之,三极管 T 截止,输出为高电平。输出、输入相反,实现了"非"的逻辑功能。

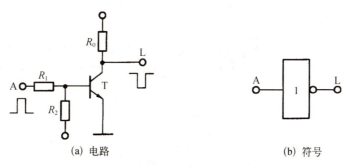

图 7-10 "非"门电路和逻辑符号

"非"逻辑关系可用表7-6所示的真值表来表示,也可用下列逻辑函数表达式来表示,即

$$L=\overline{A}$$

表 7-6 "非"门真值表

A	L
0	1
1	0

4. 复合门电路

上述三种电路是最基本的逻辑门电路,利用它们可以组合成与非门、或非门、与或非门等电路。这些复合门电路具有带负载复合门电路能力,工作速度和可靠性方面都得到了很大提高,因此成为逻辑电路中最常用的基本电路。

(1) 与非门。

图7-11是典型的与非门电路及符号。它由二极管与门和三极管非门串接而成,故输入与输出之间的关系是与非关系,表7-7所示是与非门真值表,其逻辑函数表达式为

$$L=\overline{AB}$$

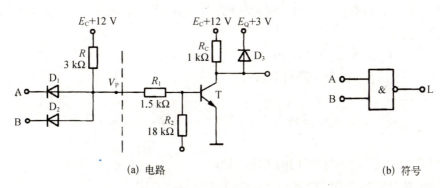

图 7-11 与非门电路和符号

表 7-7 与非门真值表

A	B	L
0	0	1
0	1	1
1	0	1
1	1	0

(2) 或非门。

图 7-12 所示是或非门电路及其符号，它由一个二极管或门和一个非门组成，因此输入输出之间是或非关系。其特点是：只要输入有"1"，输出就为"0"，只有输入全为"0"时，输出才为"1"，其逻辑表达式为

$$L=\overline{A+B}$$

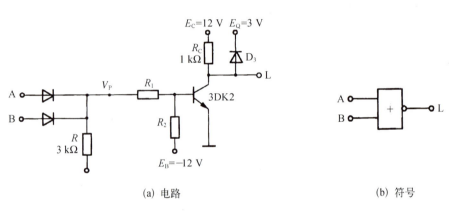

(a) 电路　　　　　　　　　　　　(b) 符号

图 7-12 或非门电路和符号

上面介绍的一些常见门电路，如果用分立元件构成时，不但连线和焊点太多，而且电路的体积很大，造成电路的可靠性很差。随着电子技术的飞速发展和集成工艺的规模化生产，数字集成电路得到了广泛的应用。数字集成电路只有电源、输入、输出和控制等引线，因此与分立电路相比，数字集成电路成本低、可靠性高，且便于安装调试。目前使用的门电路，均是集成逻辑门电路。

数字集成门电路按开关元件的不同，可分为双极型 TTL 集成逻辑门电路和单极型 CMOS 集成逻辑门电路两大类。

 操作活动

1. 操作名称

基本逻辑门电路。

2. 需用器材

电子线路实验板，直流稳压电源，万用表，74LS00 与非门。

3. 学习目标

知道"与"门、"或"门、"与非"门的工作原理；

认识基本逻辑电路的逻辑功能；

掌握 TTL 集成电路的外观和使用方法；

操作中,注意环境保护和人身安全。

4. 操作步骤

(1) "与"门。

步骤：

① 认识 74LS00 的管脚排列图和实物,如图 7-13 所示；

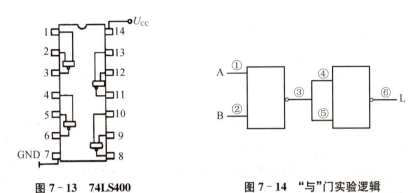

图 7-13　74LS400　　　　图 7-14　"与"门实验逻辑

② 按实验图 7-14 所示的逻辑功能接线；

③ 分别在 A、B 端输入 5 V、0 V,测出输出端的电压值,填入表 7-8 中；

④ 写出其逻辑表达式。

表 7-8　"与"门测量值

输　入　端		输　出　端
A(①脚)	B(②脚)	L(⑥脚)
0	0	
0	1	
1	0	
1	1	

 注意：
74LS00 不用的管脚应作悬空处理。

(2) "或"门。

步骤：

① 按实验图 7-15 所示的逻辑功能接线；

② 分别在 A、B 端输入 5 V、0 V,测出输出端的电压值,填入表 7-9 中；

③ 写出其逻辑表达式。

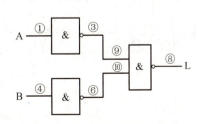

图 7-15　"或"门实验逻辑

表 7－9 “或”门测量值

输 入 端		输出端
A(①脚)	B(④脚)	L(⑧脚)
0	0	
0	1	
1	0	
1	1	

(3)“与非”门。

步骤：

① 按实验图 7－16 所示的逻辑功能接线；

② 分别在 A、B 端输入 5 V、0 V，测出输出端的电压值，填入表 7－10 中；

③ 写出其逻辑表达式。

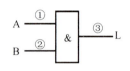

图 7－16 “与非”逻辑

表 7－10 “与非”门测量值

输 入 端		输出端
A(①脚)	B(②脚)	L(③脚)
0	0	
0	1	
1	0	
1	1	

会诊

为什么不用的空脚要悬空？

练一练

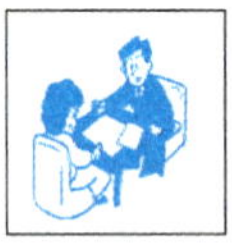

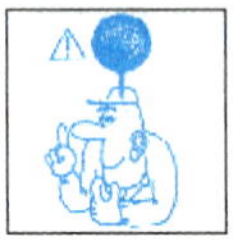

你试着画一逻辑为 L＝A＋AB 的电路好吗？

评一评

活动二　基本逻辑门电路评估表

学生姓名		日期		自评	互评	师评
一、学习评价目标						
1. 能讲出"与"、"或"、"非"门的概念。						
2. 能写"与"、"或"、"非"门的符号。						
3. 会进行"与"、"或"、"非"门的运算。						
4. 会进行"与"、"或"、"非"门的简单电路连接。						
5. 知道"与"、"或"、"非"门的表示方法。						
6. 能看懂"与"、"或"、"非"门的逻辑图。						
7. 会绘制"与"、"或"、"非"门的逻辑图。						
8. 操作过程中,同学间协作做得如何。						
9. 操作过程中,思维是否有新的突破。						
10. 活动中,环保意识及安全工作做得如何。						
二、学习体会 1. 活动中感觉哪个技能最有兴趣？为什么？ 2. 活动中哪个技能最有用？为什么？ 3. 活动中哪个技能操作可以改进,以使操作更方便实用？请写出操作过程。 (请同学们大胆创新,共同研讨,不断提高操作能力) 4. 你还有哪些要求与设想？						
总体评价				教师签名		

活动三　集成电路在汽车上的应用

案

例导入

　　汽车上采用微机控制,改善和提高了汽车的性能,实现更新、更强大的功能。那么微机控制依靠什么样的电路来实现？需要哪些配套的元器件和零部件？这些元器件和零部件又如何与微机相联系？

微机控制系统是由以计算机为核心的电控单元、用于感测控制信号的传感器和实现控制意图的执行器三部分组成的。各种传感器、执行器是如何工作的？

一、集成电路

把一个电子单元电路或某些功能，甚至某一整机的功能电路集中制作在一个晶片或瓷片上，然后封装在一个便于安装焊接的外壳中，这便是集成电路。集成电路也称"集成块"，常用英文字母"IC"表示。集成电路具有体积小、质量轻、可靠性高，以及成本低廉等一系列优点。

1. 按集成度分类

按集成度的大小分为小规模、中规模、大规模集成电路和超大规模集成电路。

小规模是指每片集成度少于100个元器件的集成电路，称普通集成电路，用英文缩写 SSI 表示；中规模是指每片集成度在 100～1 000 个元器件之间的集成电路，用英文缩写 MSI 表示；大规模是指每片上集成度在 1 000 个～数万个元器件的集成电路，用英文缩写 LSI 表示；超大规模是指每片上集成度达到 100 000 个元器件以上的集成电路，用英文缩写 ULSI 表示。

2. 按功能分类

按处理信号不同，集成电路可分数字集成电路、模拟集成电路。

二、集成电路的特点

（1）专用性强。集成电路是通过预先设计好的光刻版为模而制造出来的，其内部电路和电路特性已确定，若想改动，哪怕是引线位置变换一下也是不可能的。因此集成电路一旦制成，只能设法查手册了解其内部电路，以便合理地去利用它。

（2）可靠性高、寿命长且使用方便。由于集成电路将元器件集于芯片上，这样减少了电路中元器件连接焊点的数量及连线，使可靠性得到很大的提高。

（3）体积小、质量轻、功能多。由分立元件构成的电路，因为元器件的体积大，质量也大，因而整机体积就不可能做得很小，电路也不可能设计得很复杂。而采用半导体工艺方法制作的集成电路，其芯片上可制作几十、几百，以至上万个元器件，因而体积小、质量轻、功能完善且多样。

（4）一般需外接一些元器件才能正常工作。由于在集成电路内不宜制作电感线圈、电解电容、可变电阻等元器件，所以这些元件必须外接，只有当这些元器件正确接入电路后，才能使电路正常工作，发挥其应有的作用。

三、集成电路引脚识别、选用与好坏的判断

（1）外形：常见有圆形金属外壳封装、扁平形陶瓷或塑料外壳封装、双列直插型陶瓷或塑料封装等三种，如图 7-17 所示。

引脚排列顺序的标志，一般有色点、管键、凹槽及封装时压出的圆形标志。

（2）引脚排列识别：

扁平型或双列直插型集成块引脚的识别方法是：将集成电路水平放置，引出脚向下，标志对着自己身体一边，靠近身体右面的第一个脚即为第一引线脚，便可按逆时针方向依次编排引脚

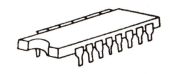 

圆形金属外壳封装　　　双列直插式封装　　　陶瓷扁平封装

图 7-18 部分集成电路外形

号,如图 7-18 所示。

圆形管壳型集成块则以管键为参考标志编排引脚序号。

(3) 断诊故障方法:

① 电阻法:用万用表测集成电路各脚对地之间的电阻,与标准值进行比较,从中发现问题。

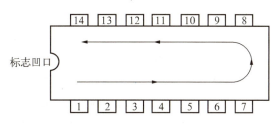

图 7-18 集成电路引脚的排列

② 电压法:用万用表电压挡测各脚在路对地电压,与标准电压比较,应符合规定,如有不符标准电压值的引线脚,再查其外围元件,若外围元件无失效和损坏,则可认为是集成电路的问题。

③ 波形法:用示波器看其波形与标准波形进行对比,从中发现问题。

④ 替代法:用型号完全相同的集成块进行替换试验,但拆焊时注意外围电路不得有短路现象。

注意:
　　用替代法时,不能只看元件的外形,因其内部电路结构完全不同的集成电路的封装外形也有可能完全相同。因此换用集成电路时,必须使用型号完全相同的集成电路。

四、微型电子计算机

微型电子计算机(简称"微机",也叫"微处理器",俗称"电脑"),能够根据需要把各种传感器送来的信号用内存的程序和数据进行运算处理,并把处理结果送往输出回路。

1. 组成

微机内部由中央处理器(CPU)、存储器及输入/输出装置(I/O)等组成,如图 7-19 所示。

微型电子计算机本身有一套计算规则,每一条规则就是一条"指令",所有的指令构成计算机的指令系统。计算机中不同的控制功能由不同的指令组合实现,这种不同的指令组合是不同的"程序",所有的程序构成了计算机的"软件"。程序在中央处理器(CPU)的"指挥"下,完成计算和逻辑判断功能;中央处理器内的寄存器(俗称"内存"),可提供计算/逻辑运行、数据暂存和交换的空间。

存储器和输入/输出装置以 CPU 为中心,利用信息传送通道连接起来。信息传送通道有三种:

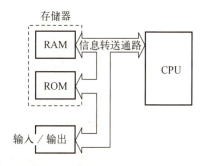

图 7-19 微型电子计算机的组成

① 进行数据互换的数据信息传送通道;

② 指定存储器和输入/输出装置的信息传递通道;

③ 控制系统工作的管理信息传送通道。

另外,为了使控制同步,可以使用晶体振荡器的基准信号发生器,实现微机总体同步控制。

(1) 中央处理器(CPU)。

如图7-20所示,中央处理器由进行数据算术运算和逻辑运算的运算器、暂时存储数据的寄存器、按照程序进行各装置之间信号传送及控制任务的控制器等构成。

(2) 存储器。

存储器具有记忆程序和数据的功能,分为只读存储器(ROM)和随机存储器(RAM)。只读存储器是读出专用存储器,内容一次写入后就不能变更,只可以调出使用,即使切断电源,其记忆内容也不丢失,所以适用于对程序和数据的长期保留。

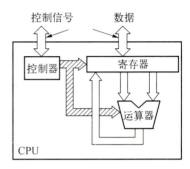

图7-20 CPU的构成

随机存储器(RAM)既能读出,也能写入记忆在任意地址上的数据。但是,如果切断电源,记忆的数据就失效,所以 RAM 适用于中途处理数据的暂时保留,如用于汽车故障码的储存。

(3) 输入/输出装置。

输入/输出装置是根据 CPU 的命令,在外部传感器和执行元件之间执行数据传送任务的装置,一般称之为 I/O。

2. 电子计算机分类

微型电子计算机一般可按数据的字长、芯片的构成进行分类。

(1) 按字长及主频分类。

字长是指计算机能直接处理的二进制数据的位数。若一台计算机的字长为8,另一台计算机的字长为16,16位字长的计算机要比8位字长的计算机处理信息快。计算机的速度主频指 CPU 工作时的时钟脉冲频率,单位 MHz。主频反映计算机处理信息的速度,如上海桑塔纳2000型轿车用的微型电子计算机(见图7-21)为32位字长、主频为8MHz。

图7-21 2000型轿车用微型电子计算机

(2) 按芯片构成分类。

按芯片构成分类,有单板机和单片机。

① 单板机。单板机又叫多片微型电子计算机,如图7-22所示。这种微型电子计算机用各自独立的中央处理器 CPU、输入/偷出装置(I/O)、存储器三种大规模集成电路构成。由于这些集成电路同装在一块元件板上,所以叫单板机。

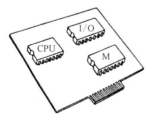

图7-22 多片微型电子计算机

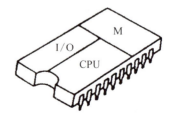

图7-23 单片微型电子计算机

② 单片微型电子计算机。如图 7-23 所示,把中央处理器 CPU、输入/偷出装置(I/O)和存储器全部集成在一块大规模集成电路芯片上的微型电子计算机叫单片机。由于单片机的性能好、价格便宜,所以较多被采用。

操作活动

1. 操作名称:集成电路在汽车上的应用
2. 需用器材

实验台一台,集成电路 CD4511 一只,钮子开关四只,电阻 100 Ω 三只,数码管一只,直流稳压电源一台。

3. 学习目标

汽车电控系统的认识;

知道车用计算机的用途和外观、使用方法;

掌握数码管显示电路的制作;

操作中,注意环境保护和人身安全。

4. 操作步骤

(1) 汽车电控系统的认识。

电子计算机可用于汽车发动机、底盘、车身、信息及通讯等系统的控制,如图 7-24 所示。

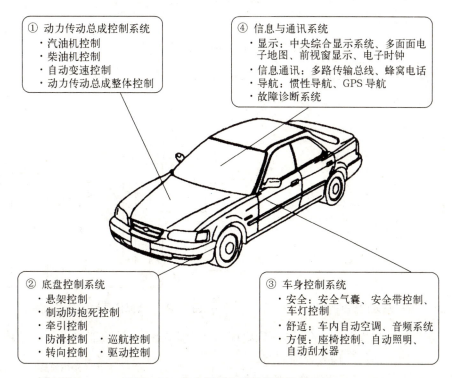

图 7-24 汽车微型电子计算机控制系统

(2) 汽车电控系统的组成。

电子控制系统基本上都由传感器、电子控制单元 ECU、执行器三大部分组成。

① 控制单元(ECU)。电子控制单元 ECU(俗称"汽车电脑")能根据各种传感器送来的信号,确定满足汽车正常运转状态,并能根据信号去控制执行器的动作。

如能根据吸入发动机的空气量和发动机转速确定混合气的浓度,计算出喷射时间,再依据各传感器传来的信号进行修正得出总的喷射时间,最后向喷油器输出一定通电时间的电流脉冲,从而达到精确控制汽油喷射量的目的。以往发动机 ECU 仅仅是控制燃料喷射,现在 ECU 引入了微型电子计算机,功能扩大,除了燃料喷射控制之外,还具有点火时间控制、急速控制等多种功能。

由于使用微机,引入了数字化控制,与过去模拟控制的 ECU 相比,在短时间内能进行更多信息的处理,因此就可以实现多种功能的高精度集中控制。

电子控制单元 ECU 由输入回路、数/模转换器、电子计算机、输出回路等部分组成,图 7-25 所示是 ECU 的外观和构成图。

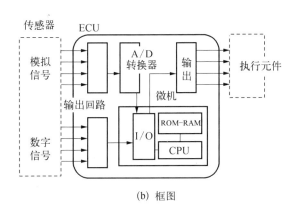

图 7-25 ECU 的外观和构成

② 传感器。从传感器来的信号首先进入输入回路,如图 7-26 所示。在除去杂波和把正弦波转变矩形波后,再转换成输入电信号。

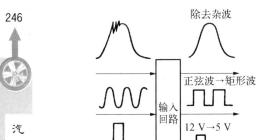
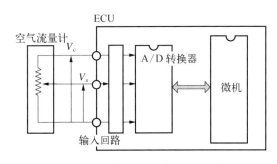

图 7-26 输入回路的作用　　　　图 7-27 模拟信号输入处理回路

微机不能直接处理模拟输入信号,所以要用 A/D(模拟数字)转换器将模拟信号转换成数字信号。图 7-27 所示是信号输入处理回路。

③ 执行器。微型电子计算机输出的是数字信号,而且输出电压较低,用这种输出信号一般不能驱动执行器。因此需要采用图 7-28 所示的输出驱动回路,将其转换成可以驱动执行器的功率输出信号。

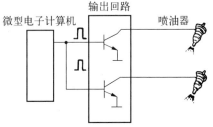

(3) 数的译码与显示制作。

① 安装。

步骤:

图 7-28 微机输出驱动回路

- 按图7-29所示的电路原理和实物图将元件放在合适的位置上；

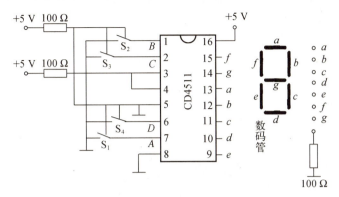

图7-29 译码与显示电路

- 将CD4511上的a、b、c、d、e、f、g与数码管上的a、b、c、d、e、f、g一一对应接上导线；
- 在CD4511上的16(底座上的18)脚上接入+5 V电源，8脚上接入电源负极；
- 按图7-30所示接上S_1、S_2、S_3、S_4的导线；
- 接上三个电阻的导线，并接+5 V电源。

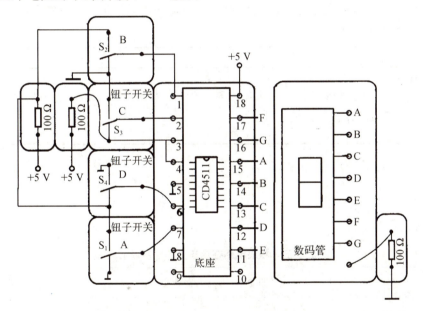

图7-30 译码与显示接线图

② 观察显示器的结果，并填入表7-11中。

表7-11 实验表

输　　入	输　　出	字　形
S_1、S_2、S_3、S_4	a、b、c、d、e、f、g	
0000 0001		

（续 表）

输　　入	输　　出	字　形
S_1、S_2、S_3、S_4	a、b、c、d、e、f、g	
0010		
0011		
0100		
0101		
0110		
0111		
1000		
1001		

③ 实验分析：根据实验结果，说明译码与显示器的功能。

如果实验的元件是好的，而显示与译码器的输入不相符合，可能是什么原因引起的？

你试着做将输入顺序与表7-11的相反，看一看，是否出现数字9、8、7、6、5、4、3、2、1。说说为什么？

活动三　集成电路在汽车上的应用评估表

学生姓名		日期		自评	互评	师评
一、学习评价目标						
1. 能讲出汽车微型电子计算机控制系统的一般应用。						
2. 能写出汽车电控系统的三大组成部分。						
3. 知道传感器将汽车运动信号转化为什么信号。						
4. 认识汽车上的执行器元件。						
5. 能正确判别 CD4511 与数码管的出脚。						
6. 能正确完成图 7-29 的安装与连接。						

(续 表)

7. 正确观察显示器的结果,并完整填写好表7-11的实验表。			
8. 操作过程中,同学间协作做得如何。			
9. 操作过程中,思维是否有新的突破。			
10. 活动中,环保意识及安全工作做得如何。			

二、学习体会

1. 活动中感觉哪个技能最有兴趣?为什么?
2. 活动中哪个技能最有用?为什么?
3. 活动中哪个技能操作可以改进,以使操作更方便实用?请写出操作过程。
(请同学们大胆创新,共同研讨,不断提高操作能力)
4. 你还有哪些要求与设想?

总体评价		教师签名	

项目小结

1. **数字信号**

是一种不连续的信号,常用0(低电平)和1(高电平)表示。

2. **二进制计数**

其规则是"逢二进一",与十进制可相互转换。

3. **基本逻辑**

有三种,"与"、"或"、"非"逻辑关系,其对应的电路称为与门、或门、非门电路,还可变化成其他逻辑关系,如"与非"、"或非"等。

4. **逻辑电路**

由各种门电路组成,其特点是输出状态与输入信号前的状态无关,仅取决于该时刻的输入信号的组合。

5. **集成电路**

在汽车的点火、喷油、发动机检测等方面得到广泛的应用。

练习题

1. 将下列二进制数转化为十进制数:

   (1) $(10111)_2$; (2) $(110101)_2$; (3) $(10010011)_2$

2. 将下列十进制数转化为二进制数:

   (1) $(25)_{10}$; (2) $(38)_{10}$; (3) $(150)_{10}$

3. 数字电路中的晶体管工作在什么状态?简述你对数字电路的理解。
4. 试举出实际生活中的一些"与"、"或"、"非"的逻辑关系的例子。
5. 说说汽车上微型计算机有哪些用途。

项目八 安全用电

活动一　安全用电的基本知识

活动二　触电现场的抢救

项目八　安 全 用 电

情景描述

　　汽车的维修工作中经常与电打交道,为确保高效地工作,安全地生产,我们必须掌握安全用电的相关知识。本项目学习汽车的维修工作中的安全用电相关知识。

学习目标

1. 会分析各种触电形式下人体承受的电压
2. 能正确选择安全用电的措施
3. 能进行正确的触电急救

活动一　安全用电的基本知识

案例导入

　　安全用电是一项非常重要的工作,它直接影响着企业生产任务的完成,经济效益的大小,影响人的生命安全。在生产中,每个人要充分认识安全用电的重要意义,自觉遵守安全用电操作规程,确保用电安全。为避免发生触电或电气火灾事故,让我们来学习安全用电的知识吧!

关联知识

　　安全用电的基本知识主要包括触电和电火灾。人体接触或接近带电体,引起局部受伤或死亡的现象称为触电。

1. 触电的形式

（1）单相触电：人体的某一部位碰到相线或绝缘性能不好的电气设备外壳时,电流从相线经人体流入大地的触电现象,如图 8-1 所示。

单相触电
(a)

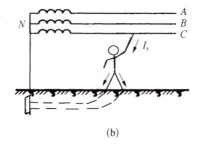
(b)

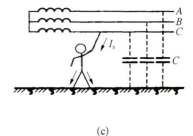
(c)

图 8-1　单相触电

（2）两相触电：人体的不同部位分别接触到同一电源的两根不同相位的相线，电流从一根相线经人体流到另一根相线的触电现象，如图8-2所示。

 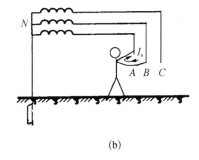

(a) 两相触电　　　　　　　　　　　(b)

图8-2　两相触电

（3）跨步电压触电：电气设备相线碰壳接地，或带电导线直接触地时，人体虽没有接触带电设备外壳或带电导线，但是跨步行走在电位分布曲线的范围内而造成的触电现象，如图8-3所示。

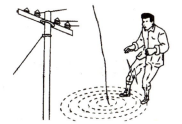

图8-3　跨步电压触电

2. 电火灾的原因与防范

（1）原因：

① 漏电：由于电器设备或线路的绝缘下降，导致电器设备或线路电流的泄漏。

② 短路：因电路导线选择不当、绝缘老化和安装不当等原因，引起电路短路。

③ 过载：流过导线的电流大大超过导线的允许电流值，就会引起过载。

以上原因都有可能引起电流过大，使电器过热，引起火灾，造成生命财产的重大损失。

（2）防范：

① 合理选取供电电压：

● 使电气设备的额定电压与供电电压相配；

● 供电电压应与环境状态、环境保护、安全因素等相适应。

② 合理选用导线截面。导线是传输电流的，不允许过热，所以导线的额定电流应比输送电流大些，以防线路过载。铜导线以 6 A/mm² 估算，铝导线以 4 A/mm² 估算，家庭照明配线对照如表8-1所示。

表8-1　照明用铜、铝导线截面与安全载流量对照表

导线截面 mm²	铜导线的安全载流量（A）	铝导线的安全载流量（A）
1.5	10	7
2.5	15	10
4	25	17
6	36	25

③ 合理选用电气设备的类型。对于容易引起火灾或爆炸的场所,应选用防爆型、密封型等类型的电气设备。

④ 严格遵守安全操作规程和有关规定。万一出现电火灾,首先要切断电源,然后灭火,并及时报警。

操作活动

1. 操作名称

维修车间安全用电的检查。

2. 需用器材

维修车间

3. 学习目标

会进行车间安全用电检查;

学会在操作中,注意环境保护和人身安全。

4. 操作步骤

(1) 检查不安全的用电行为。

步骤:

① 不使用绝缘层已经损坏的电器,如图 8-4 所示。

② 不乱拉电线,如图 8-5 所示。

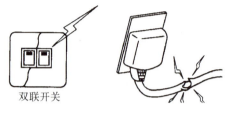

图 8-4　不使用绝缘层已经损坏的电器

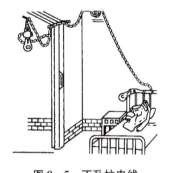

图 8-5　不乱拉电线

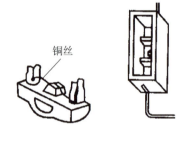

图 8-6　不用铜丝代替保险丝

③ 不用铜丝代替保险丝,如图 8-6 所示。

④ 插座上不可接功率过大的用电设备,如图 8-7 所示。

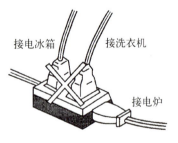

图 8-7　插座上不可接功率过大的用电设备

图 8-8　使用手持电动工具前,要先检查工具

(2) 检查使用手持电动工具的安全行为:

① 使用手持电动工具前,要先检查工具,特别是防护装置、插头、插座、绝缘电阻、电线连接是否可靠。对于长期搁置不用的工具,使用前必须彻底检查,确认安全后才可使用,如图 8-8 所示。

② 接电源时，要按手持电动工具上的铭牌所标示的电压、相数连接，如图 8-9 所示。

③ 工具在接通电源时，首先要验电，在确定工具外壳不带电的情况下，方可使用。

④ 移动手持电动工具时，要断电，要轻拿轻放。严禁拉着电缆搬动工具，以防割破和轧坏电缆线或软线。

图 8-9　按手持电动工具上的铭牌所标示的电压、相数连接　　图 8-10　不佩带绝缘不良的防护用品

⑤ 使用中发现异常现象和故障时，应立即切断电源，确认脱离电源后，才能进行详细检查。

⑥ 操作手持电动工具时，应按要求佩带护目镜、防护衣、手套等防护用品，但绝不佩带绝缘不良的，如图 8-10 所示。

一定要做到以下基本的安全用电措施，以防事故的出现：
(1) 避免带电操作，不使用不合格的电器设备，注意线路维护；
(2) 及时更换损坏的导线；
(3) 不乱拉电线及乱装插座等；
(4) 不在插座上装接过多和功率过大的用电设备；
(5) 不用钢丝等代替保险丝。

(1) 如遇电器发生火灾，切忌直接用水灭火，为什么？
(2) 台扇、落地扇、洗衣机、电冰箱等电器切忌用两孔电源插头，并要安装可靠的地线，为什么？

请按用电安全要求，检查一下你家中有哪些不安全的问题。

评一评

活动一　安全用电的基本知识评估表

学生姓名		日期		自评	互评	师评
一、学习评价目标						
1. 能正确检查安全用电的不文明行为。						
2. 能正确认识触电的相关类型。						
3. 正确测定自己的人体电阻。						
4. 会正确选用安全电压。						
5. 能正确使用电动工具。						
6. 能注意日常用电的安全检查，以免引起伤害事故。						
7. 你感觉自己做到安全用电了吗？						
8. 安全检测工作中，你做得是否到位？						
9. 你家照明线路导线选用正确吗？						
10. 活动中，环保意识及安全工作做得如何。						
二、学习体会 1. 活动中感觉哪个技能最有兴趣？为什么？ 2. 活动中哪个技能最有用？为什么？ 3. 活动中哪个技能操作可以改进，以使操作更方便实用？请写出操作过程。 （请同学们大胆创新，共同研讨，不断提高操作能力） 4. 你还有哪些要求与设想？						
总体评价				教师签名		

 拓展

几种常见防不安全的行为

与电有关的几种常见的防不安全的行为，如图 8-11 所示。

放风筝要远离电线

雷雨时，不要靠近高压线

煤气泄漏时，不要开关排风扇

湿手时，不要接触电开关

下雨时，别站大树下

不准打电杆上的鸟

严禁在高压线下钓鱼

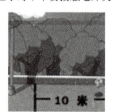
远离落地电线

图 8-11　几种常见防不安全的行为

活动二　触电现场的抢救

案例导入　某建筑工地上,工人们正在进行水泥梁的浇灌。突然,有人大喊:"有人触电了!"。这时有一人迅速把搅拌机附近的电源开关断开后,只见在搅拌机进料斗旁边的一辆铁制手推车上趴着一个人,地上还躺着一个人。人们看到趴在手推车上的那个人手心和脚心穿孔出血,已经死亡,死者年仅17岁。与此同时,对躺在地上的那个人进行人工呼吸,慢慢地他苏醒过来,不久也恢复了神志。现场抢救挽回了他的生命(如图8-12所示)。同学们,你知道怎样对触电的那个人进行人工呼吸吗?让我们一起来学习触电现场抢救的知识和技能吧!

图8-12　某建筑工地

关联知识　电流对人体的伤害,以及人体对电的承受能力的有关知识如下。

1. 电击

电流通过人体,使人体器官受到损伤,使人出现痉挛、窒息、心颤、心跳骤停,乃至死亡的伤害,是最危险的触电事故。大量事故证明,绝大部分触电事故都是由电击造成的,所以触电又叫电击。

2. 电伤

电流对人体外部造成的局部伤害,包括电弧烧伤、熔化的金属渗入皮肤等伤害。

电击和电伤可能同时发生,这在高压触电事例中是常见的。

3. 人体对电的承受能力

电流是造成电击伤害的主要因素,人体对电的承受能力与以下因素有关。

(1) 电流的大小和通电的时间。

通过人体电流越大,人体的生理反应就越明显,感觉也就越强烈,生命的危险性就越大。50 mA以下的直流电流通过人体,人可以自己摆脱电源;对于工频电流,通过人体的电流大小、通电时间不同,人体呈现出不同状态,如表8-2所示。

表8-2　工频电流对人体作用的分析

电流范围	电流/mA	通电时间	人的生理反应
0	0~0.5	连续通电	没有感觉
A1	0.5~5	连续通电	开始有感觉,手指、手腕等处有痛感,没有痉挛,可以摆脱带电体
A2	5~30	数分钟以内	痉挛,不能摆脱带电体,呼吸困难,血压升高,是可以忍受的极限

(续表)

电流范围	电流/mA	通电时间	人的生理反应
A3	30～50	数秒钟到数分钟	心脏跳动不规则,昏迷,血压升高、强烈痉挛,时间过长即引起心室颤动
B1	50～数百	低于心脏搏动周期	受到强烈冲击,但未发生心室颤动
B1	50～数百	超过心脏搏动周期	昏迷、心室颤动,接触部位留有电流通过的痕迹
B2	超过数百	低于心脏搏动周期	在心脏搏动特定的相位触电时,发生心室颤动、昏迷,接触部位留有电流通过的痕迹
B2	超过数百	超过心脏搏动周期	心脏停止跳动、昏迷,可能致命的电击伤

注:"0"是没有感知的范围,"A"是感知的范围,"B"是容易致命的范围。

(2) 通过人体电流路径。

电流流过头部,会使人昏迷;电流流过心脏,会引起心脏颤动;电流流过中枢神经系统,会引起呼吸停止、四肢瘫痪等。由此可见,电流流过人体要害部位,对人有严重的危害。

(3) 通过人体电流种类。

通过人体的电流,以工频(25～300 Hz)电流对人体损害最严重。我国使用的 50 Hz 交流电,对设计电气设备比较合理,但对人体的危害不能忽视。

(4) 电压的高低。

触电电压越高,对人体的危害越大。根据欧姆定理,电阻不变时电压越高,电流就越大,这就是高压触电比低压触电更危险的原因。

电力部门规定:

高压:250 V 以上的电压;

低压:250 V 以下的电压;

安全电压:36 V 及以下的电压。

因此,在潮湿环境用携带式电动工具等,如无特殊安全装置和安全措施,均应采用 36 V 的安全电压。凡工作场所潮湿,或在金属容器内、隧道内、矿井内使用手提式电动用具或照明灯,均应采用 12 V 的安全电压。

(5) 人的身体状况。

电对人体的危害程度与人的身体状况有关,特别是与性别、年龄和健康状况等因素有很大的关系。一般来说,女性较男性对电流的刺激更为敏感,感知电流和摆脱电流的能力要低于男性。此外,人体健康状态也是影响触电时受到伤害程度的因素。

(6) 人体的电阻。

人体对电流有一定的阻碍作用,这种阻碍作用表现为人体电阻。人体电阻约在 500～2 000 Ω,从安全的角度考虑应作 500 Ω 计算。人体电阻主要来自皮肤表层,起皱和干燥的皮肤有着相当高的电阻。但是皮肤潮湿或接触点的皮肤遭到破坏时,电阻就会突然减小,并且人体电阻将随着接触电压的升高而迅速下降。

操作活动

1. 操作名称：触电现场的抢救
2. 需用器材

模仿触电的现场。

3. 学习目标

能运用触电现场的诊断法；

会进行触电的现场抢救：口对口人工呼吸抢救法，人工胸外挤压抢救法；

能遵守现场抢救的注意事项。

4. 操作步骤

发现有人触电应立即抢救。抢救的要点：及时让触电者脱离电源，正确进行现场诊断和抢救。触电者呼吸停止、心脏不跳动，如果没有其他致命的外伤，只能认为是假死，必须立即进行抢救，在请医生前来和送医院的过程中不间断抢救，以"口对口人工呼吸"和"人工胸外挤压"两种抢救方法为主。

（1）触电现场的诊断法。

步骤：

① 发现有人触电，千万不要用手去拉触电者，要尽快拉开电源开关或用干燥的木棍、竹竿挑开电线，立即用正确的人工呼吸法进行现场抢救。

② 除及时拨打"120"、联系医疗部门外，还应进行必要的现场诊断和抢救，直至救护人员到达。

③ 对触电者进行现场诊断的方法，如图8-13所示。

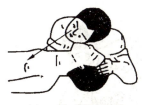  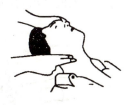

(a) 一看 有没有呼吸　　　　(b) 二听 有没有心跳　　　　(c) 三摸 有没有动脉

图 8-13　触电现场诊断方法

（2）口对口人工呼吸抢救法。

当触电者呼吸停止，还有心脏跳动时，应采用口对口人工呼吸抢救法，如图8-14所示。

(a) 清除口腔杂物　　(b) 舌根抬起气道通　　(c) 深呼吸后紧贴嘴吹气　　(d) 放松嘴鼻换气

图 8-14　口对口人工呼吸抢救法

（3）人工胸外挤压抢救法。

当触电者虽有呼吸但心脏停止跳动时，应采用人工胸外挤压抢救法，如图8-15所示。

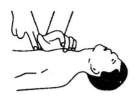   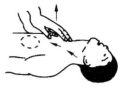

(a) 找准位置　　　　(b) 挤压姿势　　　　(c) 向下挤压　　　　(d) 突然松手

图 8-15　人工胸外挤压抢救法

（4）当触电者伤势严重，呼吸和心跳都停止，或瞳孔放大，应同时采用"口对口人工呼吸抢救法"和"人工胸外挤压抢救法"，如图 8-16 所示。

(a) 单人操作　　　　　　　　　　(b) 双人操作

图 8-16　呼吸和心跳都停止时的抢救方法

（5）现场抢救注意事项：

① 迅速松开触电人员身上妨碍呼吸的衣服，越快越好。

② 将口中的假牙或食物取出，如图 8-17 所示。

 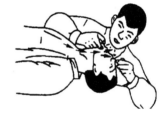

图 8-17　将口中的假牙或食物取出　　　图 8-18　触电者牙紧闭，需使其口张开

③ 如果触电者的牙紧闭，需使其口张开，方法为把下颚抬起，将两手四指托在下颚背后，用力，且慢慢往前移动，使下牙移到上牙前，确保呼吸通畅，如图 8-18 所示。

④ 如图 8-19 所示，在现场抢救中，不能打强心针，也不能泼冷水，切切牢记！

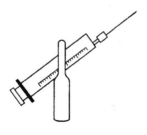 

(a) 不能打强心针　　　　　　　　(b) 不能泼冷水

图 8-19　抢救中，不能打强心针，也不能泼冷水

点拨 现场抢救中,不要随意移动伤员,若确需移动时,抢救中断时间不应超过30秒。移动伤员或将其送医院,除应使伤员平躺在担架上并在背部垫以平硬阔木板外,应继续抢救,心跳呼吸停止者要继续人工呼吸和胸外心脏按压,直至医生到场。

会诊 低压工频电源的触电事故较多。你知道是为什么吗?

据统计,此类电源所引起的事故占总数90%以上。低压设备较高压设备应用广泛,人们接触的机会较多,加上220伏、380伏的交流电压习惯被称为"低压",好多人不够重视,丧失警惕,因此容易引起触电事故。

练一练 同学间进行触电抢救的假设性操作:
(1)"口对口人工呼吸"练习;
(2)"人工胸外挤压"抢救练习。

评一评

活动二 触电现场的抢救操作评估表

学生姓名		日期		自评	互评	师评
一、学习评价目标						
1. 能正确认识电流对人体的伤害。						
2. 知道电力部门对高压、低压的具体规定。						
3. 会正确估算自己的人体电阻。						
4. 会正确选用安全电压。						
5. 会进行触电现场的诊断法。						
6. 掌握口对口人工呼吸抢救法。						
7. 掌握人工胸外挤压抢救法。						
8. 掌握现场抢救注意事项。						
9. 同学间进行触电抢救的操作你做得如何。						
10. 活动中,环保意识及安全工作做得如何。						
二、学习体会 1. 活动中感觉哪个技能最有兴趣?为什么? 2. 活动中哪个技能最有用?为什么? 3. 活动中哪个技能操作可以改进,以使操作更方便实用?请写出操作过程。 (请同学们大胆创新,共同研讨,不断提高操作能力) 4. 你还有哪些要求与设想?						
总体评价				教师签名		

项目小结

1. 安全用电原则

不接触低压带电体，不靠近低、高压带电体。

2. 触电的形式

单相触电、两相触电、跨步电压触电。

3. 电火灾产生的原因

电器设备漏电、短路、过载是引起电火灾的主要原因。

4. 使用手持电动工具特别要注意用电的安全行为

5. 电力部门规定

高压：电压在 250 V 以上；

低压：电压在 250 V 以下；

安全电压：36 V 及以下的电压。

6. 触电现场的抢救方法

触电现场的诊断法、口对口人工呼吸抢救法、人工胸外挤压抢救法。

7. 现场抢救注意事项

迅速松开触电人员身上妨碍呼吸的衣服，越快越好；抢救中不能打强心针，也不能泼冷水，切切牢记！

练习题

一、填空题

1. 触电是指_____或_____带电体，引起_____或_____的现象。
2. 触电的形式有：_____、_____、_____三种。
3. 电力部门规定：高压电压在_____V以上，低压电压在_____V以下，安全电压在_____V及以下的电压。
4. 电火灾产生的原因是：由电气设备_____、_____、_____引起。
5. 触电现场的抢救中，以_____和_____两种抢救方法为主。

二、简答题

1. 人体的电阻一般是多少？
2. 什么叫过载？过载的原因是什么？有什么危害？
3. 什么叫短路？造成的原因是什么？
4. 发现有人触电应如何抢救？
5. 现场抢救要注意什么？

参 考 文 献

1. 詹姆斯 D 霍尔德曼(James D. Haldeman) 著《汽车电子与电气系统》。
   小蔡斯 D 米切尔(Chase D. Mitchell. Jr)。
   刘存友、何龙、祁传琦、蒋琳等译 中国劳动社会保障出版社 2005。
2. 周建平《汽车电气设备构造与维修》人民交通出版社 2005。
3. 黄志光 田光达《实用汽车电工电子技术》高等教出版社 2005。
4. 魏春源等译《汽车电气与电子》(原德文 2002) 北京理工大学出版社 2004。
5. 金国砥《维修电工与实训》——初级篇 人民邮电出版社 2006。
6. 上海市职业技术教育课程改革与教材建设委员会编。
   《汽车电工与电子基础》上海科学技术出版社 2002。
7. 孙余凯 项绮明《汽车电器识图技巧》人民邮电出版社 2003。
8. 程国元《汽车电气维修技能实训教程》国防工业出版社 2006。
9. 劳动和社会保障部教材办公室组织编写。
   《电工与电子技术基础》(第二版) 中国劳动社会保障出版社 2004。
10. 任成尧《汽车电工与电子基础》理论 人民交通出版社 2005。

图书在版编目(CIP)数据

汽车电工电子技术应用/王宝根主编. —上海：复旦大学出版社, 2007.9(2019.7重印)
(复旦卓越·21世纪汽车类职业教育教材)
ISBN 978-7-309-05656-3

Ⅰ.汽… Ⅱ.王… Ⅲ.①汽车-电工-专业学校-教材②汽车-电子技术-专业学校-教材
Ⅳ.U463.6

中国版本图书馆 CIP 数据核字(2007)第 113947 号

汽车电工电子技术应用
王宝根　主编
责任编辑/李　华

复旦大学出版社有限公司出版发行
上海市国权路 579 号　邮编：200433
网址：fupnet@fudanpress.com　http://www.fudanpress.com
门市零售：86-21-65642857　团体订购：86-21-65118853
外埠邮购：86-21-65109143　出版部电话：86-21-65642845
浙江省临安市曙光印务有限公司

开本 787×1092　1/16　印张 17.125　字数 423 千
2019 年 7 月第 1 版第 10 次印刷
印数 36 401—38 000

ISBN 978-7-309-05656-3/U·01
定价：26.00 元

如有印装质量问题，请向复旦大学出版社有限公司出版部调换。
版权所有　侵权必究

复旦大学出版社向使用本社《汽车电工电子技术应用》作为教材进行教学的教师免费赠送多媒体课件,该课件有许多教学案例以及教学 PPT。欢迎完整填写下面的表格来索取多媒体课件。

或者登陆 www.fudanpress.com 填写网上调查反馈表,将获赠电子书一本。

教师姓名:_____ 职务/职称:_____

任课课程名称:_____ 任课课程学生数:_____

任课课程名称:_____ 任课课程学生数:_____

任课课程名称:_____ 任课课程学生数:_____

将开课课程名称:_____ 将开课课程学生数:_____

将开课课程名称:_____ 将开课课程学生数:_____

E-mail 地址:_____

联系电话:(O)_____ (H)_____ 手机:_____

学校名称:_____

学校地址:_____ 邮编:_____

学校电话总机(带区号):_____ 学校网址:_____

系名称:_____ 系联系电话:_____

需要赠送教材样书名称:_____

赠送教材样书地址:_____ 邮编:_____

您认为本书的不足之处是:
_____
_____

您的建议是:
_____
_____

请将本页完整填写后,剪下邮寄到上海市国权路 579 号复旦大学出版社 李 华 收

邮编:200433　　　　　　　　　　联系电话:(021)65642851

E-mail: lihua@fudan.edu.cn　　　　传真:(021)65642892

请沿此线剪下